江苏师范大学小学教育国家级一流本科专业建设点资助

小学生学习指导

XIAOXUESHENG XUEXI ZHIDAO

小学教育一流专业建设教材 · 总主编：高 伟

陈武英 贾林祥 / **主 编**

北京师范大学出版集团
BEIJING NORMAL UNIVERSITY PUBLISHING GROUP
北京师范大学出版社

图书在版编目(CIP)数据

小学生学习指导 / 陈武英，贾林祥主编. —北京：北京师范大学出版社，2024.5
小学教育一流专业建设教材
ISBN 978-7-303-28494-8

Ⅰ. ①小… Ⅱ. ①陈… ②贾… Ⅲ. ①小学生—学习能力—能力培养—高等师范院校—教材 Ⅳ. ①G622.46

中国版本图书馆 CIP 数据核字(2022)第 242336 号

图书意见反馈： gaozhifk@bnupg.com 010-58805079
营销中心电话：010-58802755 58800035
北师大出版社教师教育分社微信公众号 京师教师教育

出版发行：北京师范大学出版社 www.bnupg.com
北京市西城区新街口外大街 12-3 号
邮政编码：100088
印 刷：北京溢漾印刷有限公司
经 销：全国新华书店
开 本：787 mm×1092 mm 1/16
印 张：17.25
字 数：347 千字
版 次：2024 年 5 月第 1 版
印 次：2024 年 5 月第 1 次印刷
定 价：48.00 元

策划编辑：张筱彤 责任编辑：王思琪
美术编辑：焦 丽 装帧设计：焦 丽
责任校对：陈 民 责任印制：马 洁 赵 龙

丛书顾问

（按姓氏笔画排序）

于　伟	石中英	朱旭东	朱家存
朱德全	刘铁芳	孙杰远	李政涛
张　力	张斌贤	范国睿	顾建军
涂艳国	戚万学	谢维和	缪建东

总　序

本套教材由江苏师范大学教育科学学院(教师教育学院)小学教育国家级一流本科专业建设点资助出版，共有《教师的实践哲学》《儿童哲学》《小学生认知与学习》等 21 本，基本涵盖了小学教育专业的学科专业课程、教育实践课程以及教师教育课程，并重点关注了新时代教育前沿课程。

本套教材自酝酿到遴选、初审再到申报选题、审读、出版，经历了一个较为漫长的过程。2019 年，江苏师范大学教育科学学院(教师教育学院)小学教育专业先后获批江苏省高校一流本科专业和国家级一流本科专业建设点，国家级一流本科专业建设点本身对教材建设有要求。2019 年年初，我们在学院发布了教材招标书，明确了申报条件、教材范围以及申报程序。在提交给出版社教材目录之前，我们对所申报的教材采用院内评价、同行评价、专家评价的方式进行了三轮严格的遴选。我们把“三个原则，三个标准”作为教材遴选的基本条件。

三个原则，即思想性原则、实用性原则和时代性原则。这三个原则也是教材出版的基本依据和根本遵循。一是思想性原则。思想性就是有意识地将习近平新时代中国特色社会主义思想、社会主义核心价值观有机融入教材内容，体现马克思主义中国化要求，体现中国和中华民族风格，体现党和国家对教育的基本要求，体现国家和民族基本价值观，围绕育人目标，深度挖掘提炼小学教育专业知识体系中所蕴含的思想价值和精神内涵，注重加强师德师风教育，引导学生树立学为人师、行为世范的职业理想，争作“四有”好老师，充分体现课程的思想逻辑、价值逻辑和实践逻辑。二是实用性原则。小学教育专业教材编写的指向很明确，就是要培养能够胜任小学教育教学的高素质、专业化、创新型教师，这就要求教材实用、能用、好用。教材要遵循小学教育专业教育教学规律、小学教师人才成长规律，贴近小学教育专业学生的思想、学习和生活实际，以便教师好教、学生好学、学有所得、学以致用。我们要求教材在呈现专业知识时，以实际问题为出发点和归宿，体现知识的形成和应用过程，突出理论与实践的统一，培养学生用教育学的思想和眼光观察世界的习惯，在教学实践中提升问题解决的能力。教材一定要注重师范生能力培养，以创新精神和实践能力为核心，以培养学生发现问题、提出问题、分析问题、解决问题的能力为目标，完善以能力培养为核心的教学设计。这就要求编者不仅要精心设计教材内容，还应在编写体例上下足功夫，夯实学生能力发展的知识基础，把知识学习与能力形成有效地结合起来。三是时代性原则。时代发展和科技进步是教材改革最有效的催化剂。要想更新教材内容、创造性转化传统教育观念，就必须立足时代前沿，及时反映经济社会发展新变化、科学技术进步新成果，既要相对稳定，准确阐述本学科专业基本概念、基本知识和基本方法，保持小学教育专业教材的科学性，又要与时俱进，吸纳最新研究成果，保障人才培养的先进性。

三个标准，即专业标准、经历标准和验证标准。一是专业标准。凡申报教材出版的教师，必须有高级职称，必须在其专业领域表现出较高的专业水准。我们不是唯职称论者，所看重的并不是职称，而是职称背后的学术训练、实践历练和经验老练。二是经历标准。我们要求教材编者必须有三个经历：和中小学的长期合作经历、经常去中小学体验的经历，以及指导中小学教科研的经历。这三个经历缺一不可。之所以要特别强调经历标准，是因为教材是要“用”的，如果编者对基础教育的情况不熟悉、不了解，对中小学课程标准摸不透、吃不准，对中小学到底需要什么样的教师把握得不清楚、不准确，那么他就既不能准确地理解我们对人才培养目标的设计，也不能保证课程、教学对于培养目标、毕业要求的达成，当然也就写不出一本具有学科特色、专业特色的教材。三是验证标准。验证标准就是所申报的教材内容必须在教学实践中经过两到三轮的试用，也就是说在出版之前，必须已经验证了教材的适用性。事实上，有的教材是编者十几年乃至几十年专业教学工作的结晶。从这个意义上讲，这套教材既是我们对教学实践的总结，也是对教学实践的反思与提炼。

我们按照“三个原则，三个标准”遴选的教材又经过了出版社的严格审核、层层遴选、多重把关，应该说充分保障了教材本身的质量。

本套教材出版之际，还是要表达由衷的感谢之情。感谢江苏师范大学小学教育专业团队，这个团队所有成员同呼吸、共命运，同甘共苦，同心同德，矢志创业，本套教材在某种意义上也是团队共同奋斗的见证。感谢北京师范大学出版社郭兴举、李轶楠、张筱彤及其他编辑同志，他们的精心编辑、审读使本套教材锦上添花，他们的帮助对江苏师范大学小学教育专业建设而言是雪中送炭。最后，也要感谢江苏师范大学小学教育专业的所有学生，他们的成长与发展是我们追求进步的不竭动力。当然，由于编者水平所限，教材不免会有不妥之处，同时随着教育实践和研究的不断发展，教材的内容也应该不断升级换代，敬请广大读者、同行专家给予批评指正，欢迎提出富有建设性的意见，以便今后进一步修订完善。

高伟
2022 年 2 月

目　录

第一章

学习的基本理论

一提到学习，我们很容易想到的是学生在学校里的学习。其实学生的学习只是诸多学习现象中的一部分而已，像小朋友学说话、学用筷子、学穿衣服，成年人学驾驶汽车、学为人处世、学做一道新菜等都是学习。从毕生发展的视角来看，学习贯穿于人的一生，学习促进了人的发展和变化。所以本章从发展的概念开始阐释发展与学习的关系，再介绍教育心理学领域具有代表性的几种学习理论，帮助读者从理论的层面对学习的实质以及学习与人一生发展的关系有比较全面的了解和认识，同时也是对如何指导学生学习的一个比较全面的理论基础。

第一节
发展与学习

一、发展的概念

佩瑶是从小学四年级开始接触古筝的。初学的时候很感兴趣，也积极主动地练习，所以进步很明显。后来升到小学年六年级时，学业压力增加了，练古筝的时间就相对减少，进步变得缓慢。上到初中以后，佩瑶的父母征求她的意见，问她是否还想坚持练下去，佩瑶选择了坚持。她试着合理安排自己的事情，兼顾学业与古筝，最终在初中二年级完成了十级考试。

在这个虚构的故事中，佩瑶从开始接触古筝到坚持下去并通过十级考试，如果套用心理学的术语，我们会说佩瑶的音乐能力通过坚持不懈的学习得到了发展。下面让我们从发展的概念来阐释这个故事。

在《现代汉语词典》中，发展的第一条词义是“事物由小到大、由简单到复杂、由低级到高级的变化”①。因此，在生活中，当我们提及发展时，我们往往指的是一种水平越来越高的变化过程。但是，在发展心理学领域，对毕生发展是这样定义的：“所有人类成员从受精卵开始，逐渐发育、成熟直到死亡的生命全程中，与年龄有关的那些变化过程。”②通俗地说，对于所有人而言，发展是始于出生，终于死亡的变化。需要注意的是，心理学意义上的发展是指人类以年龄为时间轴在各领域、各水平发生的系统变化。譬如在本书一开始的故事中涉及的就是人在音乐能力领域中的发展。

① 中国社会科学院语言研究所词典编辑室：《现代汉语词典》(第7版)，352页，北京，商务印书馆，2016。

② [美]谢弗：《发展心理学的关键概念》，2页，胡清芬等译，上海，华东师范大学出版社，2008。

按领域划分，人的发展包括三个方面：生理的发展，认知的发展以及社会情感的发展。[①] 其中，生理的发展又称为身体的发展，是指个体在不同年龄阶段身体发生的变化。譬如我们的身高、体重以及运动能力的变化，还有发育成熟和衰老等，都是生理发展的具体表现。认知的发展是指个体在不同年龄阶段认知加工方面的变化。譬如我们从不会说话到熟练使用母语、从“无法理解 3＋5 为什么和 5＋3 的答案是一样的”到可以熟练地进行复杂的数学运算等，我们在言语、思维、记忆、想象、决策等认知能力方面的变化均属于认知的发展。社会情感的发展是指个体在不同年龄阶段的社会性情绪和情感的变化。我们刚一出生就会哭泣，几个月大的时候能够对熟悉的他人笑，随着年龄的增长逐渐出现的害羞、内疚、尴尬等较为复杂的情绪情感等，这些都是社会情感的发展。

发展虽然存在巨大的个体间差异，但也有一些共同的规律存在。其一，心理的发展是有方向、有顺序且不可逆的。所有人发展的方向是一样的，例如纵观人的一生，我们的各种心理能力在一生当中往往是按照“先上升，然后保持，再下降”的规律在发展。所有人发展的顺序也是一样的，譬如在生命早期的动作发展总是先从躯干的大动作开始，然后才是相对精细的动作。

其二，心理的发展是连续性和阶段性的统一。正是因为心理的发展具有连续性，所以个体才可以在一段相对的时间里保持心理水平的相对稳定。譬如我们的心理水平通常不会在今天与明天有着判若两人的巨大变化。当然，心理的发展同时也具有阶段性。伴随着年龄的变化，我们在许多心理水平上有着较大的变化。譬如，一岁左右的婴儿，四五岁的幼儿，十来岁的少年，二十多岁的青年人，四十岁左右的中年人，七十岁左右的老年人，这些人在动作、思维、感知、记忆等许多方面都存在差异。所以许多心理学家都支持心理发展存在阶段性，并对阶段的划分提出了各自不同的观点，比如弗洛伊德、艾里克森、皮亚杰等。[②]

心理的发展很复杂，人们的心理发展虽然存在一些共同的规律，但更具有巨大的个体间差异。研究者发现心理的发展受到许多因素的影响，正是这些因素导致心理发展在速度上、水平上存在这样或那样的个体间差异。总的来说，我们可以将这些影响因素划分为先天与后天两大类。

先天的因素主要是指遗传基因造成的影响，譬如种系遗传的基因使得人类后代在心理发展的可能性上与其他动物存在极大的差异。具体到任何一个特定的人类个体而言，先天的因素决定了个体在某些领域的心理发展的可能特征。例如发展心理学家对同卵双生子的研究表明同卵双生子在心理与行为上表现的相似性要远远大于异卵双生

① 桑标：《儿童发展》，15 页，上海，华东师范大学出版社，2014。

② ［美］谢弗：《发展心理学的关键概念》，13 页，胡清芬等译，上海，华东师范大学出版社，2008。

子之间以及同父母的普通姊妹之间，这说明了我们的心理发展在一定程度上受到先天遗传因素的影响。[①] 生活中常见到一些人在某个领域会表现得更为天赋，这其实就是先天遗传造成的典型个体差异。

后天的因素主要指环境方面的因素，包括营养、家庭、学校、社会、生态、地理、文化历史等。需要注意的是，这里的环境不仅包括了个体出生以后的环境，也包括了个体在母亲子宫内的生长环境。譬如，酒精胎儿综合征就是指因为母亲在妊娠期间酗酒对胎儿造成的永久出生缺陷。

先天的遗传因素与后天的环境因素相互交织相互作用，为个体的发展提供了复杂多变的可能。在遗传因素一定的情况下，教育者和研究者更感兴趣的是探究环境因素如何对个体造成影响，并据此调控环境因素，为个体的发展创造最优化的外部环境。

每个人都生活在特定的环境中，环境会塑造每个人，每个人也反过来影响并塑造环境。[②] 在解释环境对个体心理发展的影响时，心理学家提出了环境学习的概念："主要由外部环境影响带来的，并且可由学习机制来解释的发展变化。"[③]在个体发展的过程中，学习是对其发展造成巨大影响的主要因素。因此接下来，我们将一起了解本书最核心的概念——学习。

二、学习的含义

(一)广义的学习

提到学习，大多数人最容易想到的是在学校教室里听教师讲课、做作业或者考试。还有一些人则可能会想到自己最近正在参加的驾校培训、职业资格考试培训、健身俱乐部里的瑜伽课程等。这些确实都是学习的例子，但是，广义的学习并不仅限于此。广义的学习是指由经验或实践引起的个体知识或行为的相对持久的变化。[④] 这种变化可能是有意识的，也有可能是无意识的；这种变化有可能是好的，也有可能是不好的；这种变化有可能是可以明显察觉到的，也有可能是无法明显察觉的；这种变化有可能是即时就会表现出来的，也有可能是延迟一段时间后才表现出来的。

注意一下，这里的经验是指个体与环境之间发生相互作用的过程。假如这样的表述仍然让你感到困惑，那么我们可以尝试用排除法来帮助你理解何谓经验。

首先，生理上的发育、成熟或衰老都不属于经验的范畴，所以这些原因引起的个

---

① 桑标：《儿童发展》，97页，上海，华东师范大学出版社，2014。

② [美]勒纳：《人类发展的概念与理论》，107页，张文新主译，北京，北京大学出版社，2011。

③ [美]谢弗：《发展心理学的关键概念》，29页，胡清芬等译，上海，华东师范大学出版社，2008。

④ [美]伍尔福克：《教育心理学》，229页，伍新春等译，北京，中国人民大学出版社，2015。

体行为或潜能方面的相对持久的变化不是学习现象。因为发育、成熟或衰老都是由基因决定的，是自然现象，不需要个体与环境发生相互作用也会出现。譬如男孩在青春期到来时因为发育而导致的变声就不是我们所说的学习。

其次，药物、疲劳、疾病、饥饿等也不属于经验的范畴，所以这些原因引起的个体行为或潜能方面的相对持久的变化同样不是学习现象。譬如体育运动员为了提高竞赛成绩而服用兴奋剂，虽然这会在比赛时有更好的运动表现，但这种运动水平的提高并不属于我们讨论的学习。同理，例如疾病如果让人行动迟缓、疲劳，如果让人听力下降、饥饿，如果让人胃部疼痛，这些变化也都不算是经验引起的，所以也不是学习现象。

最后，因为先天的种系遗传而有的变化也不算是学习。譬如蚕在长大到一定程度后会织茧，最后破茧而出，这种变化是遗传的本能所致。本能不符合我们对经验的解释，所以这种因本能导致的个体变化不属于我们讨论的学习。

广义的学习界定，除了需要准确地理解经验的含义以外，还需要注意三点：其一，定义中的个体并不限于人类，也包括了动物；其二，这一概念中提及的知识和行为不仅仅包括外显可见的行为，也包括头脑中的观念、态度、兴趣以及潜能；其三，这一概念中提及的变化必须是相对持久的。如果变化会很快消失，也不符合广义学习的限定。例如前文提到的运动员服用兴奋剂来提高的运动能力就是相对不够持久的，药物一旦被分解排出，运动能力的暂时提高就会消失。

（二）狭义的学习

与广义的学习不同，狭义的学习仅指以人类为主体的学习。人和动物相比，非常重要的一项区别就是人类可以用言语来交流，所以狭义的学习是指“以语言为中介，自觉地、积极主动地掌握社会和个体经验的过程”①。狭义的学习中还有一种特殊的学习——学生的学习。大家都知道，学生这种身份是相对于教师而言的，所以学生的学习是指“在教师的指导下，有目的、有计划、有组织、有系统地进行的，在较短的时间内接受前人所积累的科学文化知识，并以此来充实自己的过程”②。个体从出生开始会在生活中学习许多经验。譬如牙牙学语时父母教我们学习某个字或某个词的发音，学习某种情绪表达方式等，这些都符合狭义学习的内涵，但是这些并不是学生的学习。只有学校情境中的学习才称为学生的学习，也只有这种学习才是教育心理学这一门学科的研究领域。

在影响发展的诸多因素中，学习是一种非常重要的因素，只要控制得当，对发展会有极大的促进作用。反之，如果我们未能有效地完成某些必需的学习任务，又或者

---

①② 李梅等：《中学教育心理学》，37页，南京，南京大学出版社，2018。

错误地甚至无意地完成了不恰当的学习（譬如跟随错误的榜样习得了不良的行为习惯）等，则会对我们的发展有极大的不利影响。本书正是基于学习对个体一生发展的重要性，介绍有关小学生学习的心理学规律以及相应的指导方法或策略，希望教师能够着眼于小学生一生的长远发展去有效地指导小学生当前的学习，最终帮助他们顺利成长，成为全面发展的人，成为对社会有用的人。

第二节 行为主义学习观及其启示

关于学习的实质，行为主义学习观是早期的典型代表。从该学派的名称上可以看出，支持这一学派观点的学者研究和关注的是外显可见的行为，因此他们在解释学习的实质时，都是以某种外显行为作为学习发生与否的判断标准。巴甫洛夫、桑戴克、斯金纳以及班杜拉是这一学派的代表人物。

一、巴甫洛夫的经典条件反射学习理论

严格意义上来说，巴甫洛夫（I. P. Pavlov）最初并非心理学家，而是生理学家。作为一名诺贝尔奖获得者，巴甫洛夫的主要研究方向是消化腺的功能。他在以狗为被试的研究过程中意外地发现了我们今天所说的经典条件反射现象。善于思考和分析的巴甫洛夫通过一系列的实验结果证明，当一个条件刺激（即人为设定的某种刺激，譬如铃声）反复多次地在无条件刺激（即可以引发个体某种无条件反射的刺激，譬如会让个体分泌唾液的食物）之前出现，且两者之间的时间间隔非常短，那么在多次重复这样的出现顺序后，会导致个体感受到条件刺激后直接出现无条件反射。当然，此时的无条件反射被称为条件反射更为恰当，因为此时并不曾真的出现无条件刺激。换言之，个体的反应是条件刺激引发的，所以称为条件反射。之所以会出现条件反射，是因为前面的多次重复令个体逐渐将条件刺激视为无条件刺激即将出现的信号。

行为主义的极端代表人物华生（J. B. Watson）曾经做过一个著名的白鼠实验。这个实验对被试的影响是深远的。当他长大成人后，发现自己害怕许多白色的事物，譬如医院的白墙，医生的白大褂，尤其是白色又带绒毛的事物，如圣诞老人的形象。对此，可以用巴甫洛夫提出的泛化原理来解释。所谓泛化，是指与条件刺激类似的其他刺激也可以引发条件反射。在阿尔伯特的案例中，最初实验中使用的条件刺激是小老鼠，白大褂或圣诞老人则是与之类似的其他刺激，后者同样引发了恐惧的行为反应，我们

称为发生了条件反射的泛化。

与泛化相反的是分化，即有机体仅对特定的条件刺激做出条件反应，但不会对那些与条件刺激类似的其他刺激做出条件反应。譬如狗只对主人发出的指令做反应，对其他人发出的同样指令则不做反应，体现的就是分化。

二、桑戴克的试误说

桑戴克(E. L. Thorndike，1874—1949)是美国心理学家。1903 年，世界上第一部以《教育心理学》(桑戴克著)命名的专著出版了，这也使教育心理学成为一门独立的学科。

(一)学习的实质

为了研究学习的心理机制，桑戴克设计了一个用栅条搭建起来的箱子，箱子的门可以通过箱子内的一块踏板来打开。然后，他以饥饿的猫为实验被试，将饿猫放入箱子，再在箱子外摆放食物。饿猫出于本能会着急走出箱子吃到食物。当然，走出来的唯一办法就是按下踏板。所以，在这个实验中，饿猫的任务是成功走出箱子，箱子外的食物就是饿猫顺利完成任务后得到的奖励。实验记录了饿猫从被放进箱子到打开箱子门所花的时间。结果表明，多次试验后，饿猫走出箱子所用的时间越来越短，最后更是一进入箱子就直接按下踏板开门。桑戴克对此结果的解释是饿猫通过“不断尝试犯错误，然后逐渐减少犯错误，最终不再犯错误”的方式学会了如何走出箱子。基于上述实验结果，桑戴克提出学习的实质就是在刺激情境与行为反应之间建立特定的联结，联结的形成则是在不断尝试错误并逐渐减少错误的过程中实现的。因此，人们通常将桑戴克的学习理论简称为试误说。

(二)学习律

为了更好地解释学习中的心理规律，桑戴克进一步提出了著名的三条学习律：准备律、练习律和效果律。

准备律是指个体开始学习之前如果在心理上已经具备了一定的准备状态，学习的效率会更高。但是，如果做好了准备却没有进行学习，个体会感到不满意。同样地，如果没有做准备却突然被要求学习，个体也会感到不满意。

练习律是指刺激情境与行为反应之间的联结要想牢固，就需要做练习。练习得越多，联结就会越牢固。当然，后来桑戴克对这一定律进行了修正，指出一味地增加练习的数量并不一定有最佳的学习效果，反而是有奖励的练习效果更佳。

效果律是指当个体对刺激情境做出特定的行为反应后，如果伴随着满意的感受，这种刺激与反应之间的联结就会得到加强。反之，如果伴随着不愉快的感受，这种联结就会减弱。

三、斯金纳的操作条件反射理论

斯金纳(B. F. Skinner)是美国著名的行为主义心理学家，他受到巴甫洛夫经典条件反射研究的启发，在动物实验研究的基础上提出了操作条件反射的概念，创立了操作条件反射学习理论。

(一)操作条件反射的含义

在斯金纳看来，人的行为可以大致分为两类：应答性行为和操作性行为。应答性行为是有明显引发刺激的行为，是反应行为。譬如，一只狗向你冲过来，你赶紧跑开。“跑开”的行为是“狗向你冲过来”引起的，是你对“狗向你冲过来”可能引发的危险做出的反应行为。操作性行为则是没有明显引发刺激的行为，是自发行为。斯金纳认为人的行为主要是操作性行为。他感兴趣的是，为什么有一些操作性行为会反复多次发生，而另一些操作性行为则不会反复发生，仅仅是偶然发生。由此，斯金纳提出了操作条件反射，并分析其与经典条件反射的区别。在经典条件反射中，条件反射行为最初是对无条件刺激的反应，后来是对条件刺激的反应，总之，条件反射行为是因为先呈现的某种刺激而引发的反应。生活中的许多现象却让斯金纳觉得，很多时候行为的结果比引发行为的刺激更能影响人。譬如骑车不戴头盔被交警罚款，罚款就是后果，这种后果会让你下次骑车时记着戴头盔。或者你偶然收拾了一下自己的房间，因此被父母大大地夸奖了一番，得到夸奖也是结果，这种结果会让你以后更愿意收拾房间。像这种因为行为的结果而导致个体在今后发生类似行为的频率和持续性方面发生变化的学习方式，就是操作条件反射。①

斯金纳设计了一个实验，以小白鼠为被试，在他设计的斯金纳箱中自由活动，当小白鼠自发地偶然触碰到杠杆时，会有一颗食丸出现在箱内。多次重复这样的情景后，小白鼠学会了主动地按压杠杆。斯金纳解释说小白鼠之所以学会了这一行为，是因为最初的这种偶发行为得到了令它感到满意的结果——食丸。为了得到更多的食丸，小白鼠愿意重复按压杠杆的行为。这个过程就是操作条件反射的建立过程。

(二)强化、惩罚与消退

如果说巴甫洛夫重视的是引发行为的刺激的话，斯金纳重视的就是行为导致的结

---

① [美]埃根等:《教育心理学》，224页，郑日昌等译，北京，北京大学出版社，2009。

果。行为的结果对行为在未来发生的频率有极大的影响。也就是说，行为的结果是什么样的性质，决定了个体在未来是否会愿意重复这样类似的行为。行为的结果大致可以分为两种性质：令人满意的结果和令人讨厌的结果。

1. 强化——给予令人满意的结果

斯金纳认为强化是一套程序，是指在个体做出某种操作行为之后给予他(或她)感到满意的结果，目的是提高个体重复该行为的频率。在这一程序中，我们为个体提供的令其感到满意的结果，就是强化物。在斯金纳的学习实验中，食丸就是强化物。小白鼠每按压杠杆一次，就得到一枚食丸，这种提供强化物的程序就是强化，也就是说主试利用食丸对小白鼠按压杠杆的行为在进行强化。所以，强化物是一个名词，强化则是一个动词。如果用一句话来阐明强化物与强化的关系，可以这样表述：我们用强化物对个体的行为进行强化，以期个体能在今后提高类似行为发生的频率。

在现实生活中，令人满意的结果多种多样。斯金纳认为可以将之再细分为两大类：一类是通过给予某种积极的或令人喜欢的刺激实现的，另一类则是通过撤销或减弱某种令人厌恶的刺激实现的。前者即为正强化，譬如颁发奖品、奖状、奖金、口头表扬等都是正强化的常见范例；后者即为负强化，学生因为最近表现良好而被撤销过去受到的处分是负强化在学校中最常见的范例，表现良好的犯人被减刑则是负强化在生活中的范例。

值得注意的是，我们提供的结果是否被人喜欢或厌恶并不完全取决于结果本身，很多时候是取决于得到这个结果的人在主观上如何评价这个结果。譬如某个学生上课时经常违反课堂纪律，扰乱课堂秩序。老师的处理办法是在下课后将学生单独叫到办公室进行教育。老师这样做，其主观目的绝不是想强化学生，而是想阻止学生再有类似行为发生。但是，假如这个学生并不讨厌被单独叫到办公室，甚至还觉得这样很有意思，因为他觉得单独到办公室意味着自己得到了老师的关注，那么事情就会变得奇怪了。老师以为把学生叫到办公室单独教育能够让学生感到羞耻，从而引以为戒。学生却觉得以后要继续违纪，因为这样可以再被老师单独关注。所以，在生活中使用强化程序时，我们一定要慎重挑选强化物，因为我们有可能错误地选择了强化物，从而得不到我们想要的强化效果。同样地，我们也有可能因为错误地挑选了惩罚的刺激，从而无意中强化了我们并不想强化的不良行为。

2. 惩罚——给予令人厌恶的结果

当我们希望他人能再接再厉时，我们可以使用强化程序。但是生活中也会有一些行为是我们不希望他人再重复的，于是我们可以会在他人做出某些行为后给予他令其厌恶的结果，以此减少这种行为再次发生的可能性，这样的程序称为惩罚。

与强化一样，令人厌恶的结果也可以通过两种办法来实现：一种是撤销令人喜欢的刺激，另一种是给予令人厌恶的刺激。请注意不要把惩罚和负强化弄混淆！负强化虽然在名称中包含了一个“负”字，但本质上是强化的一种，所以其终极目的是为了让受强化的人主观上感到满意，愿意再接再厉。惩罚则不然，其终极目的是为了让受惩罚的人主观上感到痛苦或厌恶，不愿意重蹈覆辙(如表 1-1 所示)。

表 1-1　强化与惩罚的类型

刺激的使用方式	刺激性质	
	令人喜欢	令人厌恶
给予	正强化	惩罚
撤销	惩罚	负强化

3. 消退——对错误强化的矫正

在上文中我们提到过假如操作不当，我们有可能会在无意中强化不良行为。举例来说，一个孩子想要买个新玩具，父母拒绝了，于是孩子哭闹不止。无论父母最初的反应是什么，只要最终是妥协让步，让孩子达成所愿，那么，父母就是在无意中强化了孩子利用哭闹来达成目的的行为。次数一多，孩子就会养成坏习惯，只要不合心意就哭闹撒泼。想一想：你还能找出生活中常见的错误强化的例子吗?

那些因为错误强化而形成的不良行为习惯如何进行矫正呢? 斯金纳提出了消退的概念来解决这种问题。所谓消退，就是对那些已经受到过强化的行为撤销强化，以此减少该行为再次发生的概率。在刚才的例子中，采用消退的做法就是在孩子再次因为不合心意而哭闹不止时，父母不再满足他(或她)的心意。

四、班杜拉的社会学习理论

美国心理学家班杜拉(A. Bandura)虽然也聚焦于人的行为习得机制，但他同时注意到了人是处于特定的社会环境中的人，并不是与社会环境相割裂的人。所以，班杜拉指出，在人的心理机能中，个体自身的内部因素、个体的特定行为因素以及个体所处的特定环境因素三者之间会有连续不断的交互作用，一个人会在某个特定的情境中做出怎样的行为反应是这三方面的因素共同作用的结果。与传统的行为主义学者相比，我们可以明显地看到班杜拉更加重视人的因素，也更加重视社会环境的作用。

基于这样的思想，班杜拉另辟蹊径，将焦点放在了间接的行为习得机制上。他指出，在现实生活中，个体主要的学习形式是通过观察身边榜样示范的行为及其强化的结果，以此来习得新的行为反应或矫正已有的行为反应。这种学习之所以被称为间接的学习方式，是因为整个过程中个体作为观察者并未在观察的同时进行外显的模仿操作，只是注意并记住了榜样的示范及其强化的结果，然后在今后的某个情境中会表现出类似的行为反应。

五、行为主义的学习观对学习指导的启示

行为主义的学习观阐述了直接的行为学习可以通过尝试错误并逐渐减少错误来完成，也可以通过强化或惩罚的程序来实现。同时，也阐述了间接的行为学习可以通过观察学习来完成。这些理论对于我们指导学生养成良好的行为习惯以及矫正不良的行为习惯具有很好的启示。

第一，对于学生无意中自发的一些良好行为，可以及时地予以强化，以此鼓励学生再接再厉，这是培养良好行为习惯的重要策略。当然，强化的使用还有很多具体的要求，读者可以参看本书第四章和第六章中的具体内容，防止不当使用强化，事与愿违。

第二，恰当使用经典条件反射的原理帮助学生形成对某些对象的积极态度。生活中经常可见婴儿对自己的母亲非常依恋，情绪不稳定时往往可以很快在母亲的怀抱中平复下来。母亲之所以有这样神奇的力量，其实是因为在婴儿的生活经验中，母亲的出现意味着需要即将被满足。譬如，婴儿饿了，母亲出现就意味着马上有母乳可以吃啦！这样的事情频繁发生，母亲的面孔在婴儿的意识中就和积极的、愉悦的体验相联结了。所以，婴儿总是想要母亲抱，想和母亲在一起。在这里，母亲的面孔、声音甚至气息都可以成为经典条件反射中的条件刺激，总是可以引起愉悦的感受即是条件反应。同样的道理，我们可以帮助学生在接触某些对象时，想办法引起学生的积极体验，多次重复之后就可以让学生喜欢接触某些对象。

第三，重视生活中潜移默化的观察学习。无论是家长还是教师，都是学生成长过程中的重要他人，往往也是学生观察学习的主要榜样。所以，家长和教师在学生面前要特别注意自己的言行举止，包括生活习惯、待人接物以及自我控制等方面，处处都有可能被学生看在眼里、记在心里并去模仿。特别是当家长和教师嘴里说教的内容与实际的言行大相径庭时，后者更容易成为学生观察学习的内容。譬如家长要求学生不许说不文明的话，却又当着孩子的面说不文明的话，这样的示范很有可能让学生偷偷地模仿说不文明的话。

第四，灵活运用三条学习律，提高学习的效果。桑戴克的三条学习律对于我们的教育工作同样具有很好的启示。准备律告诉我们应当在正式学习之前让学生做好学习准备，无论是知识上的准备还是思想上的准备。譬如课前的预习，新课开始前的热身与旧知识回顾，甚至按课程表安排上课等，都是在做准备。相反，突然的提问或课堂测试，不打招呼的任意调换课等，都会导致学生没有准备。前者有利于学生的学习，后者不利于学生的学习。练习律告诉我们新学习的内容一定要有练习才能巩固，当然，练习也是很有讲究的，关于练习的策略与指导方法读者可以参看第九章的相关内容。

效果律告诉我们学生如果做出了某种具体的学习行为，譬如听课、写作业、背书、记笔记等，教师一定要让学生有满意的结果，学生才会愿意继续这样的行为。譬如，教师可以口头表扬学生认真听讲了，书面批阅学生作业写得认真工整等。相反地，如果学生很认真地写了作业，教师却只批了个日期，或写了个“阅”就没了，学生会失望，下次作业可能就不那么认真了。

第三节 认知与信息加工学习观

上一节介绍了行为主义的学习观，行为主义学习观注重从行为层面解释学习的实质与促进学习的条件。随着心理学研究的深入，心理学家开始从不同的视角尝试对学习做新的诠释，大约从20世纪50年代中期开始，“认知革命”出现，它标志着从行为主义学习观向认知主义学习观的巨大转变，即越来越重视学习在学习者头脑内部的心理加工过程。① 本节将要介绍的布鲁纳就是认知主义学习观的杰出代表。学习者是如何在头脑中加工学习信息的呢？由于计算机的普及，在把电脑和人脑比较的过程中，心理学家开始尝试从信息加工的视角解释学习在头脑内部的发生机制，主要解释学习信息如何进入人的记忆系统并被有选择地和有组织地储存，以及如何从记忆中提取出来。②

一、布鲁纳的认知—发现学习理论

虽然有一些学习是比较简单的行为习惯养成或符号含义识记，但更多的学习是比较复杂的，对这些复杂内容的学习进行解释时，行为主义的学习观就显得不够有力了。一些心理学家将焦点从外显的行为转向了学习者头脑内部的心理加工，逐渐形成了认知主义的学习观。譬如格式塔学派的苛勒提出的完形—顿悟说，托尔曼的符号学习理论，奥苏伯尔的有意义接受学习理论，布鲁纳的认知—发现学习理论都属于这一类的学习观。限于篇幅，也是考虑到在实际教育教学中的应用方便，本节只重点介绍布鲁纳的观点。奥苏伯尔的观点将在第七章中与他的迁移理论合并介绍。苛勒和托尔曼的观点我们不做详细介绍，有兴趣的读者可以参看国内多个版本的《教育心理学》

① [美]埃根等：《教育心理学》，267页，郑日昌等译，北京，北京大学出版社，2009。
② [美]埃根等：《教育心理学》，268页，郑日昌等译，北京，北京大学出版社，2009。

书籍。

布鲁纳(J. S. Bruner)是美国心理学家。他以知识学习为研究对象，提出了极具影响力的学习理论。

(一)学习观

1. 学习的实质是主动地形成认知结构

所谓认知结构，是指编码系统，即人对外部世界进行感知和概括的一套类目。通俗地理解认知结构，就是个体将获得的知识经验以成体系的方式组织并储存在头脑中。布鲁纳认为，学习并不是行为主义学习观所说的那种对外界刺激作被动反应的过程，而是学习者主动在头脑内部进行加工并形成认知结构的过程。①

2. 学习包括获得、转化和评价三个过程

任何一门学科的知识学习都包含三个几乎同时发生的过程：新知识的获得、知识的转化、评价。新知识的获得是学习者利用原有知识主动加工和理解新信息的过程。知识的转化是对新知识的进一步加工，运用各种方法使新知识可以适合新任务的过程。评价是对知识转化的检查，譬如对知识的合理性进行判断。

(二)教学观

1. 学科基本结构是教学目的所在

所谓学科基本结构，是指一门学科的基础概念、基本原理以及基本态度和方法。例如英语学科的构词法、句法、时态等就是英语这门学科的基本结构。布鲁纳认为学生学习学科知识的最终结果是要形成认知结构，所以教师的教学目的就应当是帮助学生理解并掌握学科基本结构。② 应该说不仅是教师，包括教材的编写者和课程的设计者在内都应当把掌握基本学科结构当成教学目的去安排工作。理解和掌握学科的基本结构可以有这样一些好处：第一，学生掌握学科的具体知识内容时会更加容易；第二，学生记忆学科知识时会更加高效；第三，学生学习学科中的新知识时更容易进行学习迁移。

2. 四条教学原则

(1)动机原则

所有学生都有内在的学习需要，来自内部的学习动机比源于外部的学习动机更有力和持久。所以，教师在教学过程中要善于激发学生的好奇心、胜任力等内部动机。

(2)结构原则

任何学科的知识都可以借助三种表象形式——动作、图像和符号——呈现。教师

---

① 胡忠光：《教育心理学》，61页，北京，教育科学出版社，2011。

② 胡忠光：《教育心理学》，62页，北京，教育科学出版社，2011。

要根据学生已有的知识结构和学科的性质灵活地选择呈现方式，目的是把教学内容转化为学生易于理解和学习的形式，帮助其掌握学科的基本结构。

(3)程序原则

教学活动的程序会影响学生学习知识的效果，因此，教师在设计教学过程时要注意选择和安排最佳教学程序。教师通常应依据学生的知识基础、学习能力、发展阶段、学习材料的内容与性质以及学生的个性差异等因素来选择和安排，这样确保教学程序既符合学生当前的发展水平，又有利于促进学生更好地发展。

(4)强化原则

为了提高学生的学习效率，应重视对学生学习结果的反馈。教师对学生学习的反馈是一种极好的强化手段。反馈要及时，不宜过早或过迟，最好在学生完成并想评估自己作业时给予反馈。如果学生太早知道反馈结果，容易感到慌乱。如果学生太迟知道反馈结果，容易失去受帮助的机会。

3. 发现教学法

布鲁纳认为学生最理想的学习方法就是发现法。[①] 所谓发现法，是指教师并不将学习的内容直接提供给学生，而是为学生设置一定的学习情境，提供一些事实和问题，让学生主动地探究和发现，最终掌握相应知识的教学方法。使用这种教学方法意味着教师不是知识的传授者或提供者，而是辅助者，学生才是学习的主体，知识应当是被学生主动发现的，而不应该是教师宣讲或解释的。发现法并不是只能用来让学生探究那些人类未知的领域，即便是那些已经很成熟的知识，只要对于学生而言是未知的就可以运用此法让学生自己去探究，去发现学习。

(1)发现教学法的主要步骤

一般来说，发现教学法大致包括这样几个步骤。第一步，创设问题情境。理想的问题情境应当可以引起学生的兴趣，且让学生体验到认知上的矛盾，以激发主动探究的动机。第二步，分析问题，提出假设。教师引导、促使学生分析问题情境，提出解决问题的假设。第三步，检验假设。教师帮助学生从理论上或实践上检验自己提出的假设是否正确。第四步，得出结论。教师组织学生对第三步获得的资料和结果进行审查，确保无误的情况下总结得出结论。第五步，反思与评价。教师鼓励学生反思问题解决的整个过程，帮助学生概括和理解新知识的应用情境。

(2)发现教学法的优点

发现教学法具有这样一些优点：第一，有利于激发学生的智力潜力；第二，有利于知识的识记和保持；第三，有利于培养学生解决问题的能力；第四，有利于激发学生的学习动机；第五，有利于增强学生的责任心。

---

① 李梅等：《中学教育心理学》，49页，南京，南京大学出版社，2018。

二、信息加工的学习观

随着计算机技术的迅速发展，认知心理学开始将电脑的运作与人脑的运作进行比拟。认知学习观强调学习是学习者的内部认知加工过程，信息加工的学习观就是在这个方向上的深入和细化，以电脑的加工方式来比拟学习者加工学习信息的内部过程。总的来说，信息加工的学习观认为学习的过程就是学习者感知外部信息然后储存外部信息的过程。

(一)感觉记忆

感觉记忆又称瞬时记忆，是人脑进行信息加工的初始阶段。想象一下在课堂上，你正在认真听老师讲课，老师讲过的每一个字、每一句话你都听清楚了，有时候会是很长的一句话，但是并不影响你的理解，你甚至可以轻松地把老师刚刚讲完的一句话复述一遍。这种通过感官收集到的信息在头脑中的即时保持就是感觉记忆。这种记忆的特点就是形象鲜明但保持时间短。所以，随着课堂学习的持续进行，你会发现自己无法轻松地复述几分钟之前老师讲过的话。因为你听过的每一句话都只能在头脑中保持很短的几秒，然后就迅速忘却了。

感觉记忆中的信息保持时间都很短，一般不超过 4 秒。① 但是学习过程中呈现的许多信息非常重要，需要我们尽可能长时间的保存。信息要想从感觉记忆中保留下来，需要注意的参与，在注意的帮助下，个体对信息进行进一步的编码加工，就可以进入短时记忆过程。②

(二)注意

注意是心理活动对一定对象的指向和集中。③ 每时每刻，我们周围都有许多的刺激，譬如各种声音、各种事物等。这些刺激中的一部分会被我们注意到，于是在我们的头脑中形成了非常清晰的印象，并且可以得到进一步的分析和加工。另一部分刺激没有被注意到，于是我们对这些刺激几乎就没有什么印象，即使有所印象，往往也是非常粗略的。没有注意的保障，学生就无法顺利地接收老师在课堂中传递的信息。④ 在听课的时候，如果学生注意听老师说的话，就会听得清楚，并且可以理解其中的意思。

---

① 叶奕乾等：《普通心理学》，130 页，上海，华东师范大学出版社，2021。

② 叶奕乾等：《普通心理学》，129 页，上海，华东师范大学出版社，2021。

③ 叶奕乾等：《普通心理学》，40 页，上海，华东师范大学出版社，2021。

④ Lachter J.，Forster，K. I.；Ruthruff，E. Forty-five years after Broadbent (1958)：Still no identification without attention，*Psychological Review*，Vol. 111，No. 4，2004，p. 880.

相反，如果学生没有注意听老师讲话，就会不知道老师说了什么，最多只知道老师一直在说话。所以，对于学习过程而言，特别是在课堂中听课时，注意是第一步，也是极为重要的一步。

学生的注意可以从四个方面去分析其品质。注意的品质越好，学生的学习效率，特别是听课效率就越高。

首先，注意要能在一定的任务目标上保持足够长的时间，这种在时间维持上的特征被称为注意的稳定性。在一堂课里，学生能够集中注意听讲的时间越长，其注意的稳定性就越好。有研究发现，学生的注意稳定性水平与其学业成绩有显著的正相关，学业成绩越好的学生其注意的稳定性也越好，而且学生当前的注意稳定性水平对其今后的学业成绩也有显著的积极预测作用。①

其次，注意在同一时间内能选择聚焦的信息在数量上也有多少之别，这种在数量上的特征被称为注意的广度。“眼观六路，耳听八方”“一目十行”等形容的就是个体可以在同一时间内选择聚焦较多数量的信息。对于学生来说，注意的广度越大，学习的效率肯定越高。

再次，当我们在同一时间内要执行多个任务时，注意能够让我们兼顾这些任务，称为注意的分配。学生在课堂学习的过程中非常需要注意的分配：既要听老师讲，也要看黑板或投影上的内容，有时可能还需要同时做记录和思考。

最后，当我们需要在多个任务间进行切换时，注意让我们可以灵活地随之改变关注的对象，称为注意的转移。在同一堂课中经常需要注意的转移。譬如老师可能会先演示一个实验，这时学生需要仔细看老师的操作过程。演示结束后，老师要求学生们打开课本看指定的内容，这时学生需要认真地看书。几分钟后，老师要求学生看板书，学生就要抬头看黑板，等等。我们可以看到根据老师的指令不同，学生要依次改变注意的对象，这就要求学生注意转移的灵活性要好。否则，老师要求学生看书时，学生还在回味刚刚的实验过程，就会跟不上课堂的节奏了。

(三)工作记忆与短时记忆

被注意的信息可以通过感觉记忆进入短时记忆系统中。就记忆系统的划分而言，我们往往指的三种记忆系统是感觉记忆、短时记忆和长时记忆。其中，短时记忆是指保持时间在 1 分钟以内的记忆，长时记忆则是超出这个时间，最长可以终身保持的记忆。②

接下来我们想介绍的是一个与短时记忆有一定区别与联系的概念——工作记忆。

---

① 张灵聪，郑晖，林莹：《不同学业成绩初一学生注意与情绪稳定性的相关》，载《心理科学》，2009(5)。

② 叶奕乾等：《普通心理学》，132～133 页，上海，华东师范大学出版社，2021。

工作记忆与短时记忆的相通之处在于储存的容量都比较有限，且都有暂时的储存功能，区别则在于工作记忆包含了即时的主动加工，短时记忆则仅有储存的功能。① 所以，工作记忆在某种程度上相当于电脑中的内存，是人脑当前正在加工并暂时储存信息的工作平台。② 譬如，想象一下这样的场景——妈妈对孩子说："我一会儿要出门一趟，你在家里等我。早饭你自己做，烤面包、热牛奶或者做蛋炒饭都可以，这些食材冰箱里都有。大约九点的时候你要记得烧一壶开水灌到保温瓶里。然后你再把家里的地扫一扫，扫完后如果灰比较大，记得再把家里的柜子都擦一遍。如果十点半我还没有回家，你就打个电话给我，问问什么情况。如果那之前我回来了，就没事了。"在这个场景中，妈妈对孩子说了很长的一段话。工作记忆的作用是帮助孩子把这么长的一段话都能储存在孩子的工作平台中，确保孩子不会听到后面就忘记了前面。当然，必须指出的是，工作记忆的容量也是存在显著的年龄差异的，关于这个发展的问题我们在下一章会另有说明，这里不再多提。

工作记忆不仅仅帮我们暂时储存了信息，而且让我们可以对当前的信息进行加工。想象你口算一个比较复杂的混合运算题，里面既有加减又有乘除，还带括号。那么按照混合运算法则，你先算括号里的，然后算乘除，最后算加减。在这个思维过程中，你每解决一步，都要把这一步的结果储存在头脑中。当你进行到下一步时，这一步的结果还需要你代入进去，所以信息并不是仅仅被储存，还需要不断被你加工，直到最终结束所有的运算。在整个思维过程中，你不断在反复提取题目中的信息以及你暂时运算得到的部分结果信息，充分体现了工作记忆主动加工的功能。

工作记忆可以储存和加工的信息，主要有视觉的和听觉的两大类，其中最主要的是听觉的。当然，必要时它也会从长时记忆中提取信息并入当前的加工。③

(四)长时记忆

无论是工作记忆还是短时记忆，信息储存的时间都不够长久。但是学生却需要努力把每堂课上听到的、学会的新知识尽可能长久地储存起来，这样就需要用到长时记忆。信息从短时记忆进入长时记忆需要我们对信息进行多次的复述。④ 想一想，很多成年人可能会记不得当学生时学过的许多学科知识，但都能记得九九乘法表。这是为什么呢？其实根据心理学的观点，就是因为在小学数学课上我们无数次地复述过九九乘法表，无论是单纯地背诵还是在做数学计算时一遍一遍地回忆，都是在进行复述。正

---

① ［美］伍尔福克：《教育心理学》，270 页，伍新春等译，北京，中国人民大学出版社，2015。

② Baddeley，A.，The episodic buffer：a new component of working memory? *Trends in Cognitive Sciences*，Vol. 4，No. 11，2000，p. 417.

③ ［美］伍尔福克：《教育心理学》，270 页，伍新春等译，北京，中国人民大学出版社，2015。

④ 叶奕乾等：《普通心理学》，130 页，上海，华东师范大学出版社，2021。

是这样的重复加深印象，我们才会把它保持得如此清晰，这种保持基本是永久的。

长时记忆的容量非常大，可以说是没有上限的。这么多的信息储存在其中，并不是杂乱无章地随意堆放，而是以一定的命题网络、图式或产生式的形式整合起来存放的。① 关于这一部分的具体内容我们将在第八章中做详细的介绍。

(五)遗忘

按照信息加工的学习观点，学习的过程就是新知识的感知、加工到储存在长时记忆的过程。但是，在这个过程中，与之相伴随的是无法避免的遗忘。所谓遗忘，就是曾经识记过的内容不能再认或回忆，或是错误地再认或回忆。② 无论是感觉记忆阶段，还是短时记忆或工作记忆阶段，抑或长时记忆阶段，遗忘都有可能发生。遗忘是每一个学生都非常讨厌的现象，但它的发生却不可避免。我们了解遗忘的规律，就可以更好地利用这些规律帮助我们减少遗忘带来的负面影响。有关遗忘的详细知识我们将在第二章中介绍。

三、认知与信息加工的学习观对学习指导的启示

认知主义与信息加工的学习观阐述了学习者在头脑内部对学习内容进行认知加工的心理规律，基于这样的学习观，我们在指导学生学习时应注意以下几点。

第一，重视学生对所学知识的意义理解，帮助学生形成良好的认知结构。在每门课程的教学中，教师会教给学生许多具体的知识，如语文和英语课中的生字、生词，数学中的基本概念和运算符号等，教师应引导学生运用已有的知识基础或生活经验来完成对新学习内容的意义理解，并在及时对一些具体的知识以结构化的方式进行回顾、总结或梳理，促进学生认知结构的形成，这会有利于学习内容的深刻理解与长久保持。

第二，重视学生在学习过程中的主动性。学生在学习的时候并不是在扮演着录音机或照相机的角色，大部分的学习也不是学生依靠简单的重复、机械的训练就可以完成的，尤其越到高年级的课程学习越是复杂，这些都对学生的学习提出了很高的要求。积极主动地参与到学习活动中，积极主动地开动脑筋去思考和理解，是高效学习的重要保障。所以，教师应想办法激发和培养学生对学习的动机和兴趣，将“要求学生学习”变为“学生要求学习”。具体的激发和培养学生学习动机和兴趣的做法请读者参看本书的第四章。

---

① [美]埃根等:《教育心理学》，274 页，郑日昌等译，北京，北京大学出版社，2009。

② 叶奕乾等:《普通心理学》，120 页，上海，华东师范大学出版社，2021。

第三，对学生学习的全过程进行监控与指导，是提高学生学习效率的重要策略。根据信息加工的学习观，新知识学习的过程就是注意聚焦、感知信息、加工并保持信息的过程。因此，教师应重视新课的设计，充分利用无意注意和有意注意的引发规律来组织课堂教学，同时在教学过程中密切监控学生的注意情况，对于不够专注的学生采取一定的措施将其拉回课堂。除了提高听课效率之外，教师还应通过布置练习、及时检测等途径督促学生及时巩固所学知识的记忆，与遗忘做斗争。具体的监控与指导办法请读者参看本书的第十一章。

第四节
建构主义学习观

建构主义是一个被广泛使用的术语。与行为主义学习观看重外显的行为有所不同，与认知主义和信息加工学习观主要关注单个学习者头脑内部的认知加工过程也有所不同，建构主义的学习观强调学习是学习者积极主动地在头脑内部理解和获取信息的意义的过程，在这个过程中，既有学习者个人基于自身经验的积极建构，也有学习者与周围他人(包括教师和同学)在社会互动中的积极建构。①

所谓建构，实质上是指个体基于经验生成意义、形成理解的过程。譬如这世上并没有神仙，但人们可以想象出神仙。有趣的是，中国人想象出的神仙是中国人的模样，西方人想象出的神仙是西方人的模样，这其实就是一个建构的例子，即人们根据自己的经验生成了或者说建构了对神仙的形象的理解。

一、建构主义的知识观

建构主义认为世界虽然是客观存在的，但对世界的意义进行建构时却存在极大的个体差异。我们每一个人都是基于自己的经验来形成这个世界的意义理解，然而个体间的经验是不同的，个体间对经验的理解也是不同的，所以每个人对同一世界的理解也可以并不相同。由此进一步推断，建构主义提出知识并不是对现实的准确表征，而是人们对现实的一种解释或假设，随着人类的进步，这种解释或假设可能会被推翻，取而代之的是新的解释或假设。② 例我们曾经以为地球是世界的中心，后来以为太阳是

---

① ［美］伍尔福克：《教育心理学》，333页，伍新春等译，北京，中国人民大学出版社，2015。

② 李梅等：《中学教育心理学》，53页，南京，南京大学出版社，2018。

世界的中心，再后来发现宇宙是浩瀚无穷的。又例如我们曾经以为太阳系有九大行星，后来发现应该是八大行星。这些例子都很好地支持了建构主义的知识观。

二、建构主义的学生观

建构主义特别强调学生基于自己的经验来建构新的知识，当学生走进课堂的时候，并不曾把自己过往的经验割舍下，而是带着自己的经验开始新的学习。事实上，每一个人的成长都是与众不同的，所以基本上没有两个学生的经验是完全一致的。在面对同样的问题情境或新的知识内容时，不同的学生会用各自的独特经验去建构问题情境或新知识，形成各自合乎逻辑的意义理解或假设。

三、建构主义的学习观

建构主义认为学习并不是把知识从教师那边简单地复制到学生这边的过程。假如知识的学习只是一个简单的记忆过程，那么记忆力突出的学生都可以拿到满分。然而现实情况并非如此，虽然记忆也很重要，但学生对知识的意义理解更为重要。建构主义认为学习的过程在本质上是学生基于自身的经验积极主动地进行意义理解的过程，即主动建构知识的意义的过程。这个建构的过程没有人可以代替，必须由学生亲自完成。在学习的过程中，学生利用原有的经验来建构对新知识的理解，同时学生原有的经验也因此发生一定的调整、重组或其他的改变。

建构主义学习观与其他心理学派的学习观还有两个非常重要的不同：第一，建构主义强调学生建构新知识的过程并非只是学生单独完成的，而应在社会互动中完成。这里的社会互动对象可以是教师，也可以是其他的同学，或者与学习有关的其他专家等。这里的社会互动可以是协作，也可以是交流讨论；第二，建构主义强调知识的最佳学习方式应发生在解决现实世界任务的过程中。① 与脱离真实生活的抽象知识相比，源于真实生活又蕴含知识的问题情境能最大限度地激发学生思考的热情和动力，且带给学生极大的收获，“无论参与者自身是否正确地按照教师的要求来做了，这种真实的任务都能够促进学习者的思维水平的提高并且有助于培养对于校外情境来说也很重要的那些问题解决的技能技巧”②。

---

① ［美］埃根等：《教育心理学》，317页，郑日昌等译，北京，北京大学出版社，2009。

② Putnam，R. T.，& Borko，H. What do new views of knowledge and thinking have to say about research on teacher learning? *Educational Researcher*，Vol. 29，No. 1，2000，p. 4.

四、建构主义的学习观对学习指导的启示

建构主义的学习观认为学习是由学习者在已有经验的基础上通过与他人的互动进行积极主动的意义建构的过程，这种观点对我们指导学生的学习有如下的启示。

第一，营造宽松民主的氛围，允许学生对所学知识的质疑与批判。传统的知识观认为知识是对客观世界的准确表征，是具有权威性的，学生所要做的就是理解知识、记住知识并应用知识。但是，建构主义的知识观告诉我们知识并不是绝对准确的表征，它有可能在一段时间之后被推翻或革新。因此，当学生对教师讲授的知识表示质疑时，即使这种质疑可能没有充足的依据，没有严密的逻辑，也不应该简单地被教师否定或忽视，至少教师应该对学生的质疑和批判精神予以肯定和鼓励。在某种程度上来说，学生的质疑其实是学生思考的结果，教师应该鼓励学生大胆地阐述自己思考的过程，从中发现学生可能存在的思维误区或漏洞，帮助学生加深对所学知识的理解，同时也训练学生的逻辑思维能力。

第二，充分利用学生在经验上的个体差异，将经验差异变为宝贵的学习资源。建构主义的学习观认为学生不是空着脑袋走进教室的，而是带着原有的经验来学习的。传统的学习理论很少关注学生的个体差异，特别是经验方面的个体差异，而是默认所有的学生可以在教师的引导下进行统一的、同样的认知活动或行为反应。但是，现实生活并非如此，学生来自不同的家庭，有不同的成长经历和生活见闻，确实在已有经验上有极大的个体间差异。这些差异在一定程度上会影响到学生对特定问题情境的分析，对特定知识的理解。譬如，有不同经验的学生可能会采取不同的视角，或者有不同的类比等。教师在课堂上采用小组学习的方式，将经验差异较大的学生有意识地搭配在一起，鼓励学生勇于表达和分享，可以让每个学生有机会获得不同于自己观念的信息，这样既有助于学生丰富对所学知识的理解，也助于学生养成合作分享的好习惯①。

第三，重视意义的建构，重视学生对知识的主动加工。建构主义的学习观认为学习是学生主动建构意义的过程。根据这一观点，教学不应该是填鸭式的灌输，也不应该是不求甚解的生搬硬套，而要引导学生、支持学生主动对知识进行意义的建构。教师应在教学中设计或引入真实生活环境中的适当问题情境，让学生感受到不足或者无法用已有的知识经验去理解当前的问题情境，学生就会愿意在小组或集体之中通过互动、磋商、讨论形成最终的共识。学生高度参与学习的全过程，主动性就有了保障，生生互动、师生互动则帮助学生逐渐理清自己的认识，最终完成对知识的意义建构。

---

① 钟启泉：《知识建构与教学创新——社会建构主义知识论及其启示》，载《全球教育展望》，2006(8)。

【本章小结】

个体从受精卵开始到出生、成长，直到衰老、死亡的全程被称为生命全程，生命全程的发展是指个体从受精卵到衰老死亡的整个过程中随着年龄的增长而出现的各方面、各领域的变化。影响个体生命全程发展的因素有很多，但总体上可划分为先天的因素和后天的因素两类。其中，学习是一种非常重要的后天因素，对个体的发展具有极大的影响作用。教育心理学的出现正是为了系统深入地了解潜藏在各种学习现象中的学习规律是什么，并运用这些学习规律来解释、描述、预测以及干预学生的学习，尽最大可能地帮助一线教师以及家长做好学生学习的指导或引导工作，为学生的人生发展打下坚实的基础。学习有广义与狭义之分。广义的学习是人和动物所共有的，泛指一切因后天经验而导致的较为持久的行为或行为潜能的变化；狭义的学习则是人类特有的，以言语为中介的学习。学生的学习则是一种特殊的人类学习，不仅要以言语为中介，且强调了在较短时间内有计划、有目的、有组织、有系统地在教师指导下掌握前人积累的知识。教育心理学围绕学生的学习从不同角度阐释了学习的实质或机制，譬如行为主义将学习视为简单的形成刺激与反应之间的联结，信息加工观则将学习比拟成电脑一般，认为学习是人脑对外界输入的信息进行信息加工、储存的过程，建构主义学习观则从学生与教师和同学互动、学生运用已有经验进行主动建构的角度出发将学习看成学生将外在信息转为内部建构的过程。上述学习理论都在一定范围内可以解释某些学习现象，具有合理性的一面，但没有一种学习理论是可以解释所有的学习现象的。因此，在学习这些理论的时候深入的思考这些理论如何运用于具体的教育实践，是非常有必要的。

【本章习题】

一、名词解释

学习　观察学习　负强化　操作条件反射　经典条件反射　遗忘　泛化　正强化　注意

二、简答

1. 简述桑戴克的学习律。
2. 简述操作条件反射学习理论。

三、辨析

1. 惩罚就是负强化。

2. 进入长时记忆的信息就不再遗忘。

四、论述

试述建构主义学习理论并联系实际谈谈其对教学的启示。

【拓展阅读】

1. 陈琦，刘儒德．当代教育心理学．北京：北京师范大学出版社，2007 年
2. 桑切克著，周冠英等译．教育心理学．北京：世界图书出版公司，2007 年
3. 林崇德．发展心理学．北京：人民教育出版社，2009 年

第二章

小学生学习的内部条件

学生是学习的主体，不同学段的学生有着巨大的差别。国家在划分学段、规定不同学段的学习任务时，充分考虑了处于不同年龄阶段的学生分别具有怎样的心理发展水平，即学习的内部条件。心理发展离不开生理基础，所以本章从小学生大脑的发展特点开始，依次介绍了小学生在认知、个性和社会性等方面的发展规律，通过本章的学习将能够更好地理解作为学习主体的小学生是处于怎样的发展阶段，有哪些普遍性的心理发展特点。

第一节 小学生的脑与认知发展特点

一、人脑的可塑性

(一)神经元的发展

人脑中与心理功能关联最为密切的是大脑。大脑分为左右两半球，中间由胼胝体相连。不同的脑区负责不同的心理功能，并且对我们的身体进行交叉对称控制。人脑中有两种主要的细胞：神经元细胞和神经胶质细胞。神经元细胞主要负责我们的各种心理功能，神经胶质细胞则在维持神经元的形态及功能的完整性以及神经系统微环境的稳定性等方面起重要作用。① 神经元的生长发育包括增殖、迁移、分化、髓鞘化和突触形成等阶段。② 这些阶段的变化一方面与人脑自身的发育有关，具有共性，另一方面则与个体后天的生活环境及经验有关，具有个体差异性。神经元细胞的发展在生命早期是非常显著的，无论是神经元数量上的增加还是神经元之间通过突触形成的神经环路或结构的变化都是非常活跃的，这种强大的“生命力”为婴儿在生命早期快速地适应环境、形成依恋、发展动作和感知觉等提供了生理基础，同时又在婴儿后天生活经验的刺激下得到更进一步的提高。

(二)神经可塑性

神经可塑性指的是个体对环境、经验等进行反应时大脑中发生的神经生理变化，

① 赵铁建：《神经生理学》，33页，北京，人民卫生出版社，2012。
② [美]卡拉特：《生理心理学》，132页，苏彦捷等译，北京，人民邮电出版社，2012。

可以是神经通路上的变化，也可以是突触上的变化，抑或两者均有。神经可塑性是我们学习的生理基础。在神经可塑性的过程中，主要有两个方面的变化发生。其一是神经发生，即新的神经元的生成；其二是突触形成，即新的突触的形成。[①]

神经的发生是指新的神经元的产生。研究表明，经验以及丰富的环境刺激都可以促进神经元的产生。[②] 需要注意的是，神经元的产生在生命早期是非常容易和普遍的现象，但在进入成年期以后的个体身上则相对少见。甚至在传统的观念来看，成年人的大脑中应该无法产生新的神经元，一旦成年人的大脑受到某种损伤，相应的心理功能就会丧失，因为没有新的神经元可以接替承担相应的心理功能了。后来的研究表明成年人的大脑并不是绝对不会产生新的神经元，但在产生新神经元的数量及分布区域上都非常的少，与儿童无法相比。[③] 所以，如果受到了同样的脑损伤，成人的心理功能损伤比儿童更难以恢复。

突触在神经系统中是极其关键的，因为神经元之间都是通过突触进行联结的，这些联结是大脑能够有效工作的生理基础。突触虽然有许多种不同的连接类型，但一般来说在每一个突触中相连的两个神经元都是有分工的，一个是负责输出信息的，通常称为“突触前神经元”，另一个是负责接收信息的，通常称为“突触后神经元”。突触相当于在两个神经元之间架起了桥梁，使得信息可以通过生物化学的方式进行传递。

所谓突触形成就是指在神经元之间产生了新的突触。在现实生活中，个体接收新信息或学习新知识后，为了表征这些信息，就会在大脑中相应的神经元之间形成新的突触。所以突触的形成为我们的学习提供了神经生理上的可能性。打个比方来说，冬冬认识了一个新朋友，那么在冬冬的大脑中就会有相应的神经元来处理与这个新朋友有关的信息，如新朋友的名字、长相等，涉及这些信息的神经元之间就会形成新的突触以方便这些信息的传递与整合。假如冬冬和这个新朋友交往越来越频繁，这些突触就会因此经常被激活、被使用从而变得非常牢固，牢固到后来分开好几年了再见面时冬冬也能把这些信息提取出来。但是，假如冬冬和这个新朋友并没有过多的交往，这些突触就会很少被激活和使用。当冬冬和这个新朋友分开多年以后再见，冬冬可能会发现几乎想不起来曾经认识过这样一个朋友了。其实是因为与这个朋友的信息有关的突触由于很少被激活，就逐渐断开了神经元之间的连接。

学习依赖于新突触的形成，而不是已有突触的数量。[④] 在我们的一生中，我们会接

---

① A. Galván. The neuroscience of adolescence, Cambridge: University Press, 2017, pp. 174-176.

② Shiflett M. et al. Reversible inactivation of the hippocampal formation in food-storing black-capped chickadees, *Hippocampus*, Vol. 13, 2003, p. 437.

③ Spalding. et al. Retrospective birth dating of cells in humans, *Cell*, Vol. 122, 2005, p. 133.

④ Garrett, P. (2011). *Brain and behavior: An introduction to biological psychology* (3rd ed.). Los Angeles: Sage Publications. p. 126.

收无数的新信息，这些新信息都有对应的突触形成，照此推断我们大脑中的突触数量会随着我们年龄的增长多到难以想象的程度。然而，大脑中的突触形成并不是无止境的，为了避免大脑的超负荷，神经系统会对多余的突触进行修剪，特别是那些我们认为不重要的信息对应的突触。什么样的信息是不重要的呢？可能是不常用的，可能是考试不涉及的，可能是与我们关联不大的等。与突触修剪相应的就是一些信息被我们遗忘了，譬如许久不见的人，许久不用的知识，许久不做的广播操。

从心理发展的角度分析，突触在幼儿期的产生过剩相当于为个体适应环境提供了充分的神经基础，随后开始的修剪过程则体现了后天生活经验对大脑可塑性的重要影响。因为突触的修剪并不是随意的，而是依赖于活动的。学者捷德(Giedd，J. N.)提出过一个著名的假设“不用即失”(use it or lose it)来解释突触的修剪，即经常使用的突触保存下来并生长旺盛，不用或少用的突触将枯萎和消失。① 这里所说的经常使用的突触就是生活和学习中经常接触的信息对应的神经连接，因此，可以说儿童的脑发育是先天的生物因素和早期生活经验相互影响、相互作用的产物，即遗传与环境相结合的产物。

儿童期的生活经验持续地影响着突触结构的形成与重组，这种影响应该说会贯穿个体的一生。不过，需要提醒的是，随着年龄的增长，这种重组的难度会越来越大。这并不是因为随着个体年龄增长大脑逐渐变得“不灵活”了，而是因为年龄越大的人所形成的神经环路的复杂程度也越大。这就好比是建造房屋：在毛坯房的基础上进行最初的房屋改造会相对比较直接和容易，随着改造次数的增加，改造难度会越来越大，因为涉及的墙壁、管道、线路等重造问题会越来越复杂。我们的大脑也存在类似的问题。因此，要想促进儿童大脑的良好发育，应高度重视儿童早期的生活经验。

二、小学阶段大脑的发展

作为心理活动的主要器官，大脑的发展可以从形态、结构和功能三个方面来分析。

首先了解一下脑形态的发展。新生儿出生时的脑重量为 350～400 克，出生后前两三年是脑重量快速增长的时期，婴儿 3 岁时脑重量接近成人的范围，然后进入缓慢增长期。六七岁时儿童的脑重量可以达到 1280 克左右，相当于成人脑重量的 90%，到 12 岁时约为 1400 克，达到成人的平均脑重量。② 纵向比较可知，小学阶段大脑的生长速度较之生命早期有所放缓。有研究表明儿童在 5～17 岁的脑容量大小没有显著变

---

① Giedd，J. N. Structural magnetic resonance imaging of the adolescent brain，*Annals New York Academy Sciences*，Vol. 122，2005，p. 77.

② 董妍，刘爱书：《小学生心理学》，33 页，杭州，浙江教育出版社，2015。

化，这也告诉我们小学阶段的脑形态没有非常显著的发展变化。①

其次是脑结构的发展变化。个体在出生时大脑中突触的数量大约相当于成人的十分之一。突触的数量随着年龄增长显著增加，在 4 岁左右时数量超过成人大约 50%，6 岁时达到顶峰，其后不断减少，大约从 15 岁时开始达到成人的水平，并能保持到老年期。正如上文介绍的一样，突触修剪是大脑选择性地剪除了过多的、没有必要的神经元之间的联结，这样不仅不会损伤大脑的功能，反而使神经系统的活动效率得到增强，我们对外界信息进行加工的能力也随之提高。② 从出生到成人，大脑内的突触数量发展总体上呈现倒 U 形的趋势，小学阶段的突触数量也是明显多于成人水平的。

最后了解一下脑功能的发展。脑功能中最重要的就是兴奋与抑制机能的发展。人在刚出生的时候大脑皮层的兴奋性程度相对更低，所以一天当中清醒的时间很少，平均会有 22 小时用于睡眠。这个时期的深度睡眠在整个睡眠时长中占一半。随着年龄的增长，大脑皮层的兴奋机能逐渐提高，儿童每天的睡眠总时长逐渐减少。具体到小学阶段来看，7 岁时的平均日睡眠时间为 11 小时，10 岁时为 10 小时，12 岁时为 9～10 小时。③ 睡眠时长逐渐减少说明大脑的兴奋机能在逐渐增强。

睡眠对于维护我们每个人的健康具有非常重要的作用，可以促进生长发育和延缓衰老，还可以消除疲劳和恢复体力，增强机体免疫力，保证大脑发挥最佳功能。对于小学生来说，睡眠不仅关系到身心健康，更是直接关系到学习的状态和效率，因为睡眠是个体大脑早期发育时非常重要的生理现象，是脑功能活动的重要状态。在某种程度上可以说要想孩子的大脑发育得好，就必须保证孩子睡得好。④

人在睡眠时会出现周期性的快速眼球运动，这种状态被称为快速眼动睡眠或快波睡眠。与此相对的另一种睡眠状态被称为非快速眼动睡眠或慢波睡眠。⑤ 特别要注意的是快速眼动睡眠的时长与脑组织发育程度有极密切的关系，因为快速眼动睡眠期间脑部血管内的血液速度增加，为神经元的发展或功能维持提供了充足的氧气和其他营养物质的供给。所以，应高度重视儿童和青少年的睡眠，保证他们有充足的睡眠时间和较好的睡眠质量，这有助于他们大脑的正常发展和学习效率的提高。

除了兴奋机能以外，大脑的抑制机能也非常重要。如果说兴奋机能是帮助有机体发动或加强某种活动，那么抑制机能就是帮助有机体停止或减弱某种活动。对于正常

---

① Reiss. A. et al. Brain development, gender and IQ in children: A volumetric imaging study. *Brain*, No. 119, 1996, p. 1763.

② Sowell, Trauner, Gamst, & Jernigan. Development of cortical and subcortical brain structures in childhood and adolescence: a structural MRI study. *Developmental Medicine & Child Neurology*, No. 44, 2002, p. 4.

③ 董妍，刘爱书：《小学生心理学》，39 页，杭州，浙江教育出版社，2015。

④ Kruth, S. et al. Development of brain EEG connectivity across early childhood: Does sleep play a role? *Brain Sciences*, No. 3, 2013, p. 1445.

⑤ 赵铁建：《神经生理学》，188 页，北京，人民卫生出版社，2012。

个体来说，这两种功能都非常重要。我们有些时候需要能尽快地兴奋起来，譬如运动员比赛时要尽快进入竞技状态。另一些时候我们却需要抑制，譬如上课的时候我们需要尽快地安静下来，不做小动作，不被无关刺激所吸引。抑制机能发展的生理基础之一是神经纤维的髓鞘化。儿童在6岁时就基本完成了神经纤维的髓鞘化，但是抑制机能的水平远远不够成熟。抑制机能是个体的自我控制和调节的生理前提，其发展与成熟部分地取决于髓鞘化的完成，同时还受到额叶(大脑最前端的部分脑区)成熟程度的影响，另外个体言语能力的发展也对抑制机能发展有所影响。额叶在0～3岁时发展迅速，然后就趋于缓慢，直到17～21岁时再一次迅速发展。这可能就是个体为什么在青春期更容易冲动和冒险的部分原因：因为这一时期的额叶发展并不成熟，控制行为所必需的神经环路不曾充分地形成。①

其实不仅仅在青春期的时候兴奋与抑制机能不平衡，应该说大脑的兴奋与抑制机能在整个儿童阶段都不具有较好的平衡性。为了帮助儿童正常发展脑功能，促进兴奋与抑制机能的平衡性，简单又有效的做法之一就是在日常生活中帮助儿童养成合理又规律的作息制度。譬如在儿童很小的时候就养成定时入睡的习惯，不因周末、节日等原因改变入睡时间。为了提高儿童的睡眠质量，与儿童共同生活的成人一定要营造安静的入睡环境，睡前避免剧烈活动或过度兴奋。成人也要尽量做好榜样示范，千万不要一方面要求儿童早睡觉，另一方面自己却经常熬夜，尤其不是因为工作需要而熬夜。

睡眠对于儿童的脑发育如此重要，但是，现实情况却是世界上许多国家的儿童都有睡眠不足问题。譬如，美国父母报告的小学生睡眠问题发生率为37%。② 我国城市学龄儿童睡眠不足的发生率更是高达71.4%。③ 为了保证中小学生享有充足的睡眠时间，促进学生身心健康发展，我国教育部印发了《关于进一步加强中小学生睡眠管理工作的通知》，其明确强调了小学生每天睡眠时间应达到10小时，初中生应达到9小时，高中生应达到8小时。④

总的来说，为了促进小学生的脑发育，大致要注意这样几个方面：首先，是要保证每天都有充足的睡眠时间，在国家有政策支持的情况下更是要努力将政策落到实处，千万不要因为追求一时的学习成效而牺牲小学生的睡眠时间；其次，要注意营养与饮食，家长和学校既要确保小学生每天摄入充足的营养，又要避免摄入不利于大脑乃至身体健康的含有重金属或其他有毒有害成分的物质，特别是一些垃圾食品要尽量避免；

---

① Wasserman & Zambo. *Early childhood and neuroscience-Links to development and learning*, Berlin: Springer, 2013, p. 59.

② Owens J. A. et al. Sleep habits and sleep disturbance in elementary school0aged children. *Developmental and Behavioral Pediatrics*, Vol. 21, No. 1, 2000, p. 27.

③ 李生慧等：《全国城市学龄儿童睡眠状况研究》，载《中华儿科杂志》，2008(3)。

④ 中华人民共和国教育部基础教育司：《关于进一步加强中小学生睡眠管理工作的通知》，2021。

再次，在家庭中尽量不要让小学生因为娱乐而接触、使用移动通信工具，因为移动通信工具造成的危害在短期内很难被发现但是确实存在[①]；最后，安排丰富多彩的业余生活。无论是面向自然的探索还是面向他人的互动，丰富的刺激下积累的经验会极大促进小学生的脑发育。

三、小学生的注意发展

(一)注意概述

1. 注意的含义和作用

注意是心理活动对一定对象的指向和集中。

在我们接收并加工外界信息的过程中，注意就相当于是一个筛选和过滤的装置，那些吸引我们关注或我们主动选择关注的信息可以顺利通过这道装置并在我们的大脑中形成清晰的印象，那些不够吸引我们或我们不想关注的信息则很难顺利通过这道装置，于是我们的大脑中对这一类的信息就只有模糊的印象，有时甚至是完全没有印象。

2. 注意的类别

根据有无明确的预定目的以及是否需要意志努力，注意可以被分为三种：无意注意(也称不随意注意)、有意注意(也称随意注意)和有意后注意(也称随意后注意)。

(1)无意注意

无意注意是指事先没有明确的预定目的也不需要意志努力的注意。无意注意是一种被动引起的注意，是注意的初级形式。必须提醒的是，无意注意虽然是被动引发的注意，但在我们的生活中也具有很重要的作用。譬如环境中如果突然出现了巨响或异味儿等刺激，我们很容易就会被这些刺激所吸引去注意，这有利于我们第一时间明确刺激的性质并做出及时恰当的应对。

无意注意的引发通常受到主观和客观两方面因素的影响。

客观方面主要是引发无意注意的刺激物本身的一些特性。第一，刺激物的强度。一般来说，刺激物的强度越大，越容易引发个体的无意注意。例如巨大的响声、强烈的光线、浓烈的气味儿等。当然，强度有绝对强度和相对强度之分。有些刺激的绝对强度并不是很大，但在周围环境的对比下有相对更大的强度，也可以引发无意注意。

第二，刺激物的活动或变化。一般来说，活动的刺激物比静止的刺激物更容易引发无意注意。譬如制作幻灯片时如果插入一个小的动画，动画会比静止的文本内容更

---

① 胡冀，杨新文：《移动通讯微波辐射对儿童脑发育影响》，载《中国公共卫生杂志》，2012(8)。

容易吸引人的注意。此外，变化的刺激物比固定不变的刺激物更容易引发无意注意。譬如城市的夜景灯光璀璨，但更容易引起人们注意的是颜色或图案不断变化的霓虹灯。

第三，刺激物的新异性。新颖的刺激比一成不变的刺激更容易引起人们的注意。譬如换了新形象的老师或新来的同学往往很容易引起大家的注意。

第四，刺激物之间的对比关系。同时呈现的刺激物之间如果在颜色、大小、形状或其他方面有明显的反差时，相对更特别的那个刺激更容易引起人们的注意。譬如“万绿丛中一点红”，其中的红虽然面积更小，但在对比之下更显特别，人们更容易注意这小小的一点红，而不是那大片的绿。

除了客观的刺激物的特点以外，主体自身的因素也会影响到无意注意的发生。

第一，主体的需要和兴趣。每个人都有自己特定的需要和兴趣，与之有关的刺激会更容易引起我们的注意。譬如一个对音乐感兴趣的人走在路上会对路边商店中播放的音乐更容易留心。相反，一个对美食感兴趣的人走在同样的一条路上会对周围商店中出售的各种美食更加留意。对于那些不符合我们需要或者我们不感兴趣的刺激物，我们通常会选择性地忽略。在刚刚的例子中，我们可以想象前面的那个人对路边的美食很可能“视而不见”，后面的那个人则对路边的音乐很可能“充耳不闻”。

第二，主体的身心状态。我们在身体健康舒适、情绪轻松愉快时更容易留心周围环境中的刺激物，从而引发无意注意。相反，当我们身体不适、疲惫不堪或情绪低落的时候，常常会对周围环境中的各种刺激物都失去关注的兴趣。

(2)有意注意

有意注意是指有明确的预定目的且需要意志努力的注意。有意注意最常见的例子就是在学习或工作的时候，即使学习内容让我们觉得枯燥或者工作内容让我们觉得单调，但是为了某个预定的学习目的或工作目的，我们仍然会努力地克服困难，用意志来帮助自己集中注意于当前任务，这就是典型的有意注意了。

有意注意是一种主动的注意，带有鲜明的目的性。因为工作和学习中的许多任务都是有目的的且持续时间相对较长，所以有意注意在工作和学习中非常重要，是保障工作和学习效率的重要心理条件。当然，正因为有意注意往往需要我们付出意志努力来排除干扰、集中精力，所以时间一长就容易出现疲劳感，这对个体提出了较高的要求。

我们通常可以采取以下措施来帮助他人或自己引起和保持有意注意：

第一，加深对活动或任务目的的理解。有意注意是有预定目的的注意，所以在工作或学习的时候，我们对工作或学习任务的目的越明确，特别是这种目的的意义还很重要时，就越容易引起有意注意。譬如上课时，当老师说“下面讲的内容是一定会考的”，学生就会非常专心地去听讲。

第二，合理地组织活动。所谓合理地组织活动，是指在设计或安排活动时将注意的对象作为活动的对象，这样我们在进行活动的同时就完成了对注意对象的加工。另外，还可以围绕注意的对象设计一定的问题，这样我们在思考问题的同时自然就注意了相关的对象。

第三，培养间接兴趣。生活中常常可见我们必须要做的事情并非我们感兴趣的事情，这种情况下我们可以培养间接兴趣来帮助维持有意注意。心理学上的间接兴趣是指对活动本身没有兴趣，但是对活动的目的或结果感兴趣。当我们对自己要注意的对象本身缺乏兴趣，可以培养对注意对象相关的结果或目的的间接兴趣，这样也可以产生有意注意。譬如我们学习某种技能，反复的训练让人疲乏、厌倦，很难坚持下去，但是只要想到将来可以拿到的技能证书，就会让人愿意忍耐和坚持。

第四，培养个体抗干扰的意志品质。在要求注意的时候，往往是伴随着这样或那样的干扰的。干扰可能来自外部，譬如上课时教室外面的嘈杂声，也有可能来自内部，譬如学习的时候心里却惦记着昨天玩过的游戏。所以，为了提高注意的效率，我们除了采取一定的措施排除干扰以外，还要在无法排除干扰的时候学会用自身坚强的意志去与干扰做斗争。年轻时的毛主席曾经特地到闹市去读书，锻炼自己的定力，就是极好的例子。

(3)有意后注意

有意后注意是指有明确的预定目的，却并不需要意志努力的注意。从其定义中可以看出，一方面，有意后注意与有意注意一样都有明确的预定目的，都是主动的注意类型；另一方面，有意后注意与无意注意一样都不需要意志努力，都是主观上不容易感到疲劳，相对觉得轻松的注意类型。正因为有意后注意的这种特殊性，所以它是一种高级的注意。

有意后注意是在有意注意的基础上发展起来的。譬如初学织毛衣时需要有意注意，稍微分心就容易出错，眼睛必须一直盯着手上的线和针，个体主观上会体验到紧张感，时间长了容易觉得疲劳。但是，有丰富经验的人在织毛衣时却很轻松自如，不仅可以不用一直盯着手上的针和线，甚至还可以同时看电视或者与人聊天，而且主观上不会有紧张感。这种熟练从事某种任务或活动的时候用到的注意就是典型的有意后注意。

3. 注意的特征

(1)注意的稳定性

注意的稳定性是注意在时间上的特征，指的是对同一对象或同一活动任务能持续注意的时间长短。一般来说，对同一对象或同一活动任务保持注意的时间相对越长表示注意的稳定性越好。譬如上一节课40分钟，能集中注意听讲的时间越长表示注意的稳定性越好。

注意持续在某个对象或活动上时，并不是固定不变的，而是会出现周期性的变化，这种周期性的变化称为注意的起伏。注意起伏包括两种时相。处于正时相时，我们的感受性提高，主观上会感觉注意到的刺激很清晰，譬如声音很清楚，形象很清晰。处于负时相时，我们的感受性会有所降低，主观上感受到的刺激会相对弱一些，譬如声音有些远，形象有些模糊。

与注意的稳定性相反的是注意的分散，俗称分心，即个体将注意从当前应当注意的对象变换到了不应当注意的对象上。小猫钓鱼的故事就是注意分散的典型例子。

(2)注意的广度

注意的广度是注意在数量上的特征，指的是注意在同一时间内能清楚地感知到的刺激物的数量。譬如快速呈现一串数字然后消失，我们会发现人们只能注意到数量有限的数字。成语“一目十行”表示了很高水平的注意广度。

注意的对象不同，同一个人的注意广度可以有所不同。注意的对象相同，不同人的注意广度也可以有所不同。概括来说，注意的广度受到主客观两方面因素的影响，或者说注意的广度既受信息自身特点的影响，也受到主体的知识经验等因素的影响。①

客观方面是指注意对象的特点。譬如注意对象的呈现方式或排列方式，人们在注意对象排列有规律的情况下就比无规律的情况下表现出更大的注意广度。杂乱摆放的9枚硬币与纵横对齐形如九宫格摆放的9枚硬币，如果都是瞬间呈现的话，前者比后者更难以数清楚硬币的数量。

主观方面是指个体的知识经验。以文本阅读为例，我们阅读的文本如果是以母语写成，阅读速度会很快，这就意味着单位时间内的注意广度比较大。但是，如果文本是以外语写成，对于外语水平不够好的人来说，阅读速度会相对减慢，这意味着单位时间内的注意广度比较小。究其原因，是因为绝大多数人的母语水平都比外语水平高，对母语阅读的经验更为丰富。

(3)注意的分配

注意的分配是指注意同时应对多个任务或对象时的特性。举一个生活中的例子：初拿驾照的人在道路上行驶时，往往需要全神贯注，以致无法分神与旁边的人说话；经验丰富的司机开车时则可以轻松自如地和身边的人对话。这个例子中，初拿驾照的人在开车时无法做到注意的分配，经验丰富的司机则轻松实现了注意的分配。上课时，我们一边听讲一边记笔记，其实也体现了注意的分配：我们将一部分注意分配给了听觉通道帮助我们加工老师讲的内容，又将另一部分注意分配给了书面写作任务帮助我们顺利地将听到的一些信息迅速记录下来。

注意的分配是有条件的。其一，同时进行的多种活动或任务中至少要有一种是个体比较熟练的才有可能做到注意的分配。以上文所举的听讲记笔记为例，学生能同时进行这两种活动是因为可以熟练地书写，基本没有不会写的字，所以可以将注意资源

① 叶奕乾等：《普通心理学》，54页，上海，华东师范大学出版社，2021。

轻松地进行分配。想象一下如果你有很多字都不会写的情形，就会发现边听边写是非常困难的。或者反过来，想象一下英语水平不高的学生在听全英语授课时，也会觉得边听边写是非常困难的，因为集中全部注意来听讲都很难保证听得清楚明白。

其二，同时进行的多种活动或任务之间的关系如果具有一致性或系统性，更有可能实现注意的分配。譬如自弹自唱是一种常见的表演形式，这是一种典型的注意分配。但是，如果要求表演者用乐器演奏一首歌曲，同时要演唱另一首旋律容易混淆的歌曲，此时的注意分配是很难实现的，因为两种活动之间极易形成相互干扰。

(4)注意的转移

注意的转移是指根据任务的要求把注意从一个对象变换到另一个对象。譬如上课的时候，老师一会儿要求学生看黑板，接下来又要求学生看教材上指定的内容，后来又要求学生看老师，在这一连串的指令下，学生需要不断地改变注意的对象，实质上体现的就是注意的转移。

需要注意的是，注意的转移与注意的分散是不一样的。虽然注意的转移和注意的分散都表现出注意对象的变换，但是注意的转移变换对象是基于任务的要求，变换前后的注意对象都是任务要求的，而注意的分散变换对象是违背了任务的要求，是受到了无关刺激的干扰才诱发的变换，变换前的注意对象是任务要求的，变换后的注意对象却不是任务所要求的。

(二)小学生注意的特点

(1)无意注意占优势，有意注意不断发展

注意的神经机制涉及的两个重要脑区分别是额叶和顶叶。其中，与有意注意高度相关的脑区是额叶。① 额叶位于大脑的最前端，却是整个大脑中最晚发育成熟的脑区。虽然人在小学阶段额叶的发展并不成熟，但与幼儿园阶段相比还是有明显的进步，7～8 岁时额叶出现迅速生长，这对个体有意注意的发展有重要的生理意义。

当然，由于额叶在小学阶段的总体水平不够成熟，所以小学生的无意注意总体上更占优势，其有意注意表现出随着年龄增长而水平递增的趋势。

(2)注意的各项特征逐步发展，但总体水平不高

以注意的稳定性为例。随着年龄的增长，小学生的注意稳定性有明显提高，且发展速度要快于幼儿阶段与中学阶段。② 具体来看，初入小学的小学生注意集中时间平均在 10～15 分钟，进入小学高年级后可增加到 20～30 分钟。这样的注意品质对小学教

---

① Buschman T. J. & Miller E. K. Top-down versus bottom-up control of attention in the prefrontal and posterior parietal cortices. in *Science*, Vol. 315, No. 5820, 2007, p. 1860.

② 朱智贤：《中国儿童青少年心理发展与教育》，53～54 页，北京，中国卓越出版公司，1990。

师如何合理组织课堂教学提出了很高的要求。

注意的转移也有类似的发展趋势，即在小学阶段有相对较快的发展速度，中学阶段的发展速度有所下降，可能也是因为中学阶段时的注意转移水平已经趋近成熟。①

四、小学生的记忆发展

(一)记忆概述

1. 记忆的含义

记忆是经历过的事物在人脑中的保持和重现。所谓经验过，可以是看过的、听过的、吃过的、闻过的、接触过的等。所谓重现，就是保持在人脑中的这些经验以某种方式表现出来。譬如曾经见过的朋友再次相遇，你认出这是自己的旧友，这就是一种重现。又或者你学过的一首诗歌，某天你突然触景生情将这首诗歌背了出来，这也是一种重现。在心理学上，前一种重现称为再认，后一种重现称为回忆。两者的区别是再认是把过去经验了的事物从眼前呈现的刺激中辨认、识别出来，回忆是过去经验了的事物不在眼前时，也能在头脑中完整地呈现出来。

记忆包含识记、保持和重现三个环节，有时也可称为编码、储存和提取。

(1)识记的种类及影响因素

识记是记忆的初始环节，是一个人获得知识和经验的过程。识记主要有两种划分方式。

第一种是按识记的时候是否有明确的目的来划分，可分为无意识记和有意识记两类。

顾名思义，无意识记是没有明确目的的识记，通俗地说就是不知不觉间记住了。这种识记因为缺乏目的性，所以识记的内容具有一定的偶然性，识记的效率往往也不会太高。

有意识记是有明确目的的识记，通俗地说就是刻意地记住。我们在学校学习以及在工作和生活中，有许多时候是带着明确目的去识记信息的。譬如学生对所学内容的识记，是出于教师或考试的要求；譬如职场人员对工作任务安排的识记，是出于上级或组织的要求。相比无意识记，有意识记的效率会更高一些，所以在系统的学习和重要的工作中用到得更多。

第二种是根据个体是否能理解识记材料来划分，可分为机械识记和意义识记两类。

机械识记是指识记材料无法被个体所理解，只能死记硬背的识记。需要注意的是，

① 朱智贤：《中国儿童青少年心理发展与教育》，53～54页，北京，中国卓越出版公司，1990。

这里只强调了识记材料无法被个体所理解，但是既有可能是因为识记材料本身是客观上无意义的(譬如随机排列的一串字母)，也有可能是材料本身是有逻辑意义的，只是超出了个体的知识范围，所以个体才无法形成意义的理解(譬如呈现一个高等数学的概念要求小学生背诵，小学生就只能是机械识记)。

意义识记是指识记材料可以被个体所理解的识记。譬如我们上课学习的各种符号、概念、公式、定理等，只要是先理解了意义再去识记，就是意义识记。

识记的效果受到多种因素的影响作用，下面介绍几种相对影响更大的因素。

第一，识记的目的及目的的意义。一般来说，有目的的识记比无目的的识记会更专注，更有可能主动使用策略提高效率。除了有无目的会影响识记效果以外，目的本身的意义或重要性的程度也存在影响。如果识记目的很重要或者意义重大，也会有相对更好的识记效果。

第二，识记者的态度。我们在识记的时候，对待识记任务的态度越积极，识记的效果就会越好。反之，对识记任务的态度越消极，不重视，甚至充满抵触情绪，识记的效果会打很大的折扣。

第三，识记材料的性质和数量。这里所说的性质包括识记材料的复杂程度和呈现形式(文字、数字、图片或实物)等。复杂程度高的材料最初识记的速度是比较慢的，后面可以越来越快。复杂程度低的材料则正好相反。至于材料的呈现形式不同，识记效果存在较大的个体间差异，如有的人擅长记文字，有的人擅长记形象，有的人擅长记声音。

这里特别想强调的是识记材料的数量。一般来说，一次安排的材料数量不宜过多，不仅仅因为数量越多所费时间就相应越多，最重要的是会出现材料间的相互干扰，往往表现出最先和最后识记的材料记得效果更好，中间部分的材料效果相对要差得多。

第四，识记的内容与性质。一般来说，如果我们识记的内容就是我们活动的对象或者活动的内容，那么识记效果会更好。另外，如果这个活动是要求积极思维的活动，识记效果也会更好。

第五，识记方法。识记是讲究方法的，采用了恰当方法对识记内容进行加工，会比单纯的重复有更好的识记效果。

(2)保持与遗忘

保持是记忆的第二个环节，没有保持就没有最后一个环节的重现。

保持是过去的经验在头脑中的储存与巩固。保持并不是静止不变的过程，事实上我们的大脑在保持过去经验的时候既有可能发生数量上的变化，也有可能发生性质上的变化。在某种程度上来说，记忆并不是绝对的可靠。

记忆内容在数量上最常见的变化就是遗忘。遗忘是指识记过的内容不能再认与回忆，或者是错误地再认与回忆。

对人类的遗忘采用实验方法进行研究的创始人是德国的心理学家艾宾浩斯(H. Ebbinghaus，1850—1909)。艾宾浩斯既充当实验的主试，又充当实验的被试，自制了无意义音节(也称 CVC 音节，即两个辅音字母中间夹一个元音字母的人造音节)库，每次从中抽取若干个无意义音节组成字表，按同样的速度和时间学习字表，记录达到完全会背的程度所需要的次数，之后间隔一定时间再复查，如果有所遗忘就重新按同样的速度和时间学习该字表，记录重学所需要的次数。经过这样的一系列严谨的实验，艾宾浩斯最终绘制了有名的遗忘曲线，提出了遗忘的心理学规律。

遗忘曲线是以距离刚好会背的时间为横坐标，以识记内容的保持量为纵坐标绘制而成。整条曲线呈现一开始迅速下降然后逐渐放慢下降速度直至趋于平稳的形态。由遗忘曲线可知，在我们刚刚会背的时候遗忘就开始了，而且最初的遗忘是非常快的，1 天以内就会遗忘将近 70%的内容，随后遗忘的速度逐渐放缓，如果一直不再复习的话，大约 1 个月后还可以保持 20%左右的内容。也就是说，遗忘是时间的函数，遗忘的规律是“先快后慢”。

关于遗忘产生的原因，心理学有多种解释。如痕迹消退说、干扰说、压抑说和提取失败说。这里只重点介绍干扰说，对于其他学说有兴趣的读者可以查阅相关的心理学书籍。

干扰说认为遗忘并非真正地、彻底地忘记了，而是因为受到了某种干扰导致无法重现，一旦排除了干扰，记忆就能顺利恢复。

曾经有研究发现识记之后立即进入睡眠状态可以有效地减少遗忘，相反，识记之后继续清醒地从事其他活动则表现出与遗忘曲线一致的结果，由此间接证明干扰确实对记忆有负面的阻碍作用。① 也就是说，识记之后从事其他的活动其实就是对识记的内容造成了干扰，识记之后立即睡眠则避免了后续活动造成的干扰。

对干扰说有直接支持的证据来自心理学家对前摄抑制和倒摄抑制的研究。所谓前摄抑制是指先学习的内容对后续学习内容的记忆造成的干扰。所谓倒摄抑制是指后续学习的内容对先学习内容的记忆造成的干扰。在前文中介绍影响识记的因素时，我们曾经提到一次识记的材料数量不宜过多，其实就是因为这样极容易出现前摄抑制和倒摄抑制。特别是安排在中间位置的学习材料，既受到先学习材料的前摄抑制，又受到后续学习材料的倒摄抑制，所以识记效果往往是最差的，保持效果肯定也相应变差，使遗忘很容易发生。

(3)重现

重现是记忆的最后一个环节，包括再认和回忆两种形式。

再认的速度与准确程度取决于两个方面。其一，识记内容保持的水平。保持得越

---

① 叶奕乾等：《普通心理学》，124 页，上海，华东师范大学出版社，2021。

完整，越清晰，印象越深刻，再认就越容易；其二，当前呈现的刺激与保持的内容在多大程度上相似。两者的相似程度越高，甚至完全吻合，再认就越容易。但是，需要指出的是，如果保持的印象不够清晰深刻，那么当前呈现的刺激与保持内容相似时，反而有可能导致错误的再认。

根据再认时有无目的以及是否需要意志努力，我们可以把再认分为无意再认和有意再认。无意再认是没有目的，也不需要意志努力的再认，也称为不随意再认。有意再认是有目的且需要意志努力的再认，也称随意再认。譬如考试时我们做选择题，经常会用到有意再认。

与再认相比，回忆的难度要更大一些，所以从发展的角度来说，回忆要比再认发展得晚一些。根据回忆时有无目的以及是否需要意志努力，我们可以把回忆分为无意回忆和有意回忆两类。无意回忆是没有目的，也不需要意志努力地回忆。有意回忆是有目的且需要意志努力地回忆。譬如考试时我们做填空题，经常会用到有意回忆。

2. 记忆的分类

(1)按记忆的内容划分

按记忆的内容不同，可将记忆划分为形象记忆、语词记忆、情绪记忆和动作记忆四类。

形象记忆，顾名思义，记忆的是具体的形象。这里的形象不仅包括了视觉通道的形象，譬如人的样貌、建筑物的外观、各种自然风景和各种具体事物的形象等，也包括了其他感觉通道提供的形象信息，如曾经闻过的气味儿、尝过的味道、摸过的触感、听过的声音或旋律等。

语词记忆是以词语为表达方式的记忆。我们学过的各种生字词、公式、定理、概念以及背诵的各种内容都属于这一类型的记忆。

情绪记忆是以我们曾经体验过的情绪、情感为内容的记忆。譬如我们被表扬时的自豪和骄傲，被批评时的羞愧，被欺负时的愤怒与委屈等，这些愉快或不愉快的体验都是我们记忆的一部分。

动作记忆是以身体经历过的运动状态或系列动作为内容的记忆。譬如我们学过的舞蹈、体操等，或者我们学过的某些操作技能，如写字、打字、骑车、驾驶汽车等。

(2)按记忆的保持时间划分

按记忆保持的时间长短，可以将记忆分为瞬时记忆、短时记忆和长时记忆三类。

瞬时记忆又称感觉记忆，是保持时间在 4 秒以内的记忆。这种记忆的内容主要是以视觉信息和听觉信息为主要的编码方式。信息在这种记忆中保持时间特别短，如果得到了注意，将可以进入短时记忆，如果得不到注意，信息就会如潮水退去般快速被遗忘。

短时记忆是保持时间在 1 分钟以内的记忆。这种记忆的内容以言语听觉为主要的编码方式，也有一定的视觉编码。保存在短时记忆中的信息如果得到复述，可以进入长时记忆，如果得不到复述，信息也会被遗忘。短时记忆的容量有限，只有 5～9 个组块。组块是个体加工信息时的意义单元。因知识经验不同，组块的大小是不同的。譬如英文单词"amygdala"，如果不认识这个单词，但学过英文，只能将这个单词的每一个字母按顺序作为意义单元来识记，那么就会用掉 8 个组块。这种情况下如果再增加一个生词，个体就会在短时间内难以记住第二个生词。但是如果认识这个词，就会将这个词当成一个组块来加工，那么还有很多空余的组块可以使用，如果再增加一个生词，个体也是比较容易完成生词记忆任务的。

长时记忆是保持时间 1 分钟以上，时长没有上限的记忆。有一些内容我们可以永久保持，譬如小时候学过的乘法口诀表。长时记忆的容量无限，从这个角度看，我们的终身学习观念是完全可以实现的，因为学习再多的东西我们的大脑也能放得下。

3. 记忆策略

比较常见的记忆策略有复述、组织及精细加工。

复述策略是指为了保持信息，运用内部语言在大脑中重现记忆内容，以加强识记效果的策略。在学习过程中，复述是极为常见的记忆策略，许多生字、单词、公式、古诗文、概念等都是经过多次的复述才得以长久保持。

组织策略是指在记忆的时候找出记忆材料内存在的意义联系，并根据这些意义联系进行记忆的策略。具体又分为归类策略和语义组织策略两类。其中，归类策略是指将若干记忆材料按某种标准划分到不同的类别再进行识记的策略；语义组织策略是指按记忆材料包含的意义进行划分以提高记忆效率的策略，特别常见于语文的识记任务中。

精细加工策略是指在一对或多个识记项目之间建立起一定的联系，以促进联想，从而提高记忆效率的策略。

上述所有策略在第十一章中还会有很详细的介绍，这里不做过多展开。

(二)小学生的记忆发展

1. 识记类型的发展

(1)有意识记逐渐占主导

在整个学前阶段，无意识记都有着明显的优势。儿童初入小学时，记忆还保持着与学前阶段一样的特点，即小学低年级也是无意识记占重要地位。到小学三年级左右，小学生的有意识记逐渐取代无意识记并占主导地位。

(2)机械识记与意义识记均有发展，意义识记效果更好

由于小学低年级学生的知识不够丰富，思维水平也不高，所以在完成识记任务时表现出以机械识记为主的特点。随着年级的升高，知识经验的积累丰富，思维水平也

进一步提升，小学生的意义识记不断地增加，占比越来越大，并逐渐超过机械识记。而且，意义识记的效果也不断提高。当然，在意义识记快速发展的同时，小学生机械识记的效果也表现出随着年级增长而提高的趋势，不过机械识记的效果不如意义识记的效果保持得好。

(3)以形象记忆为主，抽象记忆迅速发展

初入学的小学生由于思维水平较低，书面语言的训练才刚刚开始，所以对许多内容的记忆都依赖于具体形象的支撑，表现出以形象记忆为主的特点。进入中高年级后，小学生掌握的词汇量不断丰富，再加上前几年识记经验的积累，小学生在继续保持形象记忆为主的基础上不断发展抽象记忆，形象记忆的优势越来越不明显，为中学阶段抽象记忆占全面优势奠定了发展的基础。

2. 记忆策略的发展

研究表明，学前阶段的儿童使用记忆策略的水平很低。[①] 进入小学以后，儿童记忆策略的水平有所提高，小学生使用最多的记忆策略是复述策略，使用该策略后的识记效果明显优于不使用策略的效果。但是，组织策略和精细加工策略的发展水平较低[②]，表现出难以主动使用这些策略的缺陷。[③] 但是，只要得到恰当的指导，小学生可以较好地使用这些记忆策略。[④]

五、小学生的思维发展

(一)思维概述

1. 思维的含义

思维是人脑对客观现实间接和概括的反映。间接性和概括性是思维的两个重要特征。

思维的间接性表现在人可以对感官无法直接感知到的客观现实有所反映。譬如考古工作者根据各种文物和遗迹推断几百年甚至几千年前的人类发展状况，古生物学专家根据各种化石推断相应地质时期的动植物发展，刑事侦查人员根据犯罪现场遗留的痕迹推断犯罪过程及犯罪分子的特征等，都是思维间接性的典型范例。

思维的概括性是指人类可以把同类事物的共同特征和本质特征抽取出来加以概括，也可以把某一事物与另一事物之间的内在联系抽取出来加以概括。前一种概括最常见

---

① 左梦兰，刘晓红：《4—7岁儿童记忆策略发展的实验研究》，载《心理科学》，1992(2)。

② 周丽华：《儿童记忆策略发展研究综述》，载《昭通师范高等专科学校学报》，2007(1)。

③④ 韩志伟，张奇：《小学生三种课文记忆策略的实验研究》，载《教育科学》，2002(2)。

的例子就是我们对各种事物的概念的界定；后一种概括常见的例子也有很多，譬如一些民间流传的经验之谈，“朝霞不出门，晚霞行千里”“月晕而风，础润而雨”“蚂蚁搬家，早晚要下”等，都是我们的祖先在观察到一些现象与另一些现象之间的联系后，从中抽取概括的规律。

2. 思维的分类

(1)动作思维、形象思维和抽象思维

按思维过程的凭借物不同，可以将思维分为动作思维、形象思维和抽象思维三类。

动作思维是指凭借实际的动作和行为来开展的思维。动作思维在年幼儿童身上表现得非常突出。譬如幼儿搭积木或完成拼图等任务，他们往往需要直接动手去摆弄、反复尝试才有可能完成任务。当然，这并不表示成人就不用动作思维了，有些时候成人同样会用实际的动作去解决问题，但是，成人在使用动作思维的过程中会有内部言语进行调节和控制，所以水平比幼儿要高出很多。

形象思维是指凭借具体形象开展的思维。一些从事音乐、美术、雕刻、文学等文艺工作的人会经常用到这种思维。譬如雕刻家在创作雕像时要看大量的具体形象，在这些具体形象的基础上形成他们最终想表现的作品中的形象。

抽象思维也称逻辑思维，是指凭借语词符号开展的思维。譬如我们利用数学公式、几何定理解决数学中的各种问题，是典型的抽象思维。抽象思维又可以分为形象逻辑思维和辩证逻辑思维两种。

(2)常规性思维和创造性思维

按照思维的创新性程度不同，可以将思维分为常规性思维和创造性思维两类。

常规性思维是指基本没有创新成分的思维，是运用已有知识经验用常规思维获得答案的思维过程。学生利用课堂所学的公式定理解决练习题是典型的常规性思维。

创造性思维是指以新颖、独特的方式来解决问题，形成新成果的思维过程。譬如各种设计发明创造都是这种思维的范例。

(3)直觉思维和分析思维

根据思维的过程是否有清晰的步骤与意识，可以将思维分为直觉思维和分析思维两类。

直觉思维是一种非逻辑思维，是人脑对问题、事物或现象能迅速理解并做出判断的思维方式。这种思维缺乏清晰的思考过程和步骤，似乎是直接顿悟了结果一般。

分析思维是一种逻辑思维，是人脑遵循逻辑规律，严格地层层分析和推导，直到最终获得答案的思维方式。数学几何题的证明是非常典型的分析思维范例。

(4)聚合思维和发散思维

根据思维探索目标方向的不同，可以将思维分为聚合思维和发散思维两类。

聚合思维又叫求同思维、辐合思维或会聚思维，是指聚合所有的信息朝向同一个目标以获得唯一正确答案的思维方式。例如数学题中的一题多解就是采用不同的解题思路朝向同一个最终的正确答案。

发散思维又称求异思维、辐射思维或分散思维，是指从同一个目标出发，朝向不同方向去思考，探索多种可能答案的思维方式。例如在黑板上画一个圆，让学生说说自己由此想到了什么，通常会发现学生说的五花八门。类似地，给定一个词，譬如“数学”，要求学生独立绘制思维导图，也会发现学生由此展开的思维是差异很大的。发散思维是创造性的核心。

3. *皮亚杰关于思维发展的理论——认知发展阶段论*

皮亚杰(J. Piaget)是瑞士心理学家。他把儿童的认知发展划分成了四个阶段。

(1)感觉运动阶段(0～2 岁)

感觉运动阶段，顾名思义可知处于这一阶段的儿童对外界的认识是依靠感官的感知和具体的外部动作来完成的。

在感觉运动阶段儿童有一个非常重要的阶段性任务是形成客体永久性的概念。所谓客体永久性是指关于客体基本性质的内隐的常识信念。最简单地理解就是一个客观存在的事物如果从我们眼前消失，譬如被遮挡住了，我们仍然知道它是存在的。这在成人看来是再简单不过的常识，但是婴儿却需要很长的时间才能认识到这一点。大约在 10 月龄，婴儿可以获得客体永久性的概念。①

(2)前运算阶段(2～7 岁)

运算是皮亚杰特有的概念，是指动作，内化了的、可逆的动作，这里的动作是指心智方面的操作。前运算阶段的儿童通过第一阶段的经验积累将熟悉的一些外部动作成功地内化为心理表象，可以凭借这些心理表象以及习得的言语符号进行简单的思维。但是这一阶段的思维水平总体上是比较低的，儿童常见以下几种思维特征：

第一，自我中心。皮亚杰认为，儿童在这一阶段的思维常常是以自我为中心的，他们无法认识到自己和他人可能具有不同的视角，或者具有不同的观点和感受。皮亚杰曾用著名的“三山实验”来证实了这一阶段的儿童存在自我中心性思维。在该实验中，儿童首先观察一个立体的三座山的模型，其次需要回答自己对面的玩偶看到的是什么景象。结果，处于这一阶段的儿童回答的往往是他们自己看到的景象。

第二，不能守恒。守恒是指当物体的外形或形状发生改变时，物体固有的一些属性并不因外观或外形的变化而变化，而是保持相对恒定。基于这样的概念，皮亚杰考查过数量守恒、长度守恒、体积守恒、重量守恒等问题。以数量守恒为例，5 枚糖果紧密排列成一行，另外 5 枚糖果松散排列成一行，这一阶段的儿童很容易觉得松散排列的那一行糖果数量更多，理由是那一行更长。

---

① 桑标：《儿童发展》，172 页，上海，华东师范大学出版社，2014。

第三，泛灵论。处于这一阶段的儿童倾向于将万事万物都看成是有生命的、有意识的、有感受和动机的，就像人一样。所以这个阶段的儿童特别容易接受童话故事。

(3)具体运算阶段(7～11 岁)

这个阶段从年龄划分上可以看到基本对应的是小学阶段。进入具体运算阶段以后，儿童内化了的动作更加丰富，不仅数量上有增加，最重要的是性质上有明显发展，最大的进步是具有了守恒的能力。守恒的获得，意味着思维具有了可逆性，这是思维灵活性发展的表现，这也为儿童在小学阶段学习数学等逻辑知识提供了心理能力的保障。譬如，儿童在数学课上理解加法交换律其实就需要守恒的能力。

(4)形式运算阶段(12～15 岁)

进入这一阶段后儿童的思维已经可以脱离对真实情境和具体形象的依赖，灵活地将心理运算运用于思维过程，能理解高度抽象的概念，可以进行归纳与演绎，也可以进行命题间的逻辑推断。

(二)小学生的思维发展

1. 以具体形象思维为主要形式向以抽象逻辑思维为主要形式过渡

根据皮亚杰的认知发展阶段论可知小学低年级阶段的儿童以具体形象思维为主要形式。对于小学低年级学生来说，抽象的知识难以直接理解，需要依托具体的形象进行意义的转换。所以在小学低年级的数学课本上，我们可以看到大量的实例。但是小学生的思维发展比较快，大约在小学四年级出现转折，抽象逻辑思维开始逐渐占据优势。

2. 抽象逻辑思维水平不高

随着小学生年级的增高，其抽象逻辑思维水平逐渐提高，开始能够理解较抽象的数学概念及数量关系。但是，其抽象逻辑思维水平整体上仍然不够高，在遇到困难时仍然需要感性经验的支持。

3. 思维发展的不平衡

第一，小学生思维发展的不平衡表现在学科内容的差异上。在数学课程中由于长期系统的训练，小学生已经达到了较高的抽象思维水平，为初中阶段的数学学习奠定了基础。但是，在一些人文课程的学习中，缺乏足够的思维训练，相对还停留在比较具体的形象水平，缺乏思维的深刻性和全面性。

第二，小学生思维发展的不平衡还表现在个体差异上。特别是在小学数学课程的学习中，无论是教师还是家长都能感受到明显的个体间差异：一些抽象的数学概念或定理对于部分学生来说是接受得比较顺利的，对于另一部分学生则可能相对要困难得多。

4. 思维结构逐渐完整，但水平不高

在思维结构发展中，抽象思维要经历初步逻辑思维、经验型逻辑思维和理论型逻辑思维三个阶段。整个小学阶段主要属于初步逻辑思维阶段，但所有形式的逻辑思维其实已经全部出现，包括辩证逻辑思维的萌芽。具体来说，小学三年级以前是辩证逻辑思维的萌芽期，四年级是转折期，五六年级是稳步发展期。①

5. 创造性思维进入重要发展时期

小学是个体接受正式学校教育的初始阶段，从进入小学开始儿童的日常主导活动变成了学习。一方面，正式的学校教育让儿童得以逐渐掌握书面语言，系统地学习数学思维，积累各领域的常识，丰富自己的知识储备，为开展创造性活动提供了知识基础、想象力基础和思维能力基础；另一方面，正式的学校教育也让儿童有机会参加各种集体活动，丰富了生活实践经验，增加了思维分享和交流的机会。这些变化都让小学生与学龄前儿童有了本质上的区别，也为创造性思维的发展提供了很好的条件。研究表明，小学一二年级儿童的创造性思维呈直线上升的态势，三四年级暂时出现低谷，进入五六年级再次呈现上升趋势。②

六、小学生的言语发展

(一)言语概述

1. 言语的含义

语言是人类使用的符号系统，包括语法、句法和词汇。世界上有许多种语言，如中文、英文、俄罗斯语、法语等。

而言语是人们对某种语言系统的运用，包括听、说、读和写。譬如我们用母语和周围的人交流，或者在遇到国际友人时用英文与其交流，都是言语。

语言属于语言学范畴，是一定的人类群体所共有的。言语属于心理学范畴，是个体所独有的。生活在同一语言环境中的人，即使习得的是同一种语言，在具体使用这种语言时，也有可能存在这样或那样的个体间差异。

2. 言语的种类

言语可以分为两大类：外部言语和内部言语。

(1)外部言语

外语言语是指我们用来与他人进行交流的外显的、可被他人感知的言语活动。外

---

① 杨建军：《一至六年级小学生辩证思维能力的实验研究》，载《心理发展与教育》，1991(4)。

② 李俊：《小学生认知与学习》，51～52页，北京，中国人民大学出版社，2016。

部言语可分为口头言语、独自言语和书面言语三类。

口头言语，顾名思义，是个体使用发音器官与他人进行交流的言语活动。口头言语包括对话言语和独白言语。其中，对话言语是最基本的言语形式，是指发生在两人或多人之间，有相互输入与输出的言语交流方式。日常生活中的聊天、访谈、咨询、辩论等都属于此类。对话言语具有简略性、情境性、反应性和合作性。而且，个体在进行对话言语时，除了言语本身以外，还可以借助表情、肢体动作等配合表达，所以对言语本身的要求并不是非常高。只要能够传达意思，就是成功的对话言语。

独白言语则是指个体在没有他人应答的情况下完整地、连贯地、系统地表达自己的思想的言语形式。最常见的独白言语范例是演讲。此外，做报告也是独白言语。独白言语比对话言语的要求高，要求语句完整、语法正确、逻辑清晰、条理分明，所以发展得相对更晚一些。

书面言语是个体用书面的文字符号进行表达以交流思想情感的言语类型。与口头言语相比，书面言语具有展开性、随意性和计划性，要求更高，需要经过专门的训练才能逐渐掌握。①

(2)内部言语

内部言语是一种特殊的言语形式，它并非用于人际间的交流，而是个体与自己的交流，是一种不出声的默语。内部言语有两大特点：隐蔽性和简略性。②

3. 小学生言语的发展

在上小学之前，幼儿的口头言语发展已经取得了不小的成就。进入小学以后，经过语文课堂教学活动的指导以及课外的练习和交际实践，小学生的口头言语和书面言语都有了进一步的发展。

(1)小学生口头言语的发展

研究表明，小学生的口语表达能力随着年级的增长而不断提升。③ 到小学四五年级时，小学生的口头言语发展得已经比较完善，可以清楚地表达自己的思想。④

(2)小学生书面言语的发展

掌握书面言语的前提条件是识字，这也是小学低年级学生在语文学习中的主要任务，其中理解字义是识字的中心环节。虽然儿童在进入小学之前也有可能认识了一些字，但是系统的识字是从小学一年级开始的。按照《全日制义务教育语文课程标准》中

① 叶奕乾等：《普通心理学》，189页，上海，华东师范大学出版社，2021。

② 叶奕乾等：《普通心理学》，190页，上海，华东师范大学出版社，2021。

③ 张雅俐：《小学生口语表达能力调查研究》，载《教育理论与实践》，2018(14)。

④ 白学军，王敬欣：《发展心理学》，158页，天津，南开大学出版社，2013。

的规定，“小学二年级时应累积认识常用汉字 1600 个左右，其中 800 个左右会写。小学四年级时应累积认识常用汉字 2500 个，其中 2000 个左右会写。小学六年级时应累积认识常用汉字 3000 个，其中 2500 个左右会写”①。因此，随着小学生年级的升高，其识字量也随之有明显的增加。

除了识字以外，小学阶段语文教学的中心环节其实是阅读。阅读可以分为朗读和默读两种。阅读对识字量有一定的要求，小学低年级儿童因识字量的限制，通常难以流畅地阅读，只能逐字或逐词地读，停顿很多。随着识字量的增加以及阅读经验的积累，阅读的流畅性不断提高，但是对部分词语的理解还是容易出现读错或理解错误的现象。进入小学高年级阶段后，小学生可以顺利地实现流畅地朗读。② 大体上小学生阅读的发展经过三个阶段：分析阶段——逐字或逐词读，停顿多；综合阶段——重在整合句子，缺少精确分析，理解错误较多；流畅阶段——边读边理解，流畅且基本无错。③

小学语文教学除了识字和阅读以外，还有一个重要任务就是训练小学生写作的能力。从最初的口头造句，到看图讲故事，再到形成书面的作文，小学生写作的能力是逐步发展起来的。一般来说，大致也经历三个阶段：口述准备阶段——主要是口头造句和看图讲故事；过渡阶段——将口述的内容转换成书面的形式；写作阶段——从模仿、改写、缩写到完整创作。④有研究发现，小学生的读写能力与家庭阅读背景、口语能力、基本知觉能力以及小学生的动作技能的发展水平存在显著的相关。⑤

(3)小学生内部言语的发展

小学生内部言语的发展经历了从出声思维到无声思维的过渡。小学低年级阶段儿童在思考问题时还主要依靠出声思维。在课堂学习的过程中，教师经常会有提问环节，小学生需要学会思考问题并组织答案。但是，教师出于维持课堂纪律和提高互动效率的要求，通常也会提倡和引导小学生尽量组织好自己的语言再积极举手发言。这样的训练可以有效地帮助小学生有意识地学习使用内部言语进行思考，所以随着年级的增高，小学生的内部言语从出声转向无声，可以有更好的自我控制。内部言语的发展对小学生独立思考能力的发展也有着积极的促进作用。

---

① 中华人民共和国教育部：《全日制义务教育语文课程标准》，2011。

② 卫垌圻，毕鸿燕，翁旭初：《语音意识与儿童阅读能力获得和发展的关系》，载《中国临床心理学杂志》，2018(4)。

③④ 白学军，王敬欣：《发展心理学》，158 页，天津，南开大学出版社，2013。

⑤ 孟祥芝，周晓林，孔瑞芬：《中文读写能力及其相关因素研究》，载《心理科学》，2002(5)。

第二节
小学生的个性发展特点

在心理学的研究内容中，通常将能力、气质和性格统称为个性心理特征，意指每个人与众不同的、独特的倾向性以及心理特征。在本书中，人格主要是指气质和性格两部分，即一个人具有的与他人不同的稳定的、独特的心理特征。

一、小学生的人格类型

有研究对1000余名中国小学生进行问卷调查后总结出我国小学生的人格类型可以划分为四种类型：认可型、矛盾型、中间型和拒绝型。①

(一)认可型

这种类型的小学生做事认真，自控力相对最好，在学习方面有着理想的特征(如好奇心强，注意力集中，坚持性强，兴趣广泛等)。除此之外，在为人处世方面也具有很强的交往能力、合作能力，较少与同伴发生冲突，有良好的人际关系。另外，这一类型的小学生情绪特征得分也高，表现出以积极情绪为主，负性情绪较少。所以，总体上这一类型是理想的人格类型，属于积极人格。

(二)矛盾型

这种类型的小学生正如命名一样有着比较矛盾的心理特征。一方面，他们同样具有做事认真的特征，且自我控制能力比较强，这一点与认可型儿童是比较相似的；另一方面，他们在智能特征上的得分却显著低于认可型以及下面即将介绍的中间型儿童，仅高于拒绝型儿童。这表明矛盾型小学生在全体小学生中的智力发展水平相对较差，这直接影响到了他们的社会性得分和情绪特征得分。所以矛盾型小学生不喜欢展示自己，也不善于与人交往，而且消极情绪最多，易焦虑，敏感性高，总体上的情绪背景较为消极。因此，矛盾型不是一种理想的人格，属于消极人格。

---

① 张野，杨丽珠：《小学生人格类型及发展特点研究》，载《心理科学》，2007(1)。

(三)中间型

与其他三种人格相比，这种人格类型的最大特点就是既没有明显的优点也没有明显的不足，与其命名的含义一致。具体来看，这种类型的小学生在智能特征的得分上要比拒绝型和矛盾型的儿童高，但低于认可型儿童。该型小学生在认真与自我控制的得分上低于总体平均水平，在情绪性方面的得分基于相当于总体平均水平，亲社会性方面的得分则稍低于总体平均水平。所以，总体上可看到中间型小学生在各个维度的表现大致可用“中规中矩”来形容。

(四)拒绝型

这一类型的命名源于社会性得分低，表现为同伴交往的能力差，人际关系不佳，很容易在社会交往中处于被拒绝的状态。除了社会性方面的得分最低以外，这一类型的小学生在认真与自我控制方面、智能特征方面也是所有类型的小学生中得分最低的，情绪性方面的得分则与矛盾型的儿童一直并列最低水平。也就是说，拒绝型的小学生智力发展水平不高，再加上认真与自我控制的得分也很低，这使得他们学业表现不佳，容易给人能力不强的印象。社会性方面的表现不佳，学业方面也同样令人失望，这样可能导致他们的负性情绪多，消极体验频繁，所以综合来看这是一种很不理想的人格，属于消极的人格类型。

上述四种人格类型的分布以认可型为主，说明我国的小学生大多数都拥有积极的人格特征。但是，矛盾型学生所占的比例在小学的中、高年级阶段增长很迅速，这说明中、高年级的小学生可能面临的压力增加，自身的调节能力却没有达到成熟协调的水平，所以负面体验在增加。① 这种发展趋势应当引起学校和家庭的重视。

二、小学生自我意识的发展

自我意识是指个体对自身的心理特点的认识。自我意识不是天生就有的，是个体在后天的社会生活中通过与周围环境以及周围他人的相互作用逐渐发展起来的。自我意识包含的内容很多，很复杂。自我意识可以分为自我概念、自我评价和自我控制三个方面。② 下面分别从这几个方面简单介绍小学生自我意识的发展。

(一)小学生自我概念的发展

所谓自我概念也可称为自我认识，是指个体对自我方方面面的认识，包括自己的

---

① 张野，杨丽珠：《小学生人格类型及发展特点研究》，载《心理科学》，2007(1)。

② 白学军，王敬欣：《发展心理学》，159页，天津，南开大学出版社，2013。

身体、形象、能力、性格、品质等。

自我概念的形成与发展大致会经历三个阶段：生理自我、社会自我和心理自我。

3岁以前是生理自我形成阶段，儿童在此期间逐渐认识自己的身体，并逐渐形成对自己身体的支配感和占有感等。生理自我形成以后，到十三四岁之前的这段时间是社会自我的形成时期，而小学恰好处于这段时期内。在这段时期内，儿童不仅有亲子交往，还有了同伴交往以及师生交往。交往过程中儿童会从周围人的反馈中收集他人对自己的看法，据此判断自己是一个什么样的人。当然，身边重要他人也会向儿童传递对他(她)的期望，让儿童明白周围他人期望自己是一个什么样的人。有研究表明小学生自我概念的发展存在着显著的年级差异，其中三到四年级的发展很快，四年级时的发展水平高于三年级，但是五六年级的发展水平有下降的趋势。① 影响小学高年级学生自我概念较明显的因素是学业成就和同伴接纳，其中有决定性作用的是同伴接纳，所以应重视对小学高年级学生社会交往能力的培养。②

(二)小学生自我评价的发展

自我评价是自我意识中的认知成分，在自我意识的发展中具有非常重要的地位。儿童进入小学以后自我评价的能力得到了进一步的发展，具体表现在如下三方面。

(1)自我评价的独立性越来越强

早在20世纪80年代我国心理学工作者就曾经对当时的小学生自我评价的发展进行了专门的调查，结果发现随着年级水平的增加，小学生自我评价的独立性得分越来越高，表明小学生逐渐不再将父母、老师和同学的反馈与评价作为自我评价的主要依据，而是开始尝试独立进行自我评价。③

(2)自我评价的具体性较强

自我评价主要评价自我的哪些方面呢？研究发现年级越低的小学生越倾向于评价具体的内容，特别是外部的行为表现。随着年级的增高，小学生自我评价的具体性在减少，但直到小学结束也只有较少数的小学生能够达到抽象性的自我评价水平，大多数的小学生还是以具体性评价为主。儿童要到中学阶段才能越来越多地根据内心世界来评价自我。④

(3)自我评价的稳定性增强

所谓自我评价的稳定性是指在间隔一定较短时间(如一周)的情况下对自我进行的两次评价的一致性程度。韩进之等人的调查表明整个小学阶段儿童对自我进行评价的稳

---

① 曾贞：《小学生自我概念的发展及其与心理健康的关系》，硕士学位论文，广西师范大学，2003。

② 郗浩丽：《中小学生自我概念发展的影响因素研究》，载《南京师大学报(社会科学版)》，2002(5)。

③④ 韩进之，魏华忠：《我国中小学生自我意识发展调查研究》，载《心理发展与教育》，1985(1)。

定性都不够高，直到儿童进入初中三年级后才逐步稳定。[①] 由其结果可见小学阶段儿童对自我进行评价的水平总体上并不高，容易因情境变化而变化，因事件不同而不同。

(三)小学生自我控制的发展

自我控制是自我意识中的意志成分，反映了神经系统的抑制功能，是指个体能够自觉地根据某种目的约束自己的言行。自制力对我们每个人的学习和工作都有着深刻的影响。个体间在学业成就上的差异很大程度上并不是智力水平的差异，而是自制力等非智力因素方面的差异。

与自我概念和自我评价相比，自我控制的研究相对较少，未能形成一定的系统。已有的少量研究发现，三到五年级小学生的自制力水平呈正态分布，即自制力水平很高和很低的小学生占少数，大部分小学生的自制力处于中等水平。而且，这几个年级的小学生在自制力水平上没有显著的年级间差异，反而是不同学业成绩的小学生之间有显著的自制力水平差异，学业成绩与自制力水平有显著的正相关。[②] 另一项研究则进一步报告小学生的自我控制在一到三年级之间存在较为显著的快速提高，所以一到三年级之间的差异显著，但三到五年级的发展较为平缓，所以三到五年级之间没有显著差异。但是，五年级与初中一年级之间差异又达到了显著。[③] 由此可见，小学生自我控制的发展是不等速的。

第三节
小学生的社会性发展特点

一、小学生的情绪发展

(一)情绪概述

1. 情绪的含义

情绪和情感是个体对客观事物是否满足主观需要的态度体验。当客观事物能够满

---

① 韩进之，魏华忠：《我国中小学生自我意识发展调查研究》，载《心理发展与教育》，1985(1)。

② 王红姣：《三—五年级小学生自制力发展与学业成绩的相关研究》，载《上海师范大学学报(哲学社会科学版·教育版)》，2002(12)。

③ 全国中小学自我意识发展调查研究山东协作组：《山东省中小学生自我意识发展调查研究》，载《山东师大学报(哲学社会科学版)》，1985(1)。

足我们的主观需要时，我们就会产生积极的主观体验，譬如愉快、自豪、得意、欣慰等。当客观事物不能满足我们的主观需要时，我们就会产生消极的主观体验，譬如哀伤、愤怒、恐惧、焦虑等。

情绪情感虽然是因为一定的客观事物而产生，但最终决定情绪情感的却是我们的主观需要。譬如我们看到一杯水，这杯水就是客观事物，但我们会产生怎样的情绪情感却取决于我们当前的需要。假如我们并不渴，看到这杯水时不会产生特别的感受。相反，当我们正好很渴，很想喝水时看到这杯水，我们就会产生愉快的感受，因为这杯水符合我们此时的需要。

2. 情绪的意义

情绪在个体发展的过程中具有极其重要的意义。

(1)适应生存

在生命早期，基础的情绪是个体适应生存的重要心理工具。新生儿及婴儿最初并不能使用语言进行交流，哭泣是最直接有效的交流手段。成人因为孩子的哭泣确定孩子存在某种需要，需要的满足使得孩子不再哭泣，这就是孩子早期的生存之道。几个月大的婴儿学会了微笑，在需要被满足后向成人微笑，成人不仅可以确定孩子当前的状态正常，而且会因为这种微笑而更加喜爱婴儿，投入更多的关注，从而让婴儿获得更多的生存资源。

(2)适应社会生活

在生命早期，生理需要的满足或不满足是引发情绪的主要原因。随着年龄的增长，社会需要的满足或不满足逐渐成为引发情绪的主要原因。譬如几个月大的婴儿喜欢母亲的拥抱与抚触，再大一些的婴儿喜欢和同龄的婴儿玩，上幼儿园以后喜欢老师表扬自己，不喜欢被批评或者害怕被责骂等，这些都是常见的社会需要满足与否引发情绪体验的例子。周围他人对儿童的各种反馈不仅让儿童体验到这样或那样的情绪情感，更重要的是让儿童因此认识到自己的哪些言行是他人所期望的，哪些言行是他人不期望的，从而学习规范和指导自己今后的言行，成为符合社会期望的社会化个体，能够与他人有良好的社会关系。

(3)影响认知活动

关于情绪与认知的关系，心理学家有不同的观点。早期的观点大多将情绪与认知视为分离且相互独立的两种心理过程，这种分离在神经机制上也存在。① 但是近年来的研究却发现情绪与认知之间的界限并没有那么绝对分明。② 情绪与认知不仅在生理层面

---

① Finger B. et al. Affective and deliberative processes in risky choice: Age differences in risk taking in Columbia card task, *Journal of Experimental Psychology: Learning, Memory and Cognition*, Vol. 35, No. 3, 2009, p. 709.

② Phelps E. A. Emotion and cognition: insights from the studies of the human amygdala, *Annual Reviews of Psychology*, Vol. 57, 2006, p. 27.

部分地共享一些神经环路，而且在许多实验中都显示情绪对认知有明显的调节作用。无论是较低水平的感知觉，还是较高水平的记忆甚至是决策，都有实验结果证明它们受到了情绪的调节作用。通常来说，积极的情绪有助于认知活动提高效率，消极的情绪则对认知活动起到了一定的阻碍作用。但是具体到特定的情绪类别上还要考虑到情绪的强度，因为同一种情绪也会因为强度不同而对认知活动有不同的影响作用。

(二)小学生情绪的发展

1. 随着年级提高，负性情绪体验占比更大

多项研究都得到了一致的结果：随着年级的增加，小学生报告的负性情绪体验多于正性情绪体验。[①②] 与小学生负性情绪体验有较高关联的因素包括师生关系、同伴关系、亲子关系以及学业压力。[③]要想减轻小学生负性情绪体验的强度，可以考虑从上述几种因素着手进行干预。

2. 对情绪的认识水平越来越高

儿童对基本情绪的理解在入学之前就已经发展得较好，但是对混合情绪的理解则在小学阶段才有了明显的发展。有研究发现，7 岁时的儿童还只能识别单一性质的情绪，直到 11 岁左右，儿童才能辨别混合情绪的存在。[④]

儿童对自我意识情绪的认识也在小学阶段有重要的发展。自我意识情绪是指与自我评价有关的一些情绪，包括尴尬、羞愧、内疚、自豪和自卑等。研究表明，小学四至六年级是这一类情绪自我觉知能力发展的重要时期。[⑤]

小学生对情绪的社会调节作用的理解水平也有所发展。罗铮等人曾经考察了小学生对愤怒、悲伤和恐惧的理解水平，结果发现小学生已经能够认识到情绪表达具有鲜明的社会性，每个人的社会地位不同，情绪的表达也存在差异，因为不同的情绪表达会有不同的社会影响。[⑥] 虽然这种认识不够全面和深刻，却反映了小学生对情绪情感的社会意义有了一定的认识。

3. 情绪调节的能力越来越强

在人际交往和社会生活中产生情绪体验是非常频繁的，因此情绪调节能力是非常重要的。儿童情绪调节能力的发展对其心理健康水平及学业成就有着重要的预测作用。随着年龄增长，小学生对情绪调节策略的使用逐渐从外在行为导向的策略转变为以内在认知为基础的策略；小学生采用适应性情绪调节策略的频率有所增加；小学生能够

---

① 余强基：《中小学生个性发展某些特点的初步调查研究》，载《全国第五届心理学学术会议》，1984。

②③ 梁艳：《青少年早期日常情绪体验的发展特点及影响因素的研究》，硕士学位论文，陕西师范大学，2011。

④ 李佳，苏彦捷：《儿童心理理论能力中的情绪理解》，载《心理科学进展》，2004(1)。

⑤ 黄寒英：《小学生情绪认知能力的发展及其影响因素》，载《教学与管理》，2010(33)。

⑥ 罗铮，郭德俊，方平：《小学生对情绪社会调节作用的理解》，载《心理发展与教育》，2002(3)。

越来越灵活和丰富地使用情绪调节策略；小学生逐渐学会了依据社会规范的要求设置情绪调节的目标。[①]

小学生情绪调节水平的逐渐提高可能源于这样几方面的发展：其一，源于其大脑成熟水平的逐渐提高；其二，依赖于其认知水平的不断提高，这使得小学生可以有更加丰富的情绪知识和对自身情绪的理解与认识；其三，得益于自身情绪调节经验的积累，在小学生成长的过程中，可以从周围成人以及同伴那里逐渐掌握并练习使用更多的情绪调节策略。

二、小学生的人际关系发展

(一)亲子关系的发展

亲子关系是指儿童在家庭中与父母的心理关系。亲子关系是个体最早的人际关系，儿童通过与父母的交往习得社会交往的技能、态度和行为习惯。

亲子关系对儿童的心理有极大的影响，不良的亲子关系是儿童出现心理危机的重要因素之一，会提高儿童攻击性行为甚至犯罪行为的发生风险。[②] 正常来说，父母都是很爱孩子的，亲子关系理应良好，但是一些实际调查的结果并非如此。天津曾经对 10 所学校的近 500 名学生及其家长进行了亲子关系测验，结果表明：来自小学生的评定结果总体情况并不理想，来自家长的评定结果却感觉较好，双方感受存在明显的不匹配。[③] 具体来说，首先，在父母对子女抱有较高期待以及父母对子女过分保护与干涉的家庭中，儿童自陈亲子关系问题最严重，其次是那些父母对子女溺爱，以及对子女未来存在过度焦虑的家庭。进一步分析还发现儿童与母亲之间的亲子关系整体上要差于儿童与父亲之间的亲子关系。这可能是因为母亲比父亲与孩子相处的时间更多，出现不恰当言行的机会也就更多。当然，这种现象并不是必然发生的，只要母亲能够注意教育的方式和态度，加强与儿童的沟通，也可以获得满意的亲子关系。[④]

受传统文化影响，有相当一部分家长在教育孩子时自觉或不自觉地会有一定专制倾向，所以在一些调查中发现往往家长自认为比较民主和尊重孩子，孩子却报告说家长比较专制。[⑤]随着小学生年龄的增长，人际交往面的扩大，特别是同伴交往的增加，小学生越来越多地渴望得到父母的尊重，渴望和父母之间有平等的交流与沟通。所以

---

① 孟祥蕊：《小学生情绪调节策略的发展特点及教育启示》，载《中小学心理健康教育》，2020(12)。

② 沈杰：《小学生亲子关系对心理健康影响的调查研究》，载《湖州师范学院学报》，2001(6)。

③ 李强：《当前中小学生亲子关系的问题分析》，载《天津市教科院学报》，2003(6)。

④⑤ 陈敏丽，凌霄：《武汉市中小学生亲子沟通状况及其与生活质量的关系》，载《中国学校卫生》，2012(11)。

家长一定要积极转变育儿观念，把孩子看成独立的个体，要尊重孩子的人格，加强与孩子的沟通，增进双方的相互理解，营造良好的亲子关系与和谐的家庭氛围，这样才能有利于家庭教育的顺利开展。

(二)师生关系的发展

师生关系是指在学校中教师与学生之间以情感、认知和交往行为为主要表现形式的心理关系。师生关系是小学生人际关系中的重要组成部分，对小学生各方面的发展均有重要的影响作用。

与同伴关系相比，师生关系的研究相对要少很多。国内比较有代表性的是北京师范大学王耘等人的研究。他们曾经对三至六年级小学生的师生关系进行深入研究，结果表明：随着年级的上升，积极的师生关系类型所占比重有下降的趋势，消极的师生关系类型所占比重有明显上升的趋势。整体上来看，四年级是师生关系相对最理想的时期，五六年级则是师生关系的一个重要转折时期。[①] 对此，研究者认为随着年级的增高，学生自身由于心理的成长也对教师提出了更高的要求，教师如果没能适应学生的要求做出恰当的转变就会令学生有负面的感受，再加上学业任务越来越繁重，教师在某种程度上就是学业压力的施加者，这种种原因叠加在一起，可能就导致了小学高年级学生体验了更多的消极师生关系。进一步调查也确实发现学业表现好的学生报告了更为积极的师生关系。[②]

(三)小学生的同伴关系

同伴关系是指个体与同龄人之间的心理关系，同样包含了情感、认知和交往行为等成分。对于小学生而言，同伴关系是除了与父母之间的亲子关系以及与老师之间的师生关系以外的另一种重要的社会关系，对小学生的发展同样有着举足轻重的影响作用。而且，父母和老师对于小学生而言不仅社会角色有别，更重要的是年龄有别，因为父母和老师都是成年人。同伴却是与自己同年龄的人，且双方社会地位更为平等，所以这种关系有利于儿童学习如何与同等地位的人展开社会交往，如何沟通，如何协调冲突等。

随着年级的增高，小学生的同伴关系在交往频率上超过了师生关系和亲子关系，而且同伴关系带给小学生心理的满足和愉悦感受越来越高于亲子关系和师生关系。[③]

随着年级的增高，小学生同伴交往的质量也越来越高。特别是小学中段到小学高

---

① 王耘，王晓华，张红川：《3－6 年级小学生师生关系：结构、类型及其发展》，载《心理发展与教育》，2001(3)。

② 王耘，王晓华：《小学生师生关系特点与学生因素的关系研究》，载《心理发展与教育》，2002(3)。

③ 董莉，沃建中：《3－6 年级小学生人际交往发展特点的研究》，载《中国临床心理学杂志》，2005(1)。

年级，是小学生友谊质量总体发展的关键阶段。[①] 关于儿童对友谊的认知，心理学家赛尔曼(Selman)认为可以分为五个阶段，另一位心理学比奇洛(Bigelow)则认为可以分为三个阶段。[②] 虽然两人的看法并不一致，但也有一定的共通之处：都认为儿童对友谊的认识表现出越来越深刻的趋势，从直观形象到越来越抽象的趋势。

在学校环境中，学业成绩是评价学生的重要依据之一，因此学业成绩往往对学生在学校的地位和影响力有重要影响，研究发现学业成绩与同伴接纳有明显相关。即学业成绩好的学生，同伴接纳的得分也更高。因为学业成绩好的学生往往被教师看重，受到同学尊重和羡慕，也更容易有同学愿意与之交往。[③] 反之，学业成绩不理想的学生不仅自卑，也容易被同学忽视，在同伴交往中处于劣势。

当然，学业成绩并不是决定同伴关系质量的唯一因素。事实上，儿童自身的社会行为对同伴关系有更大的影响作用。[④] 如果儿童更多地做出合作、共享等亲社会行为，更能收获理想的同伴关系。反之，如果儿童更多地做出欺凌、独占、乱发脾气等行为，很难得到同伴的喜欢和接纳。

【本章小结】

虽然行为主义的学习观认为学习就是有机体建立刺激与反应之间联结的过程，但这种过程究竟是如何被建立起来的呢？行为主义学者并没有对学习的内部过程进行阐释，但是信息加工的学习观让我们知道学习是需要学习者的大脑加工、储存和提取信息的复杂过程。所以，学习者必须具备一定的心理发展水平才能顺利完成相应的学习任务。为什么我们国家以及世界上大多数国家都以 7 周岁作为小学教育的初始年龄？本章中有关小学生大脑发展的知识以及小学生注意发展的知识应当可以给出回答。通过本章的学习，我们了解了大脑发育的特点，懂得了后天生活中的丰富刺激对大脑发育的重要性，这就意味着家庭教育和学校教育都是大有可为的。睡眠以及规律作息对大脑发育的重要性也是值得每一个教师和家长重视的心理学知识。与小学生大脑发育水平相对应的是小学生在注意、感知觉、记忆、思维、言语等认知方面以及情绪情感等社会性方面的心理发展的特点，了解并将这些特点熟记于心，对于小学教师是很重要的，因为这将帮助小学教师更加准确地理解小学生在

---

① 徐敏：《小学生同伴接纳、友谊质量对其人格发展的影响》，硕士论文，辽宁师范大学，2010 年。

② 转载自桑标：《儿童发展》，402 页，上海，华东师范大学出版社，2014。

③ 高志华，刘晓红，马红霞，王勇，杨美荣：《唐山市中小学生同伴接纳性及其相关因素分析》，载《中国学校卫生》，2010(5)。

④ 程利国，高翔：《影响小学生同伴接纳因素的研究》，载《心理发展与教育》，2003(2)。

学习和人际交往中的各种行为表现，既不要因为个别学生的优异表现而对全部学生都有过高的预期，也不因为少数学生的不良表现而对全体学生降低预期，而是能够很好地把握普遍性与个别性的辩证统一。

【本章习题】

一、名词解释

前摄抑制　倒摄抑制　保持　神经可塑性　无意注意　有意注意　有意后注意　识记

二、简答

1. 简述影响识记的因素有哪些。
2. 简述无意注意的引发因素有哪些。
3. 简述有意注意的引发条件是什么。
4. 简述小学生思维发展的特点。
5. 简述注意的特征。
6. 简述小学生自我意识的发展特点。

三、辨析

1. 注意的分散与注意的转移本质上是一样的。
2. 注意的稳定就是注意保持在某一对象上固定不变。

四、论述

试述皮亚杰的思维发展阶段理论及其对教育的启示。

【拓展阅读】

1. 张庆林，李艾丽莎. 创造性培养与教育策略. 重庆：重庆出版社，2006 年

2.［美］Mervin D. Lynch，Carole Ruth Harris 主编. 胡清芬，陈桄译. 培养中小学生的创造力——理论与实践. 北京：中国轻工业出版社，2012 年

第三章

小学生学习的外部条件

作为学习的主体，小学生的学习总是发生在特定的外部环境之中，这就是本章所指的外部条件。具体来说，小学生主要涉及的外部环境从微观到宏观包括家庭、学校和社会。家庭中的经济条件、家庭结构、父母职业、教养方式等因素，学校中的校园文化、教师期望等因素，以及社会中的媒体舆论等因素构成了小学生学习的外部环境，这些外部因素可能直接或间接地影响到小学生的学习。本章将分别从这三个层面阐述外部环境对小学生的学习可能存在的影响。

第一节
小学生学习的家庭条件

家庭是社会的组成细胞。社会是个大系统的话，各个家庭就是其中的一个个子系统。社会对儿童的影响往往主要通过家庭为中介来实现。家庭对儿童的影响可分为直接因素和间接因素两部分。[①] 其中，间接因素是指作为背景环境因素存在，并不与儿童直接发生互动的家庭因素。间接因素主要是包括家庭结构、家庭经济条件、父母受教育程度、父母职业等。直接因素是指家庭当中与儿童直接进行互动的那些因素，主要指父母教养方式。本节将选择其中部分因素进行介绍。

一、家庭结构

家庭结构是指家庭中成员的关系构成以及成员之间相互影响作用的稳定模式。具体来说，家庭结构包括两方面的内容：一是家庭中的成员数量，二是家庭成员之间的稳定关系模式。

王跃生以第五次全国人口普查数据为基础，结合对第三次和第四次人口普查数据的比较，按照家庭成员之间的血缘关系和婚姻关系不同，将中国的家庭结构划分为以下几种类型。[②]

(一)核心家庭

核心家庭指一对夫妇及其子女组成的家庭。这一类家庭又可细分为四种子类型。

(1)夫妇核心家庭

夫妇核心家庭指只有一对夫妇组成的家庭。

---

① 桑标：《儿童发展》，360页，上海，华东师范大学出版社，2014。

② 王跃生：《当代中国家庭结构变动分析》，载《中国社会科学》，2006(1)。

(2)一般核心家庭(或称标准核心家庭)

一般核心家庭指一对夫妇和他们的子女组成的家庭。这是最普遍的核心家庭的类型。

(3)缺损核心家庭

缺损核心家庭指夫妇中的一方与子女组成的家庭，这一类型也可称为单亲家庭。

(4)扩大核心家庭

扩大核心家庭指一对夫妇及其子女之外还有该夫妇的未婚兄弟姊妹组成的家庭。

(二)直系家庭

这一类家庭也可细分为四种子类型。

(1)二代直系家庭

二代直系家庭指一对夫妇同一个已婚儿子、儿媳组成的家庭。

(2)三代直系家庭

三代直系家庭指一对夫妇同一个已婚儿子、儿媳及孙子女组成的家庭。

(3)四代直系家庭

四代直系家庭指包括户主夫妇在内上下共有四代的直系家庭。

(4)隔代直系家庭

隔代直系家庭指的是三代以上直系家庭缺失中间一代的家庭类型。

(三)复合家庭

复合家庭指的是父母和两个或两个以上的已婚儿子、儿媳及孙子女组成的家庭。

(四)单人家庭

单人家庭指只有户主一人独立生活的家庭。

(五)残缺家庭

残缺家庭可再分为两类：一类是无父母只有两个以上兄弟姊妹组成的家庭；另一类是无父母只有兄弟姊妹，另外还有其他有血缘或无血缘关系成员一起组成的家庭。

(六)其他

其他是指除上述五大类以外的家庭。

上述所有家庭类型中，目前我国最普遍存在的是核心家庭，占比接近70%。其次是直系家庭。复合家庭相对少见。

曾经有研究对北京市1200余名小学生进行调查，这些学生来自三代直系家庭或两代核心家庭。结果并没有发现儿童的行为特征因家庭结构不同而有显著差异。另外该研究发现独生子女在自理能力等方面比非独生子女的得分低。[①] 但是，十余年后，另一项研究对山东省600余名学龄前儿童的调查则发现生活在大家庭中的儿童较核心家庭的儿童易出现行为问题。对此，研究者的解释是可能在社会快速发展的背景下，父母与祖父母的育儿观念出现更多的分歧和冲突，这些都可能影响幼儿良好行为的形成。[②]

关于家庭结构，研究者更感兴趣且投入最多关注的是缺损核心家庭(单亲家庭)是否对儿童发展存在不利影响。研究发现与完整家庭相比，不完整家庭中成长的儿童出现行为问题的风险更高。[③] 郑希付的研究发现不完整家庭中的亲子关系好于父母再婚后的亲子关系，而且再婚后的继父母与继子女的亲子关系相对最差。[④] 这一研究表明假如家庭结构不能保持完整，只要抚养者与儿童保持良好的亲子关系，儿童出现行为问题的风险也会降低，儿童对父母离异后的生活适应得越好。

二、父母职业

父母职业即父母从事的工作，是影响儿童发展的间接家庭因素之一。父母职业是构成家庭的社会经济地位的主要因素之一，它直接关系到家庭的物质生活条件以及社会地位。[⑤] 在心理学视角看来，父母从事的职业不仅影响到父母自身的主观体验，譬如自尊、价值观、成就感等，而且影响到父母在教养子女时的教育期望、教育态度和教育观念。

曾经有一位社会学家指出：手工工作者职业地位比较低，收入也不高，这些客观条件使得他们的自我评价不高，而且，他们还将对自己的这种评价投射到子女身上，这导致他们的子女成人以后往往从事的职业也比较类似。[⑥]

国内有研究发现父母从事的职业类别不同，对小学生的学业成绩有不同的影响：具体地说，家长从事的是知识技术类的学生，其学业成绩显著好于家长从事普通职业的学生，特别是语文和英语成绩的差异明显。[⑦]从事知识技术类职业的家长，不仅自身的知识素养好，而且在职业中的行为与主观体验可能都对子女有正面的示范作用。

另外，父母职业状态的不稳定以及职业要求的工作量大等因素也对儿童的发展及

---

① 纪桂平，张力慧，万传文：《家庭结构对小学生行为特点的影响》，载《社会学研究》，1990(3)。

② 孙殿凤，衣明纪，李堂：《4—5岁儿童行为问题与家庭环境关系的研究》，载《中国儿童保健杂志》，2003(4)。

③ 郭传琴，刘贤臣，翟静等：《山东城市学龄儿童行为问题及危险因素研究》，载《中国心理卫生杂志》，1995(1)。

④ 郑希付：《亲子关系与子女行为异常》，载《中国心理卫生杂志》，1996(6)。

⑤⑥⑦ 孙小红：《家长职业状况与子女学业成绩关系的社会学探讨——以上海市四年学校为案例》，硕士学位论文，上海师范大学，2006。

学业有不良影响，尤其是父亲的职业对儿童发展产生的影响更大。①

父母职业与家庭的社会经济地位以及物质生活条件直接相关，这些与儿童早期的智力发展以及学业水平都有较高的相关。② 一般来说，父母职业稳定，收入较高，提供的家庭教育资源越充分，儿童在学业和其他心理方面的发展相对就越有保障。③

三、父母教养方式

父母教养方式是父母的教养观念、教养行为及其对儿童的情感表现的一种组合方式。④ 西方研究父母教养方式时有不同的取向。其中一种取向是从教养方式的某个维度着手，如有研究者发现温暖对儿童社会化进程起到了非常积极的作用，有助于儿童各方面心理的发展。⑤ 另一种取向是将家庭教养方式类型化。⑥

在类型化取向的研究者中，影响力最大的当属美国著名的心理学家鲍姆林德(D. Baumrind)。鲍姆林德在长达十年的多次研究之后，提出了教养方式最重要的两个维度是要求性和反应性。⑦ 其中，要求性维度的含义是指父母在教养儿童时是否建立了儿童行为的标准并坚持贯彻这些标准。反应性维度的含义是指父母对儿童需要的敏感程度、接受儿童及爱儿童的程度。根据这两个维度，鲍姆林德最初提出了三种典型的父母教养方式：权威型、宽容型和专制型，后来调整为四种典型的教养方式：权威型、专制型、放纵型和忽视型(如表 3-1 所示)。

表 3-1　教养方式的四种类型

项目	接纳，积极反应	拒绝，不反应
有要求，有控制	权威型	专制型
无要求，不控制	放纵型	忽视型

(一)权威型

权威型也可称为民主型教养方式。采用这种教养方式的父母在要求性维度上表现

① 孙殿凤，衣明纪，李堂：《4—5 岁儿童行为问题与家庭环境关系的研究》，载《中国儿童保健杂志》，2003(4)。

② 赵明：《社会阶层收入差异影响教育机会均等的经济学分析》，载《四川师范大学学报(社会科学版)》，2003(1)。

③ 胡朝兵：《家庭教育资源结构、特点及其与小学生心理素质关系的研究》，硕士学位论文，西南大学，2003。

④ 王丽，傅金芝：《国内父母教养方式与儿童发展研究》，载《心理科学进展》，2005(3)。

⑤⑥ 陈陈：《家庭教养方式研究进程透视》，载《南京师大学报(社会科学版)》，2002(6)。

⑦ 桑标：《儿童发展》，376 页，上海，华东师范大学出版社，2014。

为对儿童的行为有一定的管理标准或原则，并且在日常生活中坚持贯彻这些标准或原则；他们在反应性维度上表现为有情感温暖，态度温和，关注关爱儿童，对于儿童的不当行为既有管理也有耐心引导，愿意与儿童沟通并帮助和鼓励儿童的积极行为，提倡儿童的独立性培养等。

如果用一句话来总结权威型教养方式，可以说是“宽严并济——严在当严处，爱在细微中”。有研究发现权威型教养方式下成长的儿童在社会性方面的得分总体上要高于接受专制型和放纵型教养方式的儿童，说明权威型教养方式有助于构建更为和谐的亲子关系以及良好的家庭氛围，对儿童的个性及社会性发展有积极的影响作用，对环境也有更强的适应能力。① 不仅儿童的个性与社会性发展受益于这种教养方式，儿童的学业成绩也同样受益。②

(二)专制型

采用这种教养方式的父母在要求性维度上表现为对儿童的行为有很高的管理标准或原则，并且在日常生活中坚持贯彻这些标准或原则；他们在反应性维度上表现为缺乏情感温暖，态度比较严格，习惯儿童对自己的绝对服从，对于儿童的不当行为倾向于进行惩罚，不重视，甚至忽视儿童内心的想法与感受，重视的是父母的期望与要求是否得到实现等。

接受专制型教养方式的儿童容易焦虑，容易体验负面情绪，往往在社会适应方面表现欠佳。③ 值得一提的是，西方的观念倾向于认为专制型教养方式比较消极，接受这种方式的儿童往往有较多的心理问题和行为问题，但是中国的研究却并不完全一致。④ 这说明教养方式也受到了文化环境的调节影响。在中国的传统文化背景中，专制型的教养方式与传统的育儿观念并没有太大的冲突，父母和子女都更能接受这样的方式，所以虽然教养效果总体上不如权威型方式理想，但也并没有导致像西方国家同类型儿童那样多的问题。

(三)放纵型

采用这种教养方式的父母在要求性维度上与专制型父母就像两种极端，他们对儿童的行为没有明确的要求，几乎允许儿童想做什么就可以做什么，对于儿童实际的行为也极少进行控制，儿童几乎可以随心所欲；在反应性维度则表现出对儿童充满了关

① 关颖，刘春芬：《父母教育方式与儿童社会性发展》，载《心理发展与教育》，1994(4)。

② 桑标：《儿童发展》，376页，上海，华东师范大学出版社，2014。

③ 谢蓓芳，方永年，林永清等：《小学生的适应行为与父母教养方式的相关》，载《中国心理卫生杂志》，2004(8)。

④ 王丽，傅金芝：《国内父母教养方式与儿童发展研究》，载《心理科学进展》，2005(3)。

注和关爱，有很高的情感温暖。

鲍姆林德认为放纵型方式下成长起来的孩子因为没有机会学习自我控制，所以自制力很差。不仅如此，由于父母的纵容，使得这些孩子容易自我中心、任性执拗、冲动，与同龄人的相处很难融洽。①

（四）忽视型

顾名思义，采用这种教养方式的父母在要求性维度上与放纵型父母相似，即没有任何行为要求或标准，对孩子基本采取不闻不问的态度；在反应性维度则表现为缺乏情感温暖，缺乏关注关爱，不陪伴不倾听。他们对自己的角色定位似乎就是为孩子提供一定的物质生活条件和物质化的教育资源。

这种教养方式是非常消极的。研究表明，父母如果经常忽视孩子，对孩子缺乏敏感的反应，当孩子犯错时才给予注意，将孩子的不当行为归咎于孩子自身，会导致孩子有较高的问题行为风险，既有可能出现社会退缩行为，也有可能出现反社会的攻击行为。②

第二节
小学生学习的学校条件

学校是正式的教育机构，负责有目的、有组织、有系统地向儿童传授必需的知识和技能，使他们成为符合社会要求、能够为社会做出一定贡献的人。正常来说，我们每一个人在学校接受教育的时间都不短。以我国大部分地区的学制为例，从小学开始会有12年（6年小学，3年初中，3年高中或职业高中）的中小学阶段。在此之后，一部分学生还要继续接受高等教育。假如一直攻读到博士毕业，就会在高中毕业后继续学习10年左右的时间。具体到每一年来看，每个学年大约安排40个教学周，每周5天，不少地区和学校还安排午餐和午休，所以学生每个工作日白天基本都在学校中度过，累计到高中毕业，儿童在学校里会度过将近2万小时。如果再加上高等教育和学前教育阶段，这个数字会更加庞大。由此也可以直观地看到学校是除了家庭以外的重要环境，是直接影响儿童发展的重要外部环境。

任何学校都是一个复杂的社会系统，都可以从硬件和软件两方面来影响儿童的心

① 桑标：《儿童发展》，377页，上海，华东师范大学出版社，2014。

② 吕勤，陈会昌，王莉：《儿童问题行为及其相关父母教养因素研究综述》，载《心理科学》，2003(1)。

理发展及学业成就。所谓硬件就是指学校的物理环境和自然环境，例如学校所处位置、校园占地面积、校园内绿化情况、教学楼的规模、班级规模、教室的采光、教室内的设备、课桌椅、实验室的数量及设备、运动场地和设施、音乐美术方面的场地和器材、食堂与宿舍的设置等，都属于硬件条件。所谓软件，是指由学校里的人员构成的社会环境和心理环境，譬如校园文化、班级氛围、教师期望等。本节重点关注的是软件环境。

一、校园文化

校园文化是学校氛围的重要组成部分。校园文化具有学校间的差异性，是指一所学校经过长期发展积淀而形成共识的价值体系总和，包括办学思想、行为规范、价值观念等，是一所学校办学理念与环境氛围的集中体现。校园文化可分为物质文化、精神文化及制度文化三大块。

2006年，我国教育部发布了《教育部关于大力加强中小学校园文化建设的通知》(以下简称《通知》)。① 《通知》特别肯定了校园文化建设在中小学德育工作中的重要地位和作用。《通知》指出校园文化建设对于全面育人有举足轻重的意义，是学校教育的重要组成部分，要求全国各地的中小学校在校风、教风和学风的建设上、校园文化活动的建设上以及校园绿化、美化和人文环境的建设上高度重视，把工作做踏实、做到位。《通知》传达的精神明确地告诉我们校园文化对儿童发展具有不容忽视的影响。

校园文化一旦形成氛围，不仅影响着学校里的领导和教师队伍，也潜移默化地影响着小学生，甚至小学生的家长也会受到影响并因此发生一定的转变。② 以北京市崇文区(现东城区)光明小学为例，1996年在刘永胜校长的倡导下，光明小学开始开展“我能行”教育。在他们学校的一面墙上，醒目地写着学校概括地8句话：“相信自己行，才会我能行；别人说我行，努力才能行；你在这点行，我在那点行；今天若不行，明天争取行；能正视不行，也是我能行；不但自己行，帮助别人行；相互支持行，合作大家行；争取全面行，创新才最行。”这8句话在学生、家长和教师中广为流传，从放在嘴上到放进心里，成为全体师生前进的动力、追求的目标。学校在坚持力行这8句话的过程中取得了极大的成就，学生的心理发展、学业成就都有明显的整体提升，学校也因此成为推进素质教育的典范。③ 光明小学的成功经验表明良好的校园文化氛围会对小学生德、智、体以及人格等各方面的发展均产生积极的引导和促进作用。反之则会

① 中华人民共和国教育部：《关于大力加强中小学校园文化建设的通知》，2006。

② 王俊冬：《核心素养视域下小学校园文化建设研究》，硕士学位论文，黑龙江大学，2019。

③ 《我能行——北京市崇文区光明小学教育思想》，载《班主任》，2007(9)。

产生消极的影响。这是因为小学生的身心发展很不成熟，自我的发展并不完善，所以非常容易受到环境的影响。

二、班级氛围

班级氛围也可以称为班风。不同的学者对班级氛围的定义并不一致。有学者认为班级氛围是班级环境中的人际关系构成的气氛，特别是师生之间的互动关系形成的氛围。① 也有学者认为班级氛围是特定班级的独特气氛与环境，同时也反映班级所在学校共有的特征。②

班级是小学生在学校中每天直接接触的环境，所以班级氛围比校园文化对小学生的发展有更加直接的影响作用。在小学阶段，一个班级的氛围最首要的影响因素来自这个班级的班主任，特别是班主任的管理方式。③ 班主任是班级的主要管理者，班级活动的组织者和领导者，学生学习、生活、思想和心理等各方面的指导者。曾经有研究考察了不同风格的班主任领导行为对初中班级气氛的影响，结果发现不同的领导行为在营造班级气氛上各有优点和可取之处。④ 初中生与小学生处于不同的年龄阶段，有不同的心理需要，所以该研究的结果并不能给小学班主任提供直接的参考指导，但是，该研究从侧面证明了班主任的领导行为、领导风格确实对班级气氛的营造有重要的影响作用，需要引起各位班主任老师的高度重视。

一般而言，为了营造良好的班级氛围，班主任要建立健全班级管理制度，管理制度的制定要宽严适度，用恰当的制度帮助学生实现自我控制能力的发展；班主任要高度重视学生的心理健康，在学业指导的同时也要重视学生在同伴交往、师生交往方面的表现，及时发现学生心理健康方面可能存在的隐患，特别是及时发现并妥善处理校园欺凌、社会排斥、社会歧视等严重危害学生心理健康的问题，帮助学生维护个人心理健康；班主任要做好与课任教师的沟通，确保所有教师在不同课程上除具体学科知识不同之外传播一致的育人思想和发展理念，为小学生长远的健康发展打下良好的基础。⑤

---

① 郭伯良：《班级气氛对农村儿童社会行为及其与学校适应关系的影响》，博士学位论文，香港中文大学，2004。

② 师保国，申继亮，许晶晶：《打工子弟学校班级气氛的特点》，载《教育科学研究》，2008(Z1)。

③ 刘兴哲：《小学生班级氛围、学业情绪与学业成绩的关系研究》，硕士学位论文，上海师范大学，2015。

④ 罗吕：《初中班主任领导行为与班级气氛的关系研究》，硕士学位论文，江西师范大学，2012。

⑤ 郭玉玲：《浅析小学班主任如何开展班级管理工作》，载《课程教育研究》，2019(29)。

三、教师期望

(一)罗森塔尔效应

1968 年，美国心理学家罗森塔尔(R. Rosenthal)及其助手来到美国的一所普通小学，声称要进行 7 项心理学实验。他们从全校的 1—6 年级中的每个年级分别随机选择了 3 个班级，一共选出了 18 个班级。然后让这 18 个班级的小学生参与了一项发展趋势预测的测验，其中涉及对学生的 IQ 以及学业成绩的测试。测验结果出来后产生了一份名单，上面是罗森塔尔的团队根据一定的标准筛选出来的“大有潜力”的学生。罗森塔尔将这份名单郑重其事地交给了校方，再三叮嘱要做好保密工作，以免实验结果产生误差。

8 个月过去后，罗森塔尔及其团队再次来到这所学校对那 18 个班级的学生进行第二次测试。结果这次测试表明名单上的所有学生在 IQ 和学业成绩上都有显著的进步，且进步的幅度显著高于不在名单上的其他学生。而且，名单上的所有学生在个性方面也有明显进步，更加自信活泼、求知欲旺盛，师生关系极好。这时，罗森塔尔才对校方说了实话：原来，他们第一次来的时候并没有做发展潜力的测试，只是测试了学生在智力、个性、学业方面的基本水平。他们交给校方的名单其实是随机挑选的。但是，很显然，校方认为名单是权威人士提供的，很可靠。所以在带班教师眼中，这些名单上的学生都是极有发展潜力的孩子，需要好好栽培，教师对这些学生的态度就变得更加积极、更加有耐心、更加愿意鼓励和提供支持，这些学生感受到了教师的善意，产生了积极进取的动力，果然也取得了极大的进步。

这个著名的教育实验提示的心理学现象被称为“罗森塔尔效应”。[①] “罗森塔尔效应”也可称为“皮格马利翁效应”。皮格马利翁是希腊神话中的一位国王。他不喜欢凡间的女子，却深深地爱上了自己亲手雕刻出来的一尊女性石像，将之当成真正的妻子来对待。他的真情感动了爱神，爱神让石像拥有了生命，与皮格马利翁幸福地生活。这个故事表达了“美好期望终会成真”的意思，所以与罗森塔尔的心理学实验有异曲同工之处。也就是说，教师如果对学生一直抱有积极的期望，学生终会像教师期望的那样变得越来越好。

(二)影响教师期望的因素

在罗森塔尔的实验发表后，越来越多的学者从事了教师期望的研究。我国学者对

---

① 刘儒德：《教育中的心理效应》，146 页，上海，华东师范大学出版社，2012。

教师期望的定义是教师在对学生的过去和现状了解的基础上，对学生以后的学业成就、人格特征和行为表现等所做的预测性认知。①

在实际教育教学工作中，教师往往只对部分学生抱有积极的期望。那么，哪些因素影响了教师期望呢？

第一，来自学生方面的因素。其中影响力最大的是学生的学业成就和各种能力表现。② 学业成就高、某方面能力(运动、艺术、演讲、组织管理等都可以)突出的学生要更容易得到教师的积极期望。除了学生能力以外，学生的性格特征和品德特征(对学习的态度、对同学和集体的态度等)、学生的外貌和性别、学生家庭的特征(社会经济地位)也会影响到教师的期望。③ 譬如，认真学习、友爱同学、尊敬老师的学生更容易得到教师积极的期望，外貌出众的学生比外貌普通的学生更容易得到教师的积极期望。

第二，来自教师方面的因素。教师跟班的时间长短、教师的性别、教师任教的科目等因素会影响到教师对学生的期望。研究表明，跟班时间越短的教师比跟班时间长的教师积极期望更高；女教师比男教师的积极期望水平更高；理科教师比文科教师的积极期望水平更高。④ 除了上述教师因素以外，教师在与学生互动时形成的第一印象以及由此而出现的晕轮效应，还有教师在生活中形成的刻板印象等社会心理学效应同样能够影响教师对学生的期望。⑤

(三)教师期望对学生的影响

(1)影响学生课堂上的行为表现

有研究发现，教师对学生的积极期望首先会影响到教师对学生的关注程度和师生互动时的态度，学生作为信息接收方能感知到教师的态度，低年级的小学生对于这样的感知往往有比较明显的反应，很容易在课堂上表现出积极的学习行为和态度，朝着教师期望的方向发展。相反亦然，教师对学生的消极期望会导致学生在课堂上的消极学习行为表现。⑥ 还有研究发现，教师的积极期望可以有效减少小学高年级学生做出攻击性行为的可能性。⑦ 所以，总的来说，教师对学生的积极期望有助于诱发学生积极的课堂学习行为。

(2)影响学生的学业成就

国外有研究报告指出教师的积极期望越高，学生的学业成绩就越好。⑧ 国内的另一

---

① 张欣：《中小学教师期望研究述评及展望》，载《中小学心理健康》，2018(24)。

② 宋广文，王立军：《影响中小学教师期望的因素研究》，载《心理科学》，1998(1)。

③⑤ 张欣：《中小学教师期望研究述评及展望》，载《中小学心理健康》，2018(24)。

④ 范丽恒：《初中教师期望的影响因素研究》，载《心理研究》，2009(5)。

⑥ 田倩倩：《教师期望对学生课堂学习行为影响的案例研究》，硕士学位论文，西北师范大学，2016。

⑦ 李静逸：《教师期望与小学高年级学生攻击性行为的关系研究》，硕士学位论文，河南大学，2016。

⑧ Tsiplakides I.，Keramida A. The relationship between teacher expectations and student achievement in the teaching of English as a foreign language，*English Language Teaching*，Vol. 3，No. 2，2010，p. 51.

项研究进一步表明教师的积极期望会导致学生自我概念水平的提高，进而以自我概念为中介导致学生学业成绩的提高。① 因此，教师对学生抱有积极的期望，学生的学业成绩会越好。

(3)影响学生的个性和社会性发展

教师对学生的期望越积极，学生的自我概念水平会越高。教师的期望也会影响到其他学生对期望对象学生的态度，进而提高该学生的同伴接纳水平。学生因此进入良性的循环，从长远来看有助于学生人格的发展。

第三节 小学生学习的社会条件

如果说家庭是儿童成长的微环境的话，社会就是儿童成长的宏观环境。特定社会的社会文化、社会阶层、媒体舆论、公共政策等都是影响儿童发展的社会环境因素。这些因素可以通过学校和家庭影响到儿童身边的人，包括父母、教师和同伴，进而通过儿童与周围人的互动向儿童产生影响。这些因素也就构成了小学生学习的社会条件，本节将就其中的部分因素进行探讨。

一、社会经济地位

社会经济地位(socioeconomic status，SES)，是某个人或某人所在的家庭基于收入、受教育程度以及职业声望等方面在特定社会中的经济地位、社会地位等可以获得的社会资源的总体衡量。在这里，我们所指的主要是家庭的社会经济地位，即一个家庭中的全部收入以及主要劳动力从事的职业和受教育程度在内的总体衡量。通常来说，家庭社会经济地位可以分为三类：高社会经济地位、中等社会经济地位及低社会经济地位。

(一)社会经济地位对小学生学业的影响

在考察家庭社会经济地位对儿童发展的影响时，儿童的学业成就是经常被选用的测量指标。一般来说，都认同家庭社会地位对学生学业成绩有所影响。

---

① 高丽芳，张野，郑卉：《初中生自我概念、师生关系、教师期望与学业成绩的关系》，载《滁州学院学报》，2014(1)。

我国学者任春荣和辛涛曾经以北京市1000余名小学四年级学生为被试(被试是以整群抽样的方法确保涵盖各类阶层的方式抽取出来的)进行了为期三年的追踪研究，研究以学生每个学期期末的数学成绩为因变量指标，以学生所在家庭的SES为自变量指标。研究结果表明：第一，家庭的SES以非线性的方式显著地预测小学生的学业成绩，这种预测关系并不随着儿童年龄的增长而有所变化；第二，家庭的SES水平不同，学生之间在学业成绩上的差异程度也不同。① 所谓非线性的方式，是指在大部分范围内家庭的SES与小学生的学业成绩呈同向共变关系，即SES越高，学生学业成绩越好；但是，当SES的水平达到一定高度后，学生的学业成绩不再随之继续提高，而是有所下降。与此相一致的是，家庭的SES水平很高或很低，学生在学业成绩方面的个体间差异越大，尤其是来自低SES家庭的男生更是差异极大。家庭的SES水平中等时，学生在学业成绩方面的个体间差异越小。

综合来看，一个家庭的SES对小学生学业成就的影响是比较稳定的，不因小学生受教育年限的变化而变化。但是，SES的水平不同，带给小学生学业发展的影响却是差异明显的：家庭的SES水平越低，父母能够给小学生提供的社会资源和支持相对会越少，小学生的学业成就能否有好的发展更大程度上取决于小学生自身的特征，譬如小学生自身的心理素质②，所以这些家庭的小学生的发展存在巨大的个体间差异。随着家庭的SES水平提高，中等收入家庭的父母能够给小学生提供的社会资源和支持相对比较充足，管理也会更到位，所以这些家庭的小学生的发展整体上都不错，个体间差异相对要小得多。但是，当家庭的SES继续增高，来自父母的期望和教育压力似乎降低了，所以高SES的小学生尽管也拥有充足的教育资源，却发展得更自由，同样产生了巨大的个体间差异。③

(二)社会经济地位对小学生个性、社会性与心理健康的影响

家庭的社会经济地位越高，小学生的个性、社会性与心理健康的发展相对越有利，发展得越理想。国内和国外的研究均发现家庭社会经济地位与儿童的社会认同、情绪智力、自我概念等方面的发展存在显著的正相关。④⑤ 家庭社会经济地位之所以与儿童的个性、社会性及心理健康等都有显著的正相关，有可能是通过以父母的教育期望、

---

① 任春荣，辛涛：《家庭社会经济地位对小学生成绩预测效应的追踪研究》，载《教育研究》，2013(3)。

② 武丽丽，张大均，程刚，王鑫强：《家庭社会经济地位对小学生学业成绩的影响：心理素质全局因子的中介作用》，载《西南大学学报(自然科学版)》，2018(6)。

③ Bradley R. H. & Corwyn R. F. Socioeconomic status and child development, *Annual Reviews of Psychology*, Vol. 53, 2002, p. 371.

④ 彭雪琴：《小学生家庭社会经济地位与社会认同的关系：积极教养方式和情绪智力的作用》，硕士论文，西南大学，2021。

⑤ 卢谢峰，韩立敏：《家庭社会地位对小学生自我概念的影响》，载《中国心理卫生杂志》，2008(1)。

教育投入为中介，使得儿童在实际接触的家庭教育环境和氛围方面存在明显的差异，进而在各方面素养的发展上也出现了显著的差异。[①]

以小学生的社会交往发展为例，家庭的社会经济地位越高，父母能够提供的发展机会和资源越多，譬如孩子能够有更多的机会旅游、看展览，也有更多的机会接触同类家庭中的同伴或成人，这会让孩子有更多的社交经验和人脉，增强社会交往的自信心。相对地，家庭的社会经济地位如果很低，父母往往忙于挣钱养家，既没有时间和精力陪伴、指导子女，也没有物质条件支持子女扩大同伴交际的圈子，这就使得孩子在同伴交往时缺乏底气和经验，难以做到大方自如地与各种不同的人进行交往。

二、媒体与电子产品

(一)媒体

传统的媒体主要是指报纸、杂志、广播、电视等通过某些装置或媒介定期向公众传播信息、提供资源的媒体。与传统媒体有所区别的是以网络为平台的媒体。在传统媒体中，心理学研究较多的是电视对儿童发展的影响。在新媒体中，则更多关注了网络对儿童发展的影响。接下来将重点介绍这两方面的研究成果。

1. 电视

随着我国人民的生活水平越来越高，电视机在我国已经是家庭中最为常见的家用电器之一了。电视机的普及、电视节目的大量制作，使得人们观看电视所用的时间也越来越长。[②] 尤其是对现在的儿童青少年来说，可以说他们是看着电视长大的。曾经有研究调查过600余名小学生，问他们“你在课余时间最喜欢做什么?”，结果发现有将近一半的学生选择的答案是“看电视”。[③] 儿童看电视的时间长在我国已经是普遍现象，而且并不是我国特有的现象，美国、法国、智利、土耳其等很多国家的儿童每天看电视的时间也很多。[④] 由于电视已经成为儿童日常生活的一部分，心理学家也开始关注电视与儿童心理发展的关系。

(1)儿童爱看电视的原因

关于儿童为什么喜欢看电视，有以下这几种假设。

---

① 汪元昕：《家庭社会经济地位对儿童全人发展的影响机制研究——基于上海市四所小学的实证分析》，硕士论文，兰州大学，2016。

② 沃建中：《电视对儿童成长的影响》，载《电视研究》，2004(1)。

③ 郑惠生：《关于“当前小学生课余时间最喜欢什么”的调研》，载《内蒙古师范大学学报(教育科学版)》，2008(4)。

④ 马冠生等：《我国城市儿童少年看电视研究》，载《中国健康教育》，2002(7)。

第一，基本不需要心理努力，让人轻松。电视作为媒介，与纸质书本有很大的区别。首先，这种区别体现在信息的呈现方式上：电视是视觉动态形象和听觉形象兼具的，纸质书本是视觉静止的抽象符号或图画。其次，由于信息呈现方式不同，使得电视传递的信息加工起来非常轻松，基本不需要心理努力，而纸质书本传递的信息还需要读者进行编码转换和加工，尤其是文字信息的解码与转换，对于阅读经验少、阅读能力弱的儿童来说是一件很辛苦的事情。两相对比，电视的吸引力自然要强很多。通过看电视，儿童感到轻松、愉快，是消磨时间、放松心情的首选。

第二，获取信息。电视节目并不只有娱乐性，有一些节目也传递了知识，既有自然知识，也有社会知识，还有心理、情绪情感方面的知识。通过看电视，儿童确实也可以学习到一些有用的知识，开阔眼界，增广见闻。

(2)儿童看电视的特点

美国学者希拉姆(W. Shramm)及其合作者根据 11 项研究结果，总结了当时的美国儿童观看电视的主要特点如下[①]。

第一，看电视的时间长短显著受到儿童年龄的影响：11～13 岁儿童看电视的时间最长。

第二，看电视的时间长短受到家庭特征的影响：工人家庭中的儿童比中产家庭看电视时间更长；父母受教育程度高的儿童看电视时间更短。

第三，看电视的时间长短受到儿童人际关系状况的影响：亲子关系和同伴关系不好的儿童看电视时间更长，社交活动所用时间更少。

第四，看电视的时间长短受到儿童的智商影响：年龄小的儿童里智商高的比智商低的看电视的时间更短，电视更难吸引他们。

第五，儿童的年龄不同，喜欢的节目类型也不同：越小的儿童越爱看儿童节目；稍大些爱看犯罪片和情境喜剧；青少年喜欢看流行音乐节目。

第六，儿童的智商和性别也影响到电视节目类型的选择。

上述特点是 20 世纪 60 年代初总结出来的，这些特点是否适用于几十年后的现在，还有待研究者做进一步的对比。但是，这些主要特点涉及的影响因素值得我们重视和思考。

(3)电视对儿童发展的影响

电视对儿童很多方面的发展都存在影响，具体表现如下。

第一，电视对儿童学业成就的影响总体上负面居多。

电视节目，特别是一些教育类的电视节目，可以让儿童获得知识，包括自然的、

---

① Shramm, W., Lyle J. & Parker, W. B. Television in the lives of our Children, California: Stanford University Press, 1961, pp. 169-174.

科技的、生活的、心理的知识等。因此可以说恰当的电视节目对于儿童拓展知识范围是有促进作用的。[①] 但是，有纵向研究表明：在为期 3 年的追踪时间里，学生的学习成绩与看电视的时间长短有显著的负相关，即看电视的时间越长，学业成绩越差，看电视的时间越少，学业成绩相对越好。[②]

由此可见，即使部分电视节目提供了知识学习的机会，但是长时间看电视并不利于儿童学业的发展。一来看电视的时间越长，就意味着会挤占儿童学习与阅读的时间，特别不利于良好阅读习惯的培养；二来许多电视节目是连续性或周期性的，容易让儿童一直惦记着，这无形中会导致儿童难以专心于当前的学习任务。所以，应控制儿童看电视的时间。

第二，看电视对儿童的社会性发展有明显影响。

电视对儿童社会性发展的影响中，研究得相对更多的是暴力电视节目对儿童攻击性行为发展的影响作用，总体上认为电视暴力节目对儿童的攻击性行为可能有引导作用。

譬如国外有一项研究对 2000 余名 3－8 年级的儿童进行调查，得出结论是电视暴力节目确实对儿童有一定的不利影响。[③] 一方面，观看更多暴力电视节目的儿童在攻击性行为的评分上相对也更高；另一方面，攻击性行为评分高的儿童也更容易选择最具暴力性的电视节目观看。

根据班杜拉的社会观察学习理论，儿童会观察并模仿榜样示范的行为。[④] 既然电视中的暴力节目会引导儿童模仿攻击性行为，那么同理可推断电视中的亲社会节目也可以引导儿童模仿亲社会的行为，譬如分享、助人、同情或其他的道德行为等。[⑤] 因此，电视节目的制作者以及电视节目的审核及监管部门应加强对电视节目内容的审核与控制，家长也应重视电视节目的选择，避免儿童从电视节目中习得错误的社会行为模式或观念态度。

除了电视节目内容影响到儿童的社会性发展以外，观看电视的时长也影响到儿童的社会交往。因为有研究发现儿童观看电视的时间越长，儿童与父母、与同伴的社会交往有减少的趋势，看电视在一定程度上取代了人际交往，从长远来看并不利于儿童

---

① 沃建中：《电视对儿童成长的影响》，载《电视研究》，2004(1)。

② 桑标：《儿童发展》，458 页，上海，华东师范大学出版社，2014。

③ Singer, M. I., Slovak, K., Frierson, T., & York, P. Viewing preferences, symptoms of psychological trauma, and violent behaviors among children who watch television, *Journal of the American Academy of Child & Adolescent Psychiatry*, Vol. 37, 1998, p. 1041.

④ 桑标：《儿童发展》，35 页，上海，华东师范大学出版社，2014。

⑤ 唐克西，姜涛，彭聃龄，杨淑芬，徐向东：《电视动画片节目类型对小学生品德发展的影响》，载《心理发展与教育》，1997(1)。

社会交往技能的提高。[①]

第三，看电视对儿童的身体健康有负面影响。

视力不良是青少年检出率居于首位的常见病，2004 年全国学生体质健康监测结果表明小学生视力不良的检出率高达 32.5%。[②] 除了视力不良以外，肥胖也越来越多地在中小学阶段被检出，从 1985—2022 年，我国小学生的肥胖检出率从 0.2%迅速上升到 6%～8%(男童)和 4%～6%(女童)，在一些大城市，这个比率甚至超过了 10%。[③]

视力不良与肥胖都是小学生的常见健康问题，而观看电视与儿童的视力下降以及肥胖都存在一定的显著关联。宋惠平等人曾经对整群抽样的北京市 15000 余名中小学生进行调查，结果发现儿童看电视的时间长短与儿童的近视有明显的负相关。[④] 国外则有研究报告儿童观看电视的时间长短与肥胖的发生率之间存在剂量—效应关系。[⑤] 由于研究伦理的限制，这方面的研究都是相关研究，所以无法做因果关系的推论，也就是说我们无法确定观看电视时间的长短与儿童的近视以及肥胖之间是否存在某种因果关系，抑或是通过其他变量的中介或调节作用才存在一定的负面联系。但是，考虑到长时间观看电视确实容易导致眼部疲劳，也确实容易导致儿童久坐，少运动，所以可以确定观看电视的时间不宜过长。

2. 网络

2020 年 5 月，中国互联网络信息中心(CNNIC)发布调查报告[⑥]：截至 2019 年我国未成年网民规模为 1.75 亿，未成年人互联网普及率达到 93.1%，其中城镇普及率为 93.9%，农村普及率为 90.3%。未成年网民使用手机上网的比例高达 93.9%，手机成为未成年网民拥有比例最高的上网设备。未成年网民上网玩游戏的比例为 61%，看短视频的比例为 46.2%。

报告进一步指出，互联网对低龄群体的渗透能力持续增强，越来越多的未成年人在入学前就开始使用互联网。与之相应的是，17.3%的未成年网民认为自己对互联网存在依赖心理。

根据报告我们可以看出网络在人们的生活中已经是普遍现象：除了一些极偏远的地区，无论城镇还是农村，网络都是儿童可以接触到的平台，而且主要的接触方式就是使用手机或其他移动通信设备。在网络与人们的生活有日益密切联系的时代，心理学工作者也展开了一些研究。譬如 2011 年在《科学》上曾经刊登过一篇很有意思的研究

---

① [加]居伊・勒弗朗索瓦：《孩子们——儿童心理发展》，495 页，王全志等译，北京，北京大学出版社，2004。

②③ 汪玲：《我国中小学生常见病的防治及其疾病谱的变化》，载《中国学校卫生》，2006(4)。

④ 宋惠平等：《北京市中小学生近视状况及其影响因素分析》，载《中国学校卫生》，2010(7)。

⑤ 马冠生等：《我国城市儿童青少年看电视时间的研究》，载《中国健康教育》，2002(7)。

⑥ 中国互联网络信息中心：《2019 年全国未成年人互联网使用情况研究报告》，2020。

报告，研究者通过系列的四个实验发现自从网络上有了搜索引擎以后，我们开始依靠互联网来记忆，我们不再花心思记住互联网上搜索出来的知识内容本身，而是记住了在网络的什么地方找到这些知识。① 换句话说，我们似乎把互联网当成了自己储存知识的空间，这个空间虽然外在于我们，但却非常方便，所以我们不再依靠自己的大脑去储存大量信息了。这样的一种处理信息的方式是网络时代的产物，可见网络密切渗透于人的生活确实会对我们的心理和行为产生不容忽视的影响作用。

作为未成年人，网络对儿童的影响更是备受心理学研究者的关注。下面从积极和消极两个方面介绍网络对儿童发展的影响研究。

(1)网络对儿童学习的积极影响

在美国，网络学习(internet learning)从重视中小学网络学习的信息化教育开始，已经普及全社会，内容已经十分丰富。学校不仅开设专门的信息技术课，教学生如何使用网络，而且在其他学科课程的教学中也利用信息技术和网络学习。② 与美国相类似，日本政府、德国政府、瑞典政府等也都大力推进中小学的网络学习，争取将网络普及到所有的中小学学校，构建全国中小学教育的网络化格局。③在这样的国际大环境下，我国政府也在积极推进网络进校园的建设工作，条件允许的学校甚至确保了每个教室都有电脑终端接入网络。网络的普及为学生的学习带来了一些积极的影响。

首先，知识来源更丰富，知识获取也更便利。在网络普及之前，教师是知识的主要来源。学生如果想获得知识，需要求教于教师。当网络普及之后，学生可以利用网络轻松获得大量知识。譬如某网络上的著名的在线教育，就成为许多学生和家长青睐的帮手，学生在完成家庭作业或假期作业的过程中如果遇到了困难，不需要等待见到老师再解疑，而是直接在网络上得到帮助，在一定程度上加快了知识学习的速度和效率。另外，教师可以主动借助网络平台上已有的知识源，或者借助网络平台发布自己制作的知识源或学习程序，同样可以提高学生获取知识的效率。④

其次，网络的交互式特征提高了学生学习的参与度，有助于学习积极性的提高。传统的教学中，教师同时面对数十个学生，难以做到一对一的及时交流与互动。对于注意力不够专注的学生来说，增加了游离于课堂之外的风险。但是，当学生可以通过人机交互方式接入网络时，每个学生都可以根据自己的速度和进程与网络平台有即时的交互式学习，这种即时响应与精准反馈可以有效地提高学生参与学习的积极性。

最后，为个性化学习的顺利开展提供了支持。学校教育采用班级授课制，但是每个班级中的学生在特定课程的学习上往往存在很大的个体差异。传统教学时，教师往

---

① Sparrow, B., Liu, J., & Wegner, D. M. Google effects on memory: Cognitive consequences of having information at our fingertips, in *Science*, Vol. 333, No. 5, 2011, p. 776.

②③ 张谦：《国外中小学网络学习的进展与推进政策》，载《外国中小学教育》，2001(6)。

④ 孙众：《网络环境下小学语文中高年级的课内扩展阅读研究》，博士学位论文，北京师范大学，2008。

往以中等水平学生的学习能力和基础为参照设计课堂教学方案，这样做会令学习基础好的学生吃不饱，学习基础差的学生则感觉吃力。当网络学习被应用起来时，学生的个性化学习就有了实现的可能，网络可以保证许多学生同时借助网络进行多向互动，每个学生都有可能根据自己的学习进度获得学习资源、进行在线练习或讨论，实时获得反馈。网络的技术与资源支持使得每个学生都可以在有限的时间内拥有理想的学习效果。

(2)网络对儿童的消极影响

第一，利用网吧上网的儿童面临各种可能的安全隐患。

据王铟和沈绮云的调查，约有26%的中小学生是在网吧上网的，而且多是不符合管理要求的“黑网吧”。① 不正规的网吧不仅存在物理环境差的隐患(譬如空气差、光线差、噪声大、火灾风险高)，而且鱼龙混杂，小学生在这样的地方受到欺凌或引诱的风险都很大，极易出现各种问题行为。

第二，过度使用网络对身体健康有不利影响。

在王铟和沈绮云的调查中发现每次玩游戏超过6小时的中小学生占2.7%，一次持续最长时间超过20小时的占7%！这样的时长和这样的人数比例是令人震惊的！与这种过度上网相应的就是中小学生报告了因此带来的身体反应：感到眼睛疼的有36%，感到脖子酸疼的有26.7%，感到头晕的占15%。③正如前文提到的观看电视影响身体健康一样，过度使用网络也会导致小学生久坐、过度用眼、挤占户外活动的时间等，肯定是不利于小学生的身体成长与发育的。

第三，网络也给小学生的心理健康发展带来了风险。

网络对小学生心理发展的不利影响一方面体现在不利于儿童的社会性发展，另一方面则体现在容易导致网络成瘾。

一方面，网络有虚拟性，网络交往的便利性和匿名性等特征使得儿童的交往需要也可以得到满足，以致儿童丧失真实人际交往的热情与需要，不利于儿童社会性的正常发展。北京师范大学的黄荣怀等人曾经历时两年，调查15000余名小学生和13000余名中学生，得出结论“网络化生活已经成为中小学生的主要生活方式……网络化交往等构成中小学生网络生活的基本特征”④。所以有学者认为，在现代社会中，多子女家庭较少，许多孩子缺乏与同龄人交往与沟通的机会，有些家长出于安全与便利的考虑也不支持孩子频繁外出与人交往，网络的出现填补了这种不足，过多使用网络就可能会儿童更加缺乏人际交往的需要。⑤ 网络不仅对儿童的社会交往发展有负面影响，还有

---

①③　王铟，沈绮云：《互联网对中小学生负面影响的调查与分析》，载《中小学信息技术教育》，2004(10)。

④　黄荣怀，王晓晨，周颖，董艳：《数字一代学生网络生活方式研究》，载《电化教育研究》，2014(1)。

⑤　王铟，沈绮云：《互联网对中小学生负面影响的调查与分析》，载《中小学信息技术教育》，2004(10)。

可能因为网络中的一些不良信息给儿童错误的暗示或引导。譬如一些网络游戏中的暴力因素，还有一些网络游戏中的自毁倾向等，有可能让儿童模仿不正确的行为，后果可能十分严重，都不利于儿童的社会性发展。

另一方面，网络有害心理健康的最大风险来自网络成瘾。

CNNIC 于 2019 年发布的调查报告指出，“听音乐和玩游戏依然是目前未成年网民的主要网上娱乐活动，分别为 65.9%和 61%。看短视频和网络直播的比例保持较高增长，分别较 2018 年提升 5.7 和 6.4 个百分点”①。网络使用的娱乐性，特别是网络游戏的娱乐性极易让人沉迷，导致网络依赖，或者称为网络成瘾。

最早提出“网络成瘾障碍”（internet addiction disorder，IAD）概念的是高登伯格（Goldberg），所谓“网络成瘾障碍”是指由于重复地使用网络所导致的一种慢性或周期性的沉迷状态，并产生难以抗拒的再度使用的欲望。②

国内和国外均有研究报告网络成瘾的检出率日益提高以及网络成瘾对青少年的巨大伤害，包括情绪问题、行为问题、社交问题、学业下降、身体健康问题等，几乎是全方位损害了青少年的正常发展。④有鉴于此，我国教育部于 2021 年年初正式发文指出：“随着手机的日益普及，学生使用手机对学校管理和学生发展带来诸多不利影响。为保护学生视力，让学生在学校专心学习，防止沉迷网络和游戏，促进学生身心健康发展，学校应当告知学生和家长，原则上不得将个人手机带入校园。学生确有将手机带入校园需求的，须经学生家长同意、书面提出申请，进校后应将手机交由学校统一保管，禁止带入课堂。”⑤

【本章小结】

家庭是个体生命早期最重要的生活环境，家庭结构、父母职业、家庭的社会经济地位、父母教养方式等因素对个体的认知、情绪情感、人格等各个方面的发展均存在非常重要的影响，也构成了小学生学习的主要外部条件之一。其中，最为重要的就是父母的教养方式。通常本章的学习，我们学习了父母教养方式的基本类型以及每种类型对儿童成长的可能影响，知道了权威型是最理想的教养方式，对儿童的成长最为有益。除了家庭以外，学校也是直接影响小学生学习的另一个重要外部环境。学校中的校园文化、班主任管理班级的方式、教师期望等都是学校层面的影响因素。其中，教师期望对

① 中国互联网络信息中心：《2019 年全国未成年人互联网使用情况研究报告》，2020。

②④ 桑标：《儿童发展》，458 页，上海，华东师范大学出版社，2014。

⑤ 中华人民共和国教育部：《教育部办公厅关于加强中小学生手机管理工作的通知》，2021。

学生有很重要的影响，教师对学生抱有越积极的期望，学生就越有可能朝着积极的方向发展。在社会层面，媒体、舆论、电视、网络等是生活中不可分离的影响因素。其中，特别是电视和网络对小学生的影响日益增强，虽然它们对小学生的学习和发展也有一定的积极作用，但消极影响不容忽视，特别是网络成瘾问题，如果不引起重视并科学管理，极容易对小学生的视力等以及心理方面的发展造成消极影响。

【本章习题】

一、名词解释

罗森塔尔效应(皮格马利翁效应)　教养方式　网络成瘾障碍　教师期望

二、简答

1. 简述教养方式的基本类型及其对儿童的影响。
2. 简述儿童爱看电视的原因及看电视对儿童造成的影响。
3. 简述教师期望对学生的影响。
4. 简述影响教师期望的因素有哪些。

三、辨析

家庭的社会经济地位决定了小学生的学业成就水平。

四、论述

试述网络对儿童的影响。

【拓展阅读】

1. 林崇德. 发展心理学. 北京：人民教育出版社，2009 年
2. 赵玉萍. 亲子关系的重建. 北京：人民邮电出版社，2020 年
3. [法]卢梭著. 胡以娜译. 爱弥儿. 天津：天津人民出版社，2008 年

第四章

小学生的学习动机和兴趣

“太阳当空照，花儿对我笑，小鸟说：‘早早早，你为什么背上小书包?’我去上学校，天天不迟到，爱学习，爱劳动，长大要为人民立功劳。”这是《上学歌》，流行于20世纪五六十年代的歌曲。歌曲填词通俗易懂，表达了人们对小朋友们的殷切期望。假如可以的话，我们一定希望所有的小学生都像这歌词里写的那样，每天都高高兴兴地去上学，喜欢所有的课程，自觉地按老师的要求去做，认真听讲、认真做作业，快乐又努力地学习……可是，理想很丰满，现实很骨感。家长经常头痛自己家的小朋友什么都喜欢，就是不喜欢学习；教师也经常烦恼为什么总是遇到不爱学习的学生。虽然各地的调查数据并不完全一致，但目前已有的调查表明我国小学生的厌学率介于14.88%至28.6%之间。① 小学是正式的学校教育的起始阶段，是打好基础的关键时期，现实却告诉我们这个学段也是厌学现象较为突出的一个时段。因此，了解学习动机的本质是什么，它对学习有怎样的影响作用，学习动机有哪些不同的类型，学习动机的理论有哪些，如何激发小学生的学习动机，培养小学生的学习兴趣，是非常迫切的现实问题，也是本章想要深入探讨的内容。

第一节
学习动机概述

在我们正式开始本章的学习之前，先和大家分享一篇散文：

我有位在北京工作的朋友，小时候在山西农村生活。她读小学时，有一年从县城来了一位漂亮的女老师。她是课代表，要把同学们的作业收齐，送到老师的办公室。她进去的时候傻眼了：美丽的老师，正和一个小伙子手拉着手转圈跳舞。

一个小女孩，被眼前的一幕照亮了。在她看来，这个外来的老师，拥有和其他老师不同的气质——谈吐、步态，哪怕是爱情，都代表着一个更广阔的世界。后来，这位朋友从山西考到了北京大学。

我也有相似的经历。读初中的时候，学校来了两位年轻的男教师，他们是从一个师范学校过来实习的。很多时候，他们会直接讲普通话。在我们学校，此前根本没有讲普通话的老师，不管是课上还是课下。

现在想来，他们不过是中师毕业的小伙子，十七八岁而已，来到我们这个镇上，也很忐忑吧。他们穿着运动服——很有可能是没有别的衣服可穿，但是在我们看来那是时尚的象征。我们从没穿过校服，更谈不上运动服，脚上穿的是母亲做的布鞋。

---

① 申自力，刘丽琼，崔建华等：《我国中小学生厌学研究存在的问题》，载《现代中小学教育》，2013(4)。

作为教师子弟，老师对我来说早就没什么神秘感了。我从小就认识很多老师，在他们的爱、调侃和哄笑中慢慢长大。我知道教师很伟大，拥有自己的节日，但是也知道他们都是普通人。比如我父亲是一位老师，但他做的饭菜，就常常难以下咽；他也会找个借口，把洗碗这样的家务分配给我们。同学们对老师都是仰望，我却从来没有这样的尊崇，对他们的生活，也不感到神秘——那就是我每天都能看到的生活啊。

但是这两个穿运动服、讲普通话的小伙子却重新让我对教师这个职业产生了陌生的感觉。教师应该是有追求的(穿运动服而不是我们的居家服装)，应该是讲普通话的，那意味着和一个更高级的标准、一个更大的世界联系起来。那时我还没法看电视，但是已经通过收音机知道普通话是怎么一回事，有了对“国家”和“乡土”的模糊理解。

这样的老师，未必真的传授过你知识，却为你召唤出一个新世界。那两个实习教师，其实并没有给我上过课。但是，他们的存在本身，就足以召唤出一个广阔的世界，就像拽着你的头发，把你拔离地球，让你脱离引力的掌控，找寻到飞翔的感觉。你的内心会有一种真正的觉醒，你开始重新打量现实生活。你对现实产生一种疏离感，开始想要离开，去看更大的世界。

大概从那时开始，我就知道自己一定会到远方去求学。经常和两位实习老师一起打篮球的弟弟应该有相同的想法。那年寒假，有邻居开玩笑说要给弟弟介绍一个对象，才 14 岁的弟弟恼怒起来，说：“我才不会在老家找对象。”父亲的眼睛亮了，他一定发现自己的两个儿子变了。

这可能关乎教育的一个本质问题：什么才是真正好的教育？一个孩子，日复一日地背着书包上学，做各种作业，应付考试，他一定需要一个特别的日子，需要一个决定性时刻来照亮自己。有时候人们会说，真正好的教育，是让人能够“发现自己，完善自己”，但并不是每个人都能获得这样的契机。

父亲可能不是特别好的老师，虽然他教过的学生也有考上北大、清华的。他只会说“学习要靠自己”，但是，我隐约感知到，父亲懂得教育的根本。我读八年级的时候，父亲正好教这一年级的数学。我的数学很差，他有足够的理由把我调到他所教的班级，但是，父亲没这么做，他甚至没有给我讲过一道数学题。

他一定知道，亲自教儿子是错误的选择，教育需要的是不断“陌生化”，需要接受新的场景和可能性。回想起来，自己经历了那么多老师，对自己影响最大的，其实都和“教学”无关，而是一些神奇的暗示或者力量。

读高三的时候，我遇到一个很厉害的语文老师。他总是懒懒的样子，对讲解语文题很不屑，有时候还会说“这个没什么意思”之类的泄气话。但是，他的傲气和身上干净的白衬衫，却很神奇地鼓舞了我。在我看来，那就是才华的象征，也是一个读书人该有的样子。于是，我发奋学习语文，差点把《古文观止》全部背诵下来。那位老师可能永远都不会知道，他通过这种方式“照亮”了我。

摘自《新华每日电讯》张丰　2019 年 11 月 1 日

请大家记住这个故事，在我们开始本章的学习后，你会对这个故事中蕴含的有关学习动机的心理知识有深刻的理解。

一、动机与学习动机的概念

(一)动机的概念

动机是心理学领域的一个重要概念，因为它涉及对人们行为的原因的分析和理解。所谓动机，是由需要所推动，激发个体做出并维持某种行为达到一定目标的动力。动机最核心的含义就是动力和方向。一方面，它能驱使、引发个体的行为；另一方面，它能引导个体行为的方向，确保个体的行为是为了实现某种符合个体需要的目标。

动机的产生是有条件的，具体可以分为内部条件和外部条件。

动机产生的内部条件是个体的需要。心理学中的需要是指一种不满足感，通俗地说就是觉得“自己缺乏什么，想得到什么”。当我们对某些事物没有需要的时候，通常我们就不会产生与这些事物有关的动机。譬如路边有个公共厕所，当你没有如厕需要时，你是不会产生使用这个厕所的动机的。

动机产生的外部条件是诱因。心理学中的诱因是指与个体的需要有关，能推动个体趋近或回避它以满足需要的外部刺激。诱因可分为正诱因和负诱因两类。正诱因是指推动个体趋近它以满足需要的外部刺激，负诱因是指推动个体回避它以满足需要的外部刺激。举一个正诱因的例子：当你饿了，食物就是正诱因。饿了表明你有进食的生理需要，食物可以帮你满足生理需要，所以你想得到食物。再举一个负诱因的例子：你觉得热得很难受，说明你现在需要降温，那么外面的大太阳就是负诱因，你会回避晒太阳，躲到阴凉的地方以满足降温的需要。诱因除了有正和负之分，也可以有精神与物质之分。也就是说，诱因可以是某个具体存在的客观事物，也可以是某种精神层面的刺激，譬如他人的赞扬。

(二)学习动机的概念

当我们把动机的概念放在学习领域去研究时，就有了学习动机的概念。学习动机就是由需要所推动，激发个体做出并维持某种学习行为，以达到某种学习目标的动力。

与动机的产生条件一样，学习动机的产生也需要内部条件和外部条件。

1. 学习动机的内部条件——学习需要

学习动机的内部条件是学习需要。学习需要就是与学习有关的不满足感，是一种主观上感到有欠缺、想得到的心理状态。心理学家奥苏伯尔(D. P. Ausubel)分析了学校情境中的学习需要，认为指向不同对象的学习需要可以导致不同的内驱力，即驱使个体做出某种行为以满足某种学习需要的内部推动力量。从广义的层面来说，学习需要与学习内驱力是一回事。下面简单介绍一下奥苏伯尔提出的三种学习内驱力。

(1)认知内驱力

认知内驱力是一种想要了解、理解事物或知识的需要，是系统掌握知识、阐述问题或解决问题的需要。这种需要一旦产生，个体就会形成求知的内驱力，以获得知识为目标。一旦实现目标，即获得知识，就会有满足感。这种内驱力的满足是由完成学习任务本身提供的，被认为是一种稳定的动机，是内部动机。

(2)自我提高内驱力

自我提高内驱力是一种个体想要通过理想的学业成绩来获得相应的地位或威望的需要。这种需要一旦产生，个体就会形成追求好成绩的内驱力，通过获得好成绩提升地位为目标。这种内驱力可以促使学生努力学习。虽然自我提高的内驱力属于外部的动机，但是它起作用的时间相对更长，特别是个体想要获得的地位或威望如果是非常远大的奋斗目标，就会成为长久起作用的学习动机。

(3)附属内驱力

这是一种与人际关系有关的内驱力，是指个体为了得到长者(通常是指教师和家长)、同伴或集体的认可与肯定，努力好好学习或工作的需要。这种需要的产生有一个非常重要的前提条件，就是这个所谓的长者、同伴或集体对个体而言在情感上是有依附性的，换句话说，就是个体是非常在意、亲近这个长者、同伴或集体的。假如没有这个前提条件的满足，个体就不会在乎是否得到长者、同伴或集体的认可与肯定，自然不会产生这种内驱力了。

上述三种内驱力各自在学习动机的构成中所占的比重会受到许多因素的影响而发生变化。其中一个重要的影响因素就是年龄。在童年早期，附属内驱力是最典型的内驱力，占有主导地位。儿童在这一时期往往会为了得到父母或教师的认可而努力学习，好好表现。随着儿童年龄的增长，附属内驱力的比重在减少，而且附属内驱力的产生原因也从父母或教师逐渐转变为重要的同伴。进入青少年期，认知内驱力和自我提高内驱力逐渐成为主要的学习动机。现在请读者朋友想一想，在本节开始时分享的那篇文章中，作者开篇提到的那位朋友以及作者自身是因为哪种内驱力形成学习动机的呢？

2. 学习动机的外部条件——学习期望

学习动机的外部条件同样也是学习动机的诱因，只不过这里的诱因通常具体表述为学习期望。所谓学习期望，是指学习者想要达到的某种学习目标在学习者状态中的反映。需要注意一下，学习期望与学习目标并不是一回事，虽然两者确实也有密切的联系。学习目标是学习者想要获得的学习结果，而学习期望是学习结果在头脑中以观念的形式存在着。

还记得前面学习过的教师期望吗？请大家注意，对于很多学生而言，来自教师的积极期望是一种很有吸引力的诱因，可以有效地诱发学生的学习动机。

二、学习动机与学习结果的关系

学习动机是促使个体做出一定的学习行为，以努力实现某种学习目标的内部动力。你会不会因此就认为学习动机与学习结果之间应当存在直接的决定关系，学习动机越强，学习结果也越理想呢？如果你是这样想的，那么就错了！事实上，学习动机并不能直接地影响或决定学习结果，学习动机也并不是越强越好。

(一)学习动机通过学习行为间接地影响学习结果

生活中的常识告诉我们，学习动机强、爱学习的学生应当比学习动机不强、不爱学习的学生学得更好，成绩更理想。学习动机作为一种非智力因素，通常来说，应当是对学习结果有积极的促进作用的。但是，教育心理学的研究表明，学习动机与学习结果之间的关系并不是这么简单直接的。[①] 学习动机、学习行为与学习结果的关系可以整理如表 4-1 所示。

表 4-1　学习动机、学习行为与学习结果的四种关系

项目	正向一致	正向不一致	负向一致	负向不一致
学习动机	＋	－	－	＋
学习行为	＋	＋	－	－
学习结果	＋	＋	－	－

在表 4-1 第一行中所写的正向与负向是根据学习结果来确定的，一致与不一致是根据学习动机与学习结果的性质是否一致来确定的。表中的“＋”和“－”分别表示积极的性质和消极的性质。

根据表 4-1 的内容，可以概括出以下结论。

第一，学习行为是中介因素，学习动机通过学习行为对学习结果有间接的影响作用。

学习动机作为一种非智力因素，决定了个体学习时的主观积极性和心理准备状态，以及遇到内外困难时的坚持程度，对同一个学生来说，有积极的学习动机要比没有积极的学习动机应该更好。但是，正如表中所示，学习动机的性质与学习结果的性质有

① 李梅：《中学教育心理学》，62 页，南京，南京大学出版社，2018。

时是一致的，有时并不是一致的，这是因为学习动机能够直接影响的只是学习者的具体学习行为，学习者的具体学习行为才是直接决定学习结果的因素。生活中有句俗话叫“好心办坏事”，用在这里虽然不是十分贴切，但可以帮助我们理解学习动机、学习行为与学习结果之间的关系。有了积极的学习动机，通常会采取一定的学习行为，但是学习行为是有恰当与不恰当、有效与低效甚至无效之分的。一个学生如果有积极的学习动机，因此而做出了学习行为，然而却是低效甚至无效的学习行为，那么也很难有理想的学习结果。相反，一个学生如果有积极的学习动机，因此做出的学习行为也是恰当有效的，那么这个学生就能够获得理想的学习结果。

第二，学习动机与学习结果之间是互为因果的。

学习动机与学习结果之间的关系如果看成是动态循环的，那么可能出现两种性质截然相反的循环。

良性循环——积极的学习动机激发了恰当的学习行为，收获了理想的学习结果。理想的学习结果使得积极的学习动机得以继续保持，进而再接再厉，不断获得理想的学习结果，渐入佳境。

恶性循环——消极的学习动机导致消极的学习行为，收获糟糕的学习结果。糟糕的学习结果使得学生丧失学习的热情与信心，继续保持消极的学习动机，于是不断收获糟糕的学习结果，每况愈下。

这两种完全相反的循环给了我们一个很好的提示：我们并不是只能被动地等学生进入良性循环，我们完全可以在学生还没有积极学习动机的情况下帮助或引导学生先通过正确的学习行为收获理想的学习结果，以理想的学习结果来诱发学生的积极学习动机，从而进入良性循环。

(二)学习动机强度与学习结果的关系——耶克斯-多德森定律

心理学家耶克斯(R. M. Yerkes)和多德森(J. D. Dodson)经过多次实验后揭示了学习动机强度与学习结果之间的关系，即耶克斯－多德森定律。①

该定律的主要内容如下：

第一，在不考虑学习任务难度的情况下，一般来说，中等强度的动机是最理想的。持有中等强度动机的学习者往往有最高的学习效率。

第二，学习任务难度调节着学习动机强度与学习效率之间的关系。不同难度的学习任务，最佳的学习动机强度也是不同的。

第三，具体来说，要想获得最理想的学习效率：当学习任务的难度较低时，最佳学习动机的强度水平相对要高一些；当学习任务的难度较高时，最佳学习动机的强度

---

① 李梅：《中学教育心理学》，63页，南京，南京大学出版社，2018。

水平相对要低一些；当学习任务的难度适中时，最佳学习动机的水平相对也要保持中等强度。

耶克斯一多德森定律告诉我们，学习动机的强度水平并非越高越好，需要根据具体的学习任务难度来做相应的调整，这是具有一定的教育实践指导价值的。但是，必须提醒的是，耶克斯和多德森提出这个定律的实验是以动物为被试的，所以这个定律并没有把人的因素充分考虑进去，譬如学习者个人的能力。可以想象，对于学习能力很强的学生而言，即便面对的是难度大的学习任务，其最佳动机水平可能也可以处于相对偏高的位置；反观学习能力相对较低的学生在完成难度大的学习任务时，其最佳动机水平确实不宜过高，否则就可能造成过重的思想负担，反而影响了正常发挥。

三、学习动机最重要的分类——内部动机与外部动机

学习动机根据不同的标准可以划分成不同的类型。根据动机内容的性质分为高尚的学习动机与低级的学习动机两类，前者如“为中华之崛起而读书”，后者如“书中自有黄金屋”；根据动机持续作用的时间长短分为长远的学习动机和短暂的学习动机两类，前者如“强国有我”，后者如“今天我要好好学习”；根据动机与当前学习活动的关系不同，分为直接的学习动机与间接的学习动机两类，前者如“我想知道咱们做的这个实验背后的原理”，后者如“记住这些内容，我可以得个高分”；根据动机的来源不同，分为内部学习动机和外部学习动机两类，前者如“我喜欢数学”，后者如“我妈妈说如果数学考满分会给我奖励”。①

在上述几种划分中，对于教育实践最有指导价值的划分是内部动机与外部动机。所以接下来专门分析一下内部动机与外部动机的性质。

外部动机是指引发动机的来源是外在于我们的动机。譬如我们为了得到他人表扬、奖励或逃避他人的惩罚而学习，就是典型的外部动机。内部动机是指引发动机的来源是内在于我们自身的动机。譬如我们因为对知识本身有兴趣、有求知欲而学习，或者因为自己想成为一个特别棒的人而学习，就是典型的内部动机。

外部动机与内部动机并不是一个连续体的两极，也就是说，外部动机与内部动机并不是完全相反、彼此对立的关系，当一个人外部动机水平高的时候并不表示这个人的内部动机水平必定低。外部动机和内部动机是相互独立、可以同时并存的。譬如，某个学生认真学习数学，既是因为他想获得好成绩，也是因为他喜欢数学。前者是外部动机，后者是内部动机，它们可以同时存在于同一个人身上。

在激发学习行为的功能上，外部动机和内部动机是一样有用的。但是，在维持学

① 李梅：《中学教育心理学》，64 页，南京，南京大学出版社，2018。

习行为的功能上，内部动机比外部动机更为持久和稳定，所以理想的状态是学生具有内部学习动机。

20世纪70年代，德西(Deci)等人基于系列实验得到了一个很有影响力的研究结论：外部动机会削弱已经存在的内部动机。[①] 这就是有名的德西效应——适度的外部奖励有助于巩固个体的内部动机，然而，在个体已经具有一定内部动机的前提下仍然给予外部奖励的话，动机强度整体会下降。举一个例子：一个孩子喜欢拿彩笔涂鸦，这是自发的行为，那么在心理学上就会认为这是孩子有内部动机的表现。如果这时候成人注意到了孩子的行为，觉得这是好事，应该鼓励，于是对孩子说“画得真不错，奖励一块你爱吃的那种糖吧”。孩子当时可能会很开心，但是接下来事情会有变化，孩子再涂鸦时就会期待能被奖励糖果。如果哪天成人说不能再给糖果了，因为糖吃多了对牙齿不好，这个孩子可能就不愿意再涂鸦了。我们认为这是因为成人的外部奖励导致孩子涂鸦的内部动机降低，外部动机升高，但是随着外部奖励的取消，外部动机没有了，而内部动机在此之前已经降低了，所以最终的结果是两种动机都没有了，孩子涂鸦的行为不再发生。

德西效应引起了心理学研究者的广泛兴趣，随后的进一步检验使得内部动机与外部动机之间的关系得到更加精确的阐述。[②]

第一，非必然的外部诱因对内部动机造成的损害要明显小于必然的外部诱因，不仅损害小，非必然的外部诱因甚至对内部动机有一定的促进作用。所谓必然的外部诱因是指与学习行为直接挂钩的奖励，譬如家长说“只要你安静地坐着看会儿书，就奖励你玩半小时”，这就是必然的外部诱因。所谓非必然的外部诱因是指与学习行为的某种标准挂钩的奖励，譬如家长说“如果你能安静地坐着看看书，然后把你看的内容清楚地、正确地讲给我听，可以奖励你玩半个小时”，这就是非必然的外部诱因。因为不是有了看书的行为就可以获得奖励，而是需要用心地看，能理解地看，即看书的行为要达到一定的标准或水平才可以获得奖励。

第二，意外外部诱因比意料之中的外部诱因更能促进内部动机。在学生没有预期的情况下完成了一定的学习任务后突然给予的奖励就是意外外部诱因。在学生完成一定的学习任务之前就已经知道即将获得的奖励就是意料之中的外部诱因。前者比后者带来的喜悦和满足感更强烈，对内部动机的培养也有更加积极的促进作用。

第三，精神的外部诱因比物质的外部诱因更有利于内部动机的培养。奖励有很多种，不同的学生可能喜欢不同的奖励。但是总的来说，像口头表扬、大家赞扬、陪伴分享等精神性的奖励要比奖金、奖品等物质性的奖励更有助于培养学生的内部学习动机。

---

①② 张剑，郭德俊：《内部动机与外部动机的关系》，载《心理科学进展》，2003(5)。

第四，初始内部动机水平低的时候，外部奖励不会损害内部动机；但是初始内部动机水平高的时候，意料之中的有形的外部奖励会削弱内部动机。当学生对某种学习活动最初就没有什么内部动机时，使用外部奖励并不会损害内部动机的培养。但是，当学生对某种学习活动最初就有较高的内部动机时，如果使用意料之中的有形的外部奖励，会导致学生降低内部动机，加强外部动机。

第二节
学习动机的理论

围绕着学习动机的形成，心理学领域出现了很多不同的理论。限于篇幅，我们只能选择其中最具代表性和影响力的一些进行阐述。

大致来说，有四种取向的学习动机理论是很有代表性的：行为主义取向、人本主义取向、认知主义取向和社会认知取向。① 在下面的表格中，我们做了简单的总结，本节的具体内容就是根据表格中的要点一一展开的(见表 4-2)。

表 4-2　学习动机理论研究的四种取向

项目	行为主义取向	人本主义取向	认知主义取向	社会认知取向
动机来源	外部	内部	内部	外部+内部
主要影响因素	强化与惩罚	需要	归因、期望	效能与结果期待
代表人物	斯金纳	马斯洛	韦纳	班杜拉

一、行为主义取向的学习动机观——强化论

(一)主要观点

行为主义学派认为个体在学习活动中得到的强化会加强学习动机。我们在第一章介绍学习理论时，曾经介绍行为主义学派用强化来解释一些学习行为的发生。譬如斯金纳的正强化与负强化等等。行为主义学派不仅用强化的思想来解释学习行为的发生，而且用它来解释学习动机的形成。按照行为主义的观点，强化可以诱发接下来的学习行为，或者说学习者主动学习其实是为了获得强化物，所以这种观点也被称为强化论。

① [美]伍尔福克：《教育心理学》，399 页，伍新春等译，北京，中国人民大学出版社，2015。

具体说来，要想让学生愿意学习，只要选择适合的强化物对学生的学习行为进行强化就可以诱发学生的学习动机。与此相反，如果使用惩罚，则会削弱学生的学习动机。想一想，你能列举出哪些在学习活动中经常使用的强化物。

（二）普雷马克原理

相信你一定可以列举出不少用来强化学习动机的强化物，因为生活中可以用来做强化物的刺激非常多。但是，特别需要提醒的是，具体到某一个特定的学生来说，强化物是需要有针对性的，不应该是随便挑选的，更不应该把对一个学生有用的强化物未经了解就直接照搬到另一个学生身上。因为对于不同的学生而言，同一种刺激作为强化物的功效可能是非常不一样的。下面介绍的普雷马克原理就揭示了这个道理。

普雷马克原理也被称为祖母原理，是心理学家普雷马克总结出来的。普雷马克（Premack D.）在 1959 年以儿童为被试做了一个实验。[①] 实验一开始，儿童可以从两种活动中自由选择一种：玩弹球游戏机和吃糖果。儿童各有选择，这表明一部分儿童更喜欢玩弹球游戏机，一部分儿童更喜欢吃糖果。接下来的实验发现：如果以糖果为强化物，那些更喜欢吃糖果的孩子会增加玩弹球游戏机的频率；如果以玩弹球游戏机为强化物，那些更喜欢玩弹球游戏机的孩子会增加吃糖果的量。普雷马克总结认为：我们可以用儿童更喜欢的刺激作为强化物，强化儿童不太喜欢的活动。换言之，儿童为了能得到他们喜欢的刺激，他们可以勉强自己去做一些不太喜欢的事。

现在来总结一下普雷马克原理的使用程序：

首先，观察儿童的喜好。如果觉得观察比较费时间，也可以罗列一些选项，让儿童按照喜好顺序排列出来，甚至可以直接询问儿童的意愿。注意，这种观察或调查不是一劳永逸的，因为儿童的喜好也是有可能不断发展变化的。所以为了准确，每隔一段时间都可以了解一下。

其次，明确强化的方案。这个方案应是成人与儿童双方都一致认可的。在制订强化方案时，一定要注意“必须是儿童先做到一定标准的行为，然后再给予儿童想要的强化物”。这个“先行为后强化”的顺序是绝对不可以颠倒的。譬如，方案中可以这样表述：

首先完成：洗自己的袜子　然后可以：踢足球

首先完成：吃一份青菜　　然后可以：吃肉

首先完成：认真写完作业　然后可以：看 30 分钟动画片

最后，切实按方案去坚持实施一段时间，根据实施效果再看是否需要做进一步调整。

---

① 刘儒德：《教育中的心理效应》，60 页，上海，华东师范大学出版社，2012。

(三)对行为主义强化论的评价

按照强化论的观点去激发学生的学习动机在有些时候是有效的，当然这种办法激发的都是外部学习动机。但是，这种动机理论并不能适用于所有学生，也未必能适用于同一个人的所有学习活动。强化论之所以在有些时候行不通，是因为行为主义在解释学习动机的形成时，只关注了强化物本身的作用，却忽视了强化物要想真的起到强化的作用，必须通过被强化的学生来实现。被强化的学生是一个一个独立鲜活的人，有着自己特有的思想、情感、自我认识、期望与信念等。正如哲学上的著名观点那样：外因要通过内因起作用。[①] 强化物要想有强化作用，需要学生愿意接受强化。想象一下这样一种情形：你提供了好几种强化物，任凭某个学生自由挑选，只要他能做到你要求的学习行为，就可以得到。也许这些强化物这个学生都很喜欢，但最终他却没有如你所愿去做，究其根本原因，只是因为这个学生内心深处坚信自己无论如何也不可能胜任你的要求罢了。这就好比你对一个很缺钱的人说："你努力跑出最新的百米世界纪录，我奖励你 1 亿元。"这么一大笔钱对一个很缺钱的人来说是有巨大吸引力的，但你的要求却无法激发他去练习跑步，因为他相信自己是不可能刷新百米世界纪录的。因此，并不是只要提供合适的强化物就一定可以出现强化作用，换言之，强化未必总能顺利地激发学生的外部学习动机。

综上，行为主义取向的强化论最大的不足就是完全没有考虑过学习者内在的心理因素对学习动机可能造成的影响。

二、人本主义取向的动机理论

(一)马斯洛的需要层次理论

1. *需要层次理论的主要观点*

马斯洛(A. H. Maslow)是著名的美国人本主义心理学家。他对人的需要有过非常经典的阐释，我们称为马斯洛的需要层次理论。[②] 在该理论中，人的需要被认为是有不同水平的层次的，低层次的需要先出现，低层次的需要满足后才会出现更高一层的需要，如此递进。低层次的需要如果不能满足，产生的驱力非常大，而且会危害到人的身心健康。高层次的需要如果不能满足，产生的驱力相对较小，且不会危害到人的基本生存，只会降低人的幸福感。该理论提出五个层次的需要，从低到高依次是生理需

---

① 牟秀华：《试论事物发展的内因和外因》，载《教育教学论坛》，2010(27)。

② [美]伍尔福克：《教育心理学》，399 页，伍新春等译，北京，中国人民大学出版社，2015。

要、安全需要、情感和归属需要、尊重需要、自我实现的需要。前四种属于低层次需要，统称为缺失性需要。后一种属于高层次需要，统称为成长性需要(详见图 4-1)。

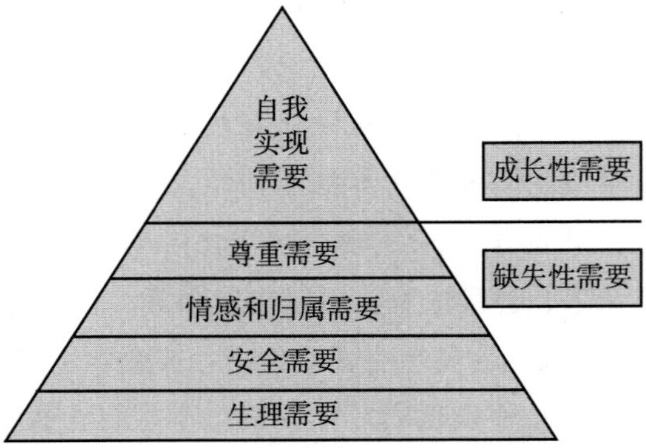

图 4-1　马斯洛的需要层次理论示意图

2. 需要层次理论对动机研究的启示

需要是个体主观上感受到的一种不满足感，是动机形成的内部条件。马斯洛的观点让我们明白每一个学生都是有多种需要的，如果学生的学习动机与求知需要有关，那么就必须保证学生的低层次需要已经得到满足，譬如衣食无忧、家庭和睦、没有校园欺凌、没有社会歧视或排斥等。所以学校、家庭和社会应共同努力，为学生的成长打造一个安全、有爱的环境，学生才有可能安心学习。

(二)成就动机理论

在马斯洛的需要层次理论中，我们可以看到每个人都有被尊重的需要，有的人可能因为家庭出身而得到他人的尊重，更多的人则需要通过自己的能力和成就得到他人的尊重与认可。除了需要得到他人的尊重以外，我们也有自尊的需要，我们希望通过自己的成就证明自己是有价值的，自己的存在是很重要的。除了尊重的需要会令我们渴望有所成就以外，马斯洛的需要层次理论中的自我实现的需要更是与成就有密切的关系，因为自我实现是指最大限度地实现个人理想与价值，发挥个人最大潜力。由此可见，我们每个人都希望获得成就感，接下来介绍的成就动机理论正是源于我们对成就感的需要。

1. 成就动机的定义

所谓成就动机是指人们在完成某一成就任务的过程中努力克服困难或障碍，力求获得成功的动机，这是一种重要的内部动机，也是人类独有的动机。注意，这个定义中提及的成就任务是指有价值的任务，或者说任务一旦取得成功的话，这种成功是有吸引力、有意义的。

美国心理学家阿特金森(J. W. Atkinson)关于成就动机的观点最具代表性和影响力。

阿特金森认为人在追求成功的时候，其实存在两种不同的倾向：一种是力求取得成功的动机，另一种是力求避免失败的动机。因此，一个人的成就动机涉及想成功和怕失败两者之间的冲突。①

2. 成就动机的水平

阿特金森的动机理论最具特色之处在于提出了成就动机的计算公式，以一种函数关系式的形式概括了成就动机是如何在不同因素的共同影响下最终达到一定水平的。

阿特金森认为有三种因素对成就动机的水平具有重要的影响作用。

第一，个体内部对成功的需要。这是一种主观上的渴望，其强烈程度在人与人之间有明显的差异，但就同一个人而言，在特定的一段时期内这种需要的水平是相对稳定的。这种成就需要的最初来源是个体早期生活环境的影响，譬如早期受到的教育、训练或潜移默化的熏陶等。

第二，某项任务成功的概率。请注意，这个概率并不是客观上的概率，实质上是个体对自己取得成功的可能性的主观评估。个体在面对一项成就任务时，常常会问自己"如果我努力去做，这件事我能做成吗?"个体对这个问题的回答越有信心，代表着这项任务成功的概率越大，或者说个体对成功的主观期望越强烈。

第三，某项任务成功的诱因值。所谓成功的诱因值就是某种成功的意义和价值有多大。个体在面对某项成就任务时，经常会问自己的另一个问题是"如果这件事我做成了，我能得到什么好处?"个体对这个问题的回答决定了某项成就任务对个体的吸引力，个体觉得在该任务中获得成功后能得到的好处越多，该任务对个体就越有吸引力，反之则让个体对该任务没有热情。

阿特金森提出了一个公式，可以分别用来计算一个人力求成功的动机与避免失败的动机各自有多高：

$$T_s = M_s \times P_s \times I_s (P_s = 1 - I_s)$$
$$T_{af} = M_{af} \times P_{af} \times I_{af} (P_{af} = 1 - I_{af})$$
$$T_a = T_s - T_{af}$$

上述公式中的下标 s 表示力求成功，下标 af 表示避免失败，下标 a 表示成就动机。公式中的 T 表示动机水平，M 表示内部的需要，P 表示概率或期望值，I 表示诱因的水平。其中，P 和 I 的总和为 1。

以 T_s 的公式为例来解释一下：一个人对某项成就任务力求成功的动机水平由三个因素共同决定——这个人一贯的力求成功的需要、这个人认为自己在该任务上取得成功的可能性、这个人认为该任务如果成功能带来的好处。如果分别用一个词来依次代表这三种因素，可以是"需要、期望与价值"。其中，期望与价值的总和为 1，即期望越

---

① 李梅：《中学教育心理学》，66 页，南京，南京大学出版社，2018。

高，价值越低，反之亦然。放在现实生活中解释，是指那些我们越有把握做成的事对我们而言吸引力相对会小一些，那些对我们有挑战性的事如果做成了反而对我们有更大的吸引力。由公式可知，当一个人的成就需要保持稳定时，成功概率为50%的成就任务可以激起这个人最大水平的力求成功的动机。避免失败的动机公式的解释可参照上述内容。

一个人的成就动机是力求成功的动机与避免失败的动机之间的差值。

3. 成就动机与个体对任务的选择

阿特金森指出，我们可以通过一个人对成就任务的选择来推断这个人的成就动机水平。①

当一个人力求成功的动机大于避免失败的动机时，T_a 比较高。他们最有可能去选择成功概率大约为50%的成就任务。不可能完成的任务或易如反掌的任务都不能让他们产生高水平的成就动机。

当一个人避免失败的动机大于力求成功的动机时，T_a 比较低。他们对失败特别敏感，尤其是对涉及否定个人能力的失败更是非常敏感。所以他们倾向于选择不可能完成的任务或稳操胜券的任务。选择前一种任务是因为任务本身难度极大，那么失败是情理之中的结果，并非个人能力不足所致，所以不会有强烈的失败和无能感。选择后一种任务则是因为对任务有极大的成功把握，可以很好地避免失败感，并且证明自己是有能力的。

4. 对成就动机理论的评价

与行为主义的强化论相比，成就动机理论更加注重个体内在因素对动机的巨大影响，这是值得肯定的优点。但是，这一理论也存在一定的不足：其一，成就动机虽然看到了个体内部因素的重要影响，却忽视了成就动机本质上是一种社会性动机，特定的历史时代、文化氛围以及生产力水平等社会生活条件可能对成就动机产生影响；其二，揭示了动机的形成包含了认知的成分和情感的成分，这是值得肯定的，但是该理论对认知成分所起的作用分析得并不透彻、不具体；其三，虽然该理论高度重视了影响成就动机形成的内部因素，但是影响成就动机的内部因素可能并不限于这些内容。

三、认知主义取向的动机理论——归因理论

采用这种取向的动机理论认为每个人都是积极主动应对外部环境的，这种积极主动体现在每个人都会努力地去思考和解释身边的人与事，并且基于我们的认知去指导

---

① 李梅：《中学教育心理学》，66页，南京，南京大学出版社，2018。

我们的行为。

(一)主要观点

1. 归因的含义

在日常生活中，为了更好地生存，我们总是希望对许多事情形成一贯性的理解，也希望能对许多事情有一定的控制能力。为了达到这种目的，我们经常要对自己身边发生的事情或他人的事情进行分析，阐释自己或他人的行为，试图寻找行为发生的因果关系，这就是归因。

2. 韦纳的观点

美国心理学家韦纳(B. Weiner)是把归因理论运用于学校教育中的突出代表。根据他的观点，大部分的事情成功或失败的原因都可以在以下三个维度上找到相应的位置：可控性、内外在性与稳定性(见表 4-3)。①

其中，可控性维度评估的是，某个原因是否受个体控制的；内外在性维度评估的是，某个原因是个体自身的内在因素还是外部的外在因素；稳定性维度评估的是，这个原因是否具有跨时间和情境的稳定性或一致性。

上述三个维度的评估结果对个体后续的动机有着重要的意义。

首先，对稳定性维度的评估结果与个体对未来的期望有密切的关联。将成功归因于某个稳定的因素，那么个体会期望未来还会成功；将失败归因于某个稳定的因素，那么个体会期望未来还会失败。但是，将成功或失败归因于不稳定的因素，个体对未来则没有明确的期望。

表 4-3 维纳归因理论的三维度六因素

因素	可控性		内外在性		稳定性	
	可控制	不可控制	内在	外在	稳定	不稳定
能力水平		★	★		★	
努力程度	★		★			★
任务难度		★		★	★	
运气		★		★		★
身心状态		★	★			★
外部环境		★		★		★

其次，对内外在性维度的评估结果与个体的自我认识情感体验有密切的关联。将成功归因于某个内在的因素，那么个体会因此产生自豪、骄傲等积极的情感体验；将

① [美]伍尔福克：《教育心理学》，408 页，伍新春等译，北京，中国人民大学出版社，2015。

失败归因于某个内在的因素，那么个体会因此产生自卑、自责、羞愧等消极的情感体验。但是，将成功或失败归因于外在的因素，个体不会产生强烈的与自我认识有关的情感体验。

最后，对可控性维度的评估结果与个体后续的主动性有密切的关联。将成功或失败归因于可控的因素，那么个体会在后续的行为中都可以更加积极主动，因为个体对这件事情有控制感，认为自己是有能力控制结果的；但是，将成功或失败归因于不可控的因素，那么个体会在后续的行为中比较消极，因为个体认为自己对这件事情是没有控制能力的，只能“听天由命”。

基于对三个维度与动机之间联系的分析，归因理论认为个体对当前事件结果的归因会产生两方面的心理反应：一方面是情感反应，另一方面是认知反应(主要是对未来的期望)。这两方面的心理反应共同决定了个体在未来对同一类事情的动机水平。

3. 积极的归因与消极的归因

(1)积极的归因

由归因理论的基本观点我们可以发现，对于后续动机而言，归因是有积极与消极之分的。

积极的归因是指通过归因让个体对未来能够保持积极的期望，有较强的动机进行后续的类似行为。

一般来说，我们把成功归因于内部因素，特别是能力因素和努力因素，是比较积极的归因模式。把成功归因于能力强，有助于提升个体的自信心和自尊体验；把成功归因于付出了努力，个体会有自豪感，而且有助于提升个体的控制感。这两种模式都可以加强动机，让个体积极地投入类似的后续行为，为再次成功而奋斗。

按照这样的思路，我们把失败归因于努力不够(这是一种内部的不稳定因素，但是可控)，虽然短期内会有自责、后悔、内疚等不愉快的体验，但本质上并不会伤及自信心，个体仍然可以对未来有积极的期望，仍然可能有较强的动机去努力奋斗，以争取下一次成功。

应该说，无论是成功还是失败，归因于努力因素都是非常积极的模式，这是教师应当引导学生采用的理想归因模式。

(2)消极的归因

消极的归因是指通过归因让个体对未来丧失了积极的期望，没有动机去进行后续的类似行为。

一般来说，我们把成功归因于外部因素，尤其是不稳定、不可控的外部因素，譬如运气，并不能让我们对未来产生积极的期望，所以这种归因模式对于动机诱发没有促进作用。

类似地，我们把失败归因于内部的、稳定的且不可控的因素，譬如能力，会最大程度地损害动机。这种归因模式不但不会让我们对未来有积极的期望，反而会让我们对未来有消极的期望。

(二)对归因理论的评价

归因理论从分析原因的视角来解释动机的形成，既有创新性又具有很强的应用性，特别是根据学生的归因来预测学生今后的学习动机，在教育实践中有极好的指导价值。归因理论吸收了成就动机理论中的期望等思想，比成就动机理论更为系统地阐释了认知在动机形成中的重要作用。当然，归因理论也存在值得进一步思考的空间：譬如我们想到的各种原因是否只能用韦纳提出的三个维度来评估，有没有可能还存在其他的维度呢？又或者考虑到个体差异时，这些常见原因的性质是否有可能不同呢？譬如有人就是一贯很幸运，也许对他而言运气就不是一个不稳定的因素，而是稳定的因素了？

四、社会认知取向的动机理论——自我效能感理论

采用这种取向的动机理论强调人是社会中的人，是不断参与社会实践和社会互动的人。所以一个人的动机形成既受到自身认知的影响，也受到周围社会环境(譬如环境中的榜样)的影响。

(一)主要观点

1. 自我效能感的定义

自我效能感是由美国心理学家班杜拉提出来的，是指个体对于自己能否在某一成就任务中取得成功的主观判断。[①] 通俗地说，就是一个人对于自己在某种成就任务中的自信程度。一个人对于自己在某个领域的能力越自信，就表示他在这个领域的自我效能感越高。譬如数学自我效能感，指的是一个人对于自己学好数学的自信程度。

与自我效能感相反的是习得性无助。习得性无助的概念是心理学家塞利格曼(M. E. P. Seligman)提出来的，是指个体因为某种经历(主要是多次受到挫折)而形成“无论怎样也无法改变事情结果”的认知，从而放弃努力的心理状态。[②] 习得性无助通俗地说就是心理上产生的一种绝望和放弃的感受。

1976年，塞利格曼做过一个著名的实验：他把一只狗关进了特制的笼子里。这个笼子的底面是金属的，笼子的中间竖着一块隔板。隔板的高度在狗可以跳跃过去的范围内。当狗在隔板左边时，笼子底面接通电流让狗受到电击。电击强度保持在让狗感

① 李梅：《中学教育心理学》，68页，南京，南京大学出版社，2018。
② 刘儒德：《教育中的心理效应》，195页，上海，华东师范大学出版社，2012。

到痛苦但没有生命危险的程度。这时出于逃避的本能，狗可以跃过隔板到笼子的右侧。但是右侧也施加电击，狗又跳回左侧。如此循环往复多次以后，再有电击时狗不再跳跃躲避，而是安静地待在原处忍受电击的痛苦。对于这样的实验结果，塞利格曼的解释是狗面对电击后做出过很多次的躲避尝试，但每次尝试都失败了，多次的挫折失败导致狗产生了绝望的感受，因此后来再遭遇电击时干脆采取了放弃的态度。概括地说，就是反复体验失败—产生消极认识—体验到无能为力的感受—降低动机水平。类似的实验结果在人的身上也得到重现。[①] 他曾经以学生为被试，要求他们将打乱顺序的字母排列成真正的英文单词，如 IENSO，应排列成 NOISE。最初给出的任务难度比较大，大多数学生虽然很努力去做，仍然无法完成。随着失败次数越来越多，当后面的实验任务难度变得很低时，许多学生却已经连尝试的意愿都没有了，直接宣布自己拼不出来。由此可见，经常遭遇失败很有可能导致习得性无助，习得性无助一旦形成则会严重影响到学生学习的积极性，即削弱学习动机。

2. 两种期待

如果说归因理论看到的是事情的结果以及对结果的原因分析会影响动机的形成，那么自我效能感理论则认为动机不仅受到了结果的影响，也受到了事情发生之前的期待的影响。

所谓期待，是指在事情发生之前的主观预期或判断。班杜拉认为期待有两种，分别是结果期待和效能期待。[②] 结果期待是指行为发生之前，个体推测自己的行为可能导致的结果。譬如学生在考试之前如果认为自己认真复习就可以通过考试，那么学生就很有可能会认真地复习。效能期待是指行为发生之前，个体判断自己能否有效完成某一个行为。譬如学生确信自己只要花时间和精力去复习，一定可以复习好，就是有积极的效能期待，学生就会积极地去复习。反过来，如果学生认为自己就算花了时间和精力去复习，应该也记不住那么多知识，就是有消极的效能期待，学生可能因此不努力去复习。

3. 影响自我效能感形成的因素

影响自我效能感形成的因素主要有以下几种：

第一，最主要的因素是个体直接的成败经验。直接的成败经验是指个体亲自去做事情的成败经历。一般来说，成功经验会增加自我效能感，反复失败的经验则会降低自我效能感。

第二，归因模式。成败经验固然重要，对成败经验的归因解释也非常重要。正如归因理论中分析的那样，积极归因模式有助于增加自我效能感或保护自我效能感，消极归因模式则会损害自我效能感。

---

① 刘儒德：《教育中的心理效应》，195 页，上海，华东师范大学出版社，2012。
② 李梅：《中学教育心理学》，68 页，南京，南京大学出版社，2018。

第三，替代强化而得的替代性经验。与个体类似的榜样，或者说与个体有较高一致性的榜样的成功有助于增加自我效能感，与个体有较高一致性的榜样的失败则会损害自我效能感。

第四，言语劝说。他人的言语开导在一定程度上也有助于自我效能感的变化。但是，要想言语劝说的效果好，最好能恰当地结合个体的直接成败经验或替代性经验进行分析。

4. 自我效能感的作用

第一，决定了人们对活动的选择和持续性。自我效能感水平高的人能更加积极主动地选择富有挑战性的任务，且持续时间比较长。自我效能感水平低的人则倾向于回避那些富有挑战性的任务，而且坚持的时间比较短。

第二，影响活动时的情绪。自我效能感水平高的人在从事活动时有更多的积极情绪，自我效能感水平低的人则相反，往往伴随着更多的消极情绪。

第三，影响了人们面对困难时的态度。自我效能感水平高的人遇到困难时更加乐观，愿意坚持不懈地努力克服困难。自我效能感水平低的人遇到困难时容易退缩和放弃。

第四，影响新行为的学习和已经习得的行为的表现。自我效能感水平高的人因为信心足，状态好，所以学习新行为的效果往往很好，同样地，如果是已经习得的行为需要表现出来，也会更积极地做到最好。自我效能感水平低的人则相反，因为信心不足，状态不佳，学习新行为和展现已习得行为的效果往往都会大打折扣。①

(二)对自我效能感理论的评价

自我效能感理论首次区分了结果期待与效能期待，阐明了仅仅有目标(结果期待)是不够的，还需要有信心(效能期待)才会有动机，这是一种创新，是对动机理论的极大丰富；自我效能感理论从自我调节的角度分析了主观自我在个体行为中的影响作用，为自我功能的深入研究提供了启示。

第三节
学习动机的激发与培养

学习动机的激发与培养在根本上是要解决两个问题：第一，“我能学会吗?”第二，“我想学吗?”如果这两个问题都得到肯定的回答，那么学生就会产生学习动机，做出积极的学习行为。

---

① 周国韬，元龙河：《班杜拉的自我效能感理论述评》，载《教育评论》，1991(6)。

围绕这两个问题的回答，我们来介绍一些激发和培养学习动机的方法与策略。

一、让学生相信自己有能力学习

这个问题实质涉及自我效能感的理论。结合我们前文对自我效能感的含义及影响因素的分析，可以考虑以下策略来提升学生在某一门课程或具体学习任务中的自我效能感。

(一)设置难度恰当的学习任务，不断积累成功体验

前文曾经分析过，影响自我效能感的最主要因素就是个体自身的成败经验。旁人说一万句“我看好你，你能行!”都不如用事实表明“我能行”。所以，从长远地培养学生自我效能感的角度来看，教师需要为学生设计适合他们真实水平的学习任务。注意，“适合”的意思并不是指学生可以轻易完成的任务，而是对学生有一定的挑战性但又在与人合作或得到指导的情况下可以完成的任务。由于不同学生的真实水平并不一致，所以教师在无法做到个别教学的情况下，应当尝试分层设计任务，最大程度地让不同水平的学生可以接触到适合自己的学习任务。适合的任务有完成的可能性，一旦顺利完成而带来的成功体验是很强烈的，非常有利于自我效能感的提升。

当然，结合我们在成就动机理论中的分析，这里还需要特别提醒的是并非所有学生都喜欢有挑战性的任务。那些有较强的避免失败动机的学生就不喜欢富有挑战性的任务，因为他们不喜欢承受失败的风险。所以，对于这一类学生，教师需要适当降低一下学习任务的难度。

(二)训练学生学会积极的归因模式

虽然我们提倡教师通过设计适合的任务来帮助学生积累成功经验，但不可否认的是学生在学习的过程中难免体验到失败。即便是获得了学业成功的时候，假如学生不能对成功进行积极的归因，也无法确保自我效能感的提升。所以，我们还需要依据归因理论来帮助学生学会积极的归因模式。

积极的归因模式通常包括两个方面。一是努力归因，即无论成败均归因于努力因素。这样做的好处在归因理论中详细分析过，在此不再赘述；二是现实归因，即除了努力因素以外也应结合学生的家庭条件、教育资源、自身特征等现实因素进行分析。“在努力归因时联系现实，在现实归因中强调努力”，这种主客观相统一的归因模式是符合辩证法的，也被证实是行之有效的。[①]

---

① 隋光远：《中学生学业成就动机归因训练研究》，载《心理科学》，1991(4)。

二、让学生愿意学习

一个人如果愿意做某事，不是因为做成了某事可以得到好处(注意得到好处可以是真的获得了想要的刺激，也可以是避免了或减少了不想要的刺激；刺激可以是精神层面的，也可以是物质层面的)，就是因为做某事本身就是有价值的。按照这样的思路，我们要想激发学生学习的动机，也要确保学习活动至少能够带给学生两种可能原因中的一种。

(一)设计有价值的学习任务或课堂活动

学习任务的价值可以体现在这样几个方面：重要性、趣味性、实用性。[①] 重要性是指学习任务对于学生的意义，譬如完成这项任务就证明了自己的实力或价值。趣味性是指学习任务本身带给了学生足够的愉悦或满足感，譬如有的学生就喜欢做数学证明题，或者有的学习任务让学生特别想一探究竟。实用性是指学习任务带来的现实作用，譬如完成这项学习任务可以确保平时成绩是满分。实用性在有些时候还可以是指学习任务可能与学生将来在工作或生活中遇到的真实情境有关。

教师在设计学习任务或组织课堂活动时，一定要尽量体现上述三种价值的至少一种，如果能同时体现两种甚至全部，当然更理想，因为那样的学习任务或课堂活动会特别容易吸引学生，激发学生参与进来的动机。

(二)合理运用外部强化手段

前文在介绍学习动机的强化论时曾经提到，正强化与负强化通常情况下是激发学生外部学习动机的有效手段。德西效应又告诉我们在内部动机缺乏的情况下是可以激发外部动机的，甚至以外部动机来带动内部动机的产生。所以外部强化手段只要运用恰当，也是有效的动机激活策略。

怎样运用外部强化手段方能称为合理呢？第一，外部强化的实施条件应当非常明确。这里的明确有两层含义：一方面是指学生必须知道外部强化是因为自己做到了某种要求才有的，另一方面是指外部强化的对象是明确的、有质量的行为。譬如写作业是行为，但不要让学生觉得只要写了作业就能被奖励，而应明确要求“字迹工整地写完作业”或者“一次性地写完作业”等才能得到奖励，必须让学生认识到行为不能随意，要按要求去做。学生必须先做到符合要求的行为，才能够得到外部强化。当然，这个要求可以根据学生当前的情况灵活调整，逐渐提高要求。第二，外部强化的实施频率最

---

① ［美］伍尔福克：《教育心理学》，419 页，伍新春等译，北京，中国人民大学出版社，2015。

好有变化，特别是在强化已经开始一段时间后，应逐渐变成无规律的强化。这是因为意外强化比预期中的强化更有满足感和愉悦感。第三，外部强化物尽量选用精神层面的。在这里要特别强调一种特殊的外部强化物——教师提供的关于学习结果的反馈。在教学过程中，教师经常会布置一些学习任务，特别是书面的作业任务。当学生完成任务后，教师一定要力求做到总是给予学生及时的、具体的反馈。即使这种反馈的内容主要是指出学生存在的不足，并非表扬，也可以起到强化学生学习动机的作用。第四，当学生有一定的内部动机时，少用甚至不用外部强化手段。

(三)合理地支持学生的自主选择

根据马斯洛的需要层次理论，每个人都有尊重需要。其中，尊重需要有时候就表现在我们不喜欢没有反对余地的“被安排”和“被要求”。学生在学习时也有这样的需要，如果每一项任务都是“必须完成”的，对于一些自我意识比较强的学生来说就有可能产生抵触情绪或逆反心理。相反地，研究表明，如果学习任务是学生自己主动选的，那么学生完成学习任务时往往就更有热情和坚持性。① 通俗地说，就是“我要学”比“要我学”更能让学生积极主动地学。

比较好的做法是教师设计若干个(最少要有两个)有价值的学习任务，允许学生从中自由选择一项来完成。教师要注意把握其中的分寸，“太多自主会让学生不知所措，而太少自主会让学生感到厌烦”。②

第四节
学习兴趣的激发与培养

一、兴趣与学习兴趣概述

(一)兴趣的含义

兴趣是个体力求认识某种事物或从事某项活动的心理倾向。③ 当个体对某种事物或某种活动有主动选择的态度并伴随积极的情绪情感体验，我们就可以说个体对该事物

① Deci, E. L., Vallerand, R. J., Pelletier, L. G., & Ryan, R. M. Motivation and education: the self-determination perspective, in *Educational Psychologist*, Vol. 26, No. 3, 1991, p. 325.

② [美]伍尔福克:《教育心理学》，420 页，伍新春等译，北京，中国人民大学出版社，2015。

③ 叶奕乾等:《普通心理学》，291 页，上海，华东师范大学出版社，2021。

或活动是有兴趣的。兴趣是促使个体趋近某一领域或某种活动的重要内部动机，特别是在学习领域，学习兴趣是一种非常重要的学习动机。

(二)兴趣的作用

德国教育家赫尔巴特(J. F. Herbart)认为兴趣是最主要的、引起我们对物体正确全面认识的内部动力，为我们后续的学习提供动机。[①] 兴趣是引起和保持注意的重要前提，凡是我们感兴趣的事物或活动，都对我们有巨大的吸引力，能让我们相对轻松地保持长时间的专注。不仅如此，兴趣还是我们积极性的重要来源。对于那些我们感兴趣的事物或活动，我们总是愿意主动地、愉快地接近它们，没有丝毫勉强。正是兴趣的这些作用，让我们都相信一句话：兴趣是最好的老师。所以，对于学习来说，如果学生对它有兴趣，会是最为理想的情形。

所谓学习兴趣，顾名思义，就是学生对学习的兴趣，可以是对一门课程的兴趣，也可以是对某种学习内容的兴趣，还可以是对某个具体的学习活动或任务的兴趣。国外有学者总结多项研究后得出结论，兴趣与成就之间的相关接近0.3，这是比较高的相关水平，意味着兴趣与成就之间的正向联系是比较密切的。[②] 类似的研究结果在国内也有报告。[③]虽然大多数关于学习兴趣的研究是相关研究，不能作确定的因果关系推论，但足以确定学习兴趣是与学业成就有积极关联的心理因素，而且关联程度较高，应当引起足够的重视。如果在漫长的学习过程和学生生涯中，不能使学生产生对学习的兴趣，体验到学习带来的快乐与满足，那么学习任务再重要，也不能使学生坚持长时间的学习。相反，学生一旦有选择的自由时，学习不会成为他们的首选。

(三)兴趣的分类

兴趣有多种分类方式，这里介绍三种比较常见的分类方式。第一，根据兴趣指向对象的不同，可以将兴趣分为直接兴趣和间接兴趣两类。所谓直接兴趣是指对活动本身感兴趣，所谓间接兴趣是指对活动的结果感兴趣。本书在第二章介绍有意注意的引发条件时，曾经提到了间接兴趣。在学习兴趣的领域中按同样的依据来分类，就是对学习本身感兴趣或对学习的结果感兴趣，前者是直接的学习兴趣，后者是间接的学习兴趣。

另一种兴趣的分类是根据兴趣的稳定性不同分为个体兴趣和情境兴趣两类。个体兴趣是特质性的，稳定性比较高；情境兴趣是状态性的，受情境变化影响大，所以稳定性不高。

---

① (苏)苏霍姆林斯基：《学习兴趣是学习活动的重要动力》，刘伦振译，载《外国中小学教育》，1990(1)。

②③ 章凯：《兴趣与学习：一个正在复兴的研究领域》，载《宁波大学学报(教育科学版)》，2000(1)。

还有一种划分方式是根据兴趣的广度将兴趣划分为中心兴趣和广阔兴趣两类。前者是指对某一特定领域或具体的事物、活动等有稳定的兴趣；广阔兴趣是指对多方面的事物或活动具有的兴趣。现代社会在培养人时，通常要求学生首先具有广阔兴趣，多方面地摄取知识，丰富知识基础，然后再在某个特定的领域进行更加深入的学习和钻研，培养中心兴趣。这两者的结合，实际上也是学习中的博与专的结合。①

(四)学习兴趣的研究

兴趣的重要性是不言而喻的。在日常生活中，我们在一些学习差的学生身上常常能够看到类似这样的情形：学校课堂里要求记忆背诵的内容怎么也记不住，电视广告中的台词或热门影视中的一些信息却记得非常清楚；重要的公式、定理背不下来，家长里短的琐碎小事却了如指掌。这说明什么呢？说明这些学生本身的记忆能力是没有问题的，他们之所以记不住学习的内容，不过是因为对学习内容没有兴趣的结果。因为缺乏学习兴趣，所以上课难以专注，课后难以及时总结和认真完成作业并进行复习，或者即使去做作业和背书了，但内心深处并不喜欢，并不愿意主动地重复加深印象，所以大脑并不能处于加工信息的最佳状态，久而久之，学习成绩不如意就是意料之中的事了。

学习兴趣不仅影响学生当前的学习状态和学习效率，更深远的影响在于学生今后的事业规划和选择。有不少教育家都认识到了这一点，所以非常强调兴趣培养在教育中的重要性。譬如马卡连柯曾说："多方面的匀称的兴趣即是教育目的的第一组成部分，又是一切能力的和谐发展的同义语，也是圆满实现教育目的的必备前提。"②遍览古今中外，凡是在某个领域有重大成就者，大多是在学习过程中对该领域产生了浓厚的兴趣。反观现在的社会现实，许多学生努力学习只是因为责任和义务，所以在高考时填报志愿往往不知自己对什么有兴趣，最终多是由父母帮忙做的决策。大学期间，没有兴趣的引领，大学生很难全力投入专业学习，几年下来的学习效果可想而知。于是，有不少大学生会在大学期间申请转专业或者通过考研来改换专业。

学习兴趣的重要性虽然在教育界和心理学界有所共识，但是国内外在这方面开展的实证研究却并不是丰富，目前已有的研究也多是以问卷调查为主要研究方法开展的相关研究。根据国内学者的报告，学习兴趣与学业成绩的关系极为密切，学生最喜欢的科目往往也是学习成绩最好的科目，两者之间可能有良性循环的关系。③ 包括乐群性、稳定性、自律性等在内的人格特征与小学生的学习兴趣存在显著的正相关性，而

---

① 李伯黍，燕国材：《教育心理学》，241页，上海，华东师范大学出版社，2001。

② 张家英：《论学习兴趣的激发与培养》，载《华中师范大学学报(哲学社会科学版)》，1994(3)。

③ 刘丽琼，杨霞：《中国学习兴趣研究综述》，载《怀化学院学报》，2006(1)。

忧虑性和紧张性等人格特征则与小学生的学习兴趣存在显著的负相关性。① 除了相关研究之外，还有少量的发展研究。有研究者对小学生和中学生的学习兴趣发展进行研究后发现小学三年级是开发学习兴趣的最佳时期，学习兴趣在小学六年级时达到最高水平，然后进入初中阶段反呈下降态势。②

学习兴趣影响因素也是研究者关注的热点之一。总的来说，影响学习兴趣的主要因素可以从内外两方面来分析：

外部因素中最主要的就是情境因素，特别是情境的新异性、趣味性及参与性。当个体身处一个特定的情境时，会根据已有的经验去解读当前的情境，达成对情境的意义理解，从而决定是否需要对当前情境做出反应以及做出怎样的反应。但是，当情境中有一些新异的刺激或信息存在时，个体根据已有的经验就可能无法完全解释当前情境，于是产生一种类似于紧张的心理感受。这种感受会促使个体去采取措施重新解读情境，从而消除这种紧张感。③ 因此，当情境中的新异性引发个体认知观念上的矛盾时，个体就会产生探究的兴趣。

除了新异性以外，情境的趣味性和参与性也会影响学习兴趣的产生。研究表明，情境或任务本身的趣味性越强，个体的兴趣越明显，而且，个体对自主选择的情境或任务要比被动接受的情境或任务有更强的兴趣。④

影响学习兴趣的内部因素是学习者自身的一些特征，包括年龄、性别、人格特征、能力、背景知识以及目标相关性等。⑤ 以目标相关性为例，当学习者将当前学习任务评估为很重要或很有意义的任务，或者确立了当前任务与自己的某个目标之间的关联时，往往会产生较强的学习兴趣。

影响小学生学习兴趣的因素虽然有很多，但是在学校里，教师的作用是特别重要的，特别是教师的教学方法、教学态度及师生关系等，往往对上述的情境因素有着直接的影响作用。⑥ 所以，接下来我们介绍的激发和培养学习兴趣的方法与策略，也是针对教师来讲的。

---

① 李洪玉，何一粟：《小学生的学习兴趣与其智力和性格特征的相关研究》，载《天津师大学报（社会科学版）》，1994(6)。

② 张璟，李琪：《心理健康教育指导·学习篇》，111页，北京，科学出版社，2003。

③ Kashdan，T. B. et al. Curiosity protects against interpersonal aggression：Cross-sectional，daily process，and behavioral evidence. *Personality*，Vol. 81，No. 1，2013，p. 88.

④ Patall，E. A. Constructing motivation through choice，interest，and interestingness. *Journal of Educational Psychology*，Vol. 105，No. 2，2013，p. 522.

⑤ Linnerbrink－Garcia L. et al. Meauring situational interest in academic domains. *Educational and Psychological Measurement*，70(4)：647-671，2010.

⑥ 唐英：《小学生英语学习兴趣的结构、现状及影响因素研究》，硕士学位论文，西南大学，2008。

二、学习兴趣的激发策略

学习兴趣可以分为情境兴趣和个体兴趣两种，前者并不稳定，因情境因素不同而有所变化，所以操作得当的话便于激发；后者则相对稳定，更适合培养。下面我们首先来了解一下如何利用情境中的因素有效激发学生的学习兴趣，即激发情境性的学习兴趣。

(一)利用新异性激发学习兴趣

情境性的学习兴趣有一种重要引发因素就是情境中存在一些令人好奇或令人感到矛盾的信息，即新异性。新异性可以体现在许多方面，譬如新的教学内容，新颖的教学方式，新异的故事或实例，别开生面的教学组织形式或内容呈现方式等。教师可以定期或不定期地针对不同的教学内容、不同的教育对象，恰当又灵活地在教学手段、教学方式、教学组织形式等方面进行变换，有助于引起学生探究的兴趣。

以新知识的教学为例。新知识的学习要想引起学生的学习兴趣，一种非常有效的策略就是创设恰当的问题情境，制造一种令学生感到困惑、矛盾、惊讶等的体验，这一类认知性的情绪体验最容易引起学生的学习兴趣。① 譬如有位小学数学老师在带领学生学习质量单位“吨”的时候，先用课件呈现一座小桥，小桥的一边有一些小动物，它们的体重各不相同，但是都要过桥。老师问学生“这些小动物可以一起过桥吗?”学生觉得这个问题很新鲜，积极思考并各抒己见，使得后面的教学组织得很顺利，因为学生表现出很强的兴趣。②

(二)利用参与性激发学习兴趣

小学生注意稳定性不高，有意注意的水平还处在快速发展的过程中，为了帮助他们在一节课的时间里尽可能地聚焦于课堂教学，还需要采用多种教学方法，组织丰富多样的课堂活动来帮忙。与单调地听教师讲课相比，学生主动参与的课堂活动更能激发他们的学习兴趣。③语文课上让学生分角色朗读课文，英语课上让学生分组进行生活对话，数学课上安排一些数学游戏或动手制作几何图形、编制统计表格等，都是行之有效的做法。譬如小学数学中关于分数概念的学习，常规的教学设计是以一个实例阐明分数的含义，然后安排一些课堂练习和课后练习。这一内容还可以通过提高学生的课堂参与度来设计：给学生分发真实的蛋糕和切蛋糕的塑料刀，要求每个小组完成分

---

① 卢家楣：《教学内容的情感性处理策略》，载《教育研究》，2002(12)。

②③ 徐妍：《小学低年级学生数学学习兴趣的培养》，硕士学位论文，天津师范大学，2013。

配蛋糕并比较所得蛋糕块大小的任务。如果完成得好，可以得到蛋糕作为奖励。两种教学设计方案相比较，后一种的教学效果会更好，因为学生从被动地接受变为主动地操作，提高了学生参与课堂的学习兴趣。

教师不仅可以组织学生参与提前设计好的课堂活动，还可以给学生足够的自主选择权去发起一些自发的活动，这样会让学生有更高的参与热情，激发学生学习的兴趣。① 生活经验告诉我们，我们自愿去做的事情和我们被安排去做的事情相比，前者比后者让我们有更大的主动性。研究也表明外部调控安排的行为通常很难让个体有兴趣体验或任务愉悦感受，自发的行为则更容易有兴趣体验。②

(三)利用趣味性激发学生的学习兴趣

教师可以充分利用趣味性对学习兴趣的激发作用，结合教学内容或目标创设有趣的、吸引学生的情境或氛围。曾经有一项研究设计了三种学习情境：一种是纸笔的、教室基础上的游戏情境，第二种是 PPT 形式的教学情境，第三种是游戏情境。学生被随机分配到一种情境中学习同样的科学知识文本，结果发现游戏情境激发和维持学生学习兴趣的效果是最强的，并且这种学习兴趣可以显著地预测学生文本理解的成绩。③ 游戏是许多学生喜爱的活动，即使是很简单很熟悉的游戏，当它出现在课堂中时，也会比常规的教学更有趣味性和吸引力。除了游戏之外，故事、案例、角色扮演、生活场景重现等也都是学生喜闻乐见的方式，教师可以灵活选用它们来导入新课增强趣味性，从而有效激发学生的学习兴趣。

(四)构建和谐的师生关系，为学习兴趣的激发提供情感基础

有时候教师的误堂设计不可谓不精彩巧妙，但仍然不能保证所有学生都一定会沉浸其中，所以，要想顺利地在课堂上激发学生的学习兴趣，还有一些工作是需要教师在平时做的。和谐的师生关系为课堂教学提供了良好的情感基础，在喜欢的老师的课堂上，学生会积极主动，更愿意跟随老师的引导，更自觉地按老师的要求去做，为学习兴趣的激发做好了准备。相反，疏远、冷漠甚至对立的师生关系则容易让学生产生不良情绪，譬如恐惧、焦虑、厌恶等，这些情绪一旦产生，学生就无法顺利地进入学习状态，即使教师精心设计了课堂教学的活动任务，学生也难以激发学习兴趣。因此，

---

① Reeve, J. & Jang, H. What teachers say and do to support students' autonomy during a learning activity. Journal of *Educational Psychology*, Vol. 98, No. 1, 2006, p. 209.

② Ryan, R. M. & Deci, E. L. Intrinsic and extrinsic motivations: classic definitions and new directions. *Contemporary Educational Psychology*, Vol. 25, No. 1, 2000, p. 54.

③ Shores, L. R. Situational interest and informational text comprehension: a game-based learning perspective. [D]. *North Carolina State University*. 2013.

教师除了专注于教学本身以外，还应在课堂之外多下功夫，注重良好师生关系的构建，特别是那些对本学科学习有困难的学生，更应多主动关心。科任教师并不是只有涉及教学时才需要与学生互动，课堂之外教师也可以从生活、人际交往等方面去关心了解学生的需要，给予学生尽可能的温暖和帮助。这些工作都会促进师生关系向良好方向发展，也会让学生在教师的课堂上更加愿意配合。

三、学习兴趣的培养策略

与情境兴趣相比，个体兴趣更为稳定，而且因为它是随着时间变化而相对稳定且持久的，是个体对某一特定主体或特定领域的倾向性，所以对个体发展的影响更为深远。教师不仅应在每一堂课的课堂教学中重视激发学生的情境兴趣，也应努力帮助学生将情境兴趣转化为个体兴趣或者利用学生在其他领域已经形成的个体兴趣迁移影响到本学科的学习兴趣。

(一)情境兴趣向个体兴趣的转变

许多教师采用一些手段激发学生暂时的情境兴趣似乎并不算困难，困难的是如何让学生保持住兴趣。有学者指出从情境兴趣转变为个体兴趣大约需要经历四个阶段：情境兴趣被激发—情境兴趣被保持—个体兴趣产生—个体兴趣成熟。[①] 情境兴趣是状态的，是暂时的，个体兴趣是个人特有的，是比较稳定的。如果教师能够通过激发暂时的情境兴趣进而转变为学生对学科课程的个体兴趣，将是非常巨大的成功。根据已有的教学实验来看，保持兴趣的有效方法是让学生体验学习的价值，或者说知识的意义。学习的价值或知识的意义可以有多种体现途径。比较常见的一种途径就是学以致用，即所学知识具有极强的实用性。譬如让学生去解决一个真实的问题，就能深刻体验到学习内容运用于生活实践是如何有用。以语文课为例，教师在教学生写作文的时候，可以鼓励学生根据自己真实的生活体验来写作命题作文“我最喜欢的超市(书店)”，然后将学生的习作寄给相应的超市或书店，并说明情况，请对方能够予以支持和配合。如果不久之后学生收到了这家超市或书店的来信，信中感谢这个小朋友对他们的喜爱之情，并欢迎小朋友继续惠顾，可以想象学生会有多么惊喜！这样的强烈体验会让学生意识到作文是思想情感的重要表达方式，是非常有价值的，以后自然就会对作文课有很大的兴趣。除了感受知识的实用性以外，要想保持兴趣，还可以是让学生在学习中体验到强烈的成就感、胜任感，譬如让学生亲身体验到苦苦思索并成功解决一道

---

① [美]伍尔福克：《教育心理学》，412页，伍新春等译，北京，中国人民大学出版社，2015。

难题的喜悦。①

(二)个体兴趣的迁移

现实生活中，教师很可能遇到学习成绩不理想、学习热情缺乏的学生。这种学生由于过往积累下来的知识基础薄弱，理解新知识时往往存在困难，容易产生类似“我就算认真去听也听不懂，怎么做都会是错的”感受。心理学研究表明，学生在完成学习任务的过程中，如果知觉到的任务难度越大，学生的兴趣越弱。② 所以，这样的学生在课堂教学中激发学习兴趣往往比较困难，且很难维持较长时间。但是，知识基础薄弱的学生也不应该被放弃，我们可以寻找那些与学生的个体特征相适应的兴趣领域，通过迁移的方式巧妙地让学生逐渐发展出对某学科的兴趣。想象一下有个学生的数学成绩不理想，也不重视数学学习。数学老师可以深入了解该生的情况，包括他的家庭教育背景，以及他在其他领域的能力与兴趣等，结果发现该生特别喜欢飞机模型。数学老师可以考虑以此为切入口，将他纳入航模兴趣小组中，参与模型制作。航模是学生原有的兴趣所在，在维持学生原有兴趣的基础上，老师逐渐渗透数学知识在航模制作中的重要性，就有可能让学生为了制作出更加完美的模型而增强对数学知识学习的兴趣。只要学生有了主动学习的兴趣，老师可以开小灶帮学生补课，将薄弱的数学基础补起来，这样学生就可能进入良性循环之中，实现兴趣的迁移。

【本章小结】

学习动机是个体产生学习行为的内部动力。根据心理学的原理，动机的产生需要内部和外部两方面的条件，内部条件是个体有需要，外部条件是诱因。就学习动机而言，内部条件是学习需要，或者说学习的内驱力，包括附属内驱力、自我提高内驱力和认知内驱力；外部条件是诱因，可以是像奖励、表扬这样的正性诱因，也可以是像惩罚这样的负性诱因。学习动机与学习结果之间并没有直接的关系，而是要以学习行为作为中介。学习动机的强度并不是越大越好，对于不同难度的学习任务而言，最佳的学习动机水平是有所变化的，这就是耶克斯一多德森定律想告诉我们的心理学规律。学习动机根据不同的划分标准可以划分为不同的类型，其中最重要的一种划分方式是把学习动机分为内部动机和外部动机两类。内部动机更稳定持久，是很理想的

---

① [美]伍尔福克：《教育心理学》，413页，伍新春等译，北京，中国人民大学出版社，2015。

② Fulmer, S. M. & Tulis, M. Changes in interest and affect during a difficult reading task: relationship with perceived difficulty and reading fluency. *Learning and Instruction*. Vol. 27, 2013, p. 15.

学习动机。但是在学生没有产生内部学习动机的时候，我们也可以采取一些措施激发学生的外部学习动机。作为教师要深刻理解并处理好学生的内部学习动机与外部学习动机之间的关系。围绕学习动机，心理学提出了丰富的理论观点，包括行为主义的强化说、人本主义的需要说、认知主义的归因理论，以及社会认知取向的自我效能感理论等。这些理论从不同的视角阐述了学习动机的产生条件，或机制，或影响因素，理解这些理论有助于教师灵活地掌握激发和培养学习动机的方法与策略。在本章的最后一节还专门介绍了学习兴趣的含义、分类及培养的策略。学习兴趣是学习动机的一种重要类型，同时也是教育教学的重要目标。本章介绍了学习兴趣的三种分类以及影响因素，并针对性地介绍了激发与培养学习兴趣的策略，教师灵活运用这些策略将可以帮助学生以更加积极的姿态投入学习，提高学习的效率。

【本章习题】

一、名词解释

德西效应　习得性无助　自我效能感　归因　结果期待　成就动机　学习动机　附属内驱力　自我提高内驱力　认知内驱力　直接兴趣　间接兴趣

二、简答

1. 简述耶克斯—多德森定律。
2. 简述内部动机与外部动机的关系。
3. 简述需要层次理论。
4. 简述成就动机理论。
5. 简述自我效能感的影响因素。
6. 简述自我效能感的作用。
7. 简述学习兴趣的激发和培养策略。
8. 简述归因理论。

三、辨析

1. 学习动机越强越好。
2. 阿特金森认为，力求成功者为了追求成功会倾向于选择那些绝对有把握的任务。

四、论述

试述学习动机的激发与培养方法。

【拓展阅读】

1. 王林发，陈秀凤. 向名师借智慧丛书：学习动机的激发与培养. 北京：教育科学出版社，2013 年

2.[美]布罗菲著. 陆怡如译. 激发学习动机. 上海：华东师范大学出版社，2005 年

3.[美]巴巴拉·麦库姆斯，詹姆斯·波普著. 伍新春，秦宪刚，张洁译. 学习动机的激发策略. 北京：中国轻工业出版社，2002 年

第五章

小学生的主要学习方法

一提到学习，很多人都会想到智力，似乎智力水平才是决定学习成绩的最重要因素。但是，这其实是一种不准确的观念。

关于智力，我们简单说明两点：第一，绝大多数的学生在智力水平上没有本质差别。心理学研究指出，在全体人口当中，80%的人的智商在中等或中等偏上的水平，98%的人智商在偏低到偏高的范围内，只有1%的人可称为天才，也只有1%的人是智力落后的。① 用通俗的话来解释，就是说全体人群中的绝大多数人都是智力正常或智力普通的人，非常聪明和非常愚笨的人是极少极罕见的。学生群体也是如此，所以不应将学生之间学习成绩上的差异随便归因于是智力水平的差异，这是缺乏心理学常识的表现。

第二，智力是多元的结构，智力的发展也有早晚差异。② 智力包含很多方面，如果按智力涉及的心理加工活动来划分，智力可以包含注意力、记忆力、言语表达和理解力、推理能力、分析与概括能力、想象力等。如果按照智力运用的领域来分，智力可以包含空间智力、音乐智力、运动智力、逻辑数学智力、人际智力、言语智力及内省智力等。因此，不同的个体可能在智力的不同方面有所长，譬如有人擅长记忆，有人擅长分析，有人擅长运动等；不同的个体可能在智力的发展早晚上也有差异，有的人早慧，有的人大器晚成。基于这些常识，我们可以更好地理解在小学阶段的学生表现为什么存在较大的个体差异，同时也不会轻易地对暂时表现不佳的小学生失去信心和耐心。

简单了解了有关智力的常识后，我们回到本章的主题上来。基于智力的心理学常识，我们可以知道包括小学生在内的各个学段学生之间在学习成绩上之所以存在差异，很大程度上并不是学生之间智力水平的悬殊差异所致，而是非智力因素方面的巨大差异所致，譬如本章的主题——学习方法，以及第六章涉及的学习习惯。“工欲善其事，必先利其器”这句话套用在学习上也是可以的，学生如果想要提高学习效率，就必须要掌握正确、适用的学习方法。本章围绕学习方法这一主题介绍了学习方法的重要性、含义及分类，然后按照学习的一般过程分别介绍了在知识习得、知识保持与知识应用的阶段分别有哪些常用的学习方法。

---

① 叶奕乾等：《普通心理学》，413页，上海，华东师范大学出版社，2021。

② 叶奕乾等：《普通心理学》，396～422页，上海，华东师范大学出版社，2021。

第一节
学习方法概述

一、学习方法的重要性

近现代社会是知识快速发展更新的时代，从20世纪60年代开始，知识的总量以指数方式增加，以致最近30年人类新增知识的总量已经超过了过去所有积累知识的总和。[①] 知识爆炸的时代凸显了学习的重要性，知识更新的速度又强调了终身学习的必要性。但是，我们在学校中接受教师指导的时间毕竟是有限的，走出学校之后如果我们还需要学习，更多的是要依靠自己，所以学会学习比学到一些具体的知识更加重要。1972年，联合国教科文组织出版的《学会生存》一书中引用了美国未来学家阿尔文·托夫勒(A. Toffler)的名言“未来的文盲不再是目不识丁的人，而是那些没有‘学会学习’的人”[②]。关于学习方法的重要性，我国也早有观点。《礼记·学记》中就有“善学者，师逸而功倍，又从而庸之；不善学者，师勤而功半，又从而怨之”的观点。[③]

从学生的角度看，在学习具体知识的同时也要注重学习方法的习得与掌握。从教师的角度看，在教授具体知识的同时也要注重学习方法的传授与训练。

二、学习方法的含义与分类

(一)学习方法的含义

学习方法是通过认识过程完成学习任务所采用的途径、手段或方式等。[④]通俗地说，学习方法就是通过学习实践总结出来的快速掌握知识的方法。

学习方法与学习策略并不完全一样。学习策略是指学习者根据自身的情况和水平、

---

①②④ 颜荆京：《学习方法：作为一门课程》，硕士学位论文，陕西师范大学，2009。

③ 乔炳臣：《学习原理与方法》，174页，哈尔滨，哈尔滨工业大学出版社，2004。

当前学习任务的难度和要求，自觉地安排、调节和控制自身的学习内容、顺序、时间和方法等计划以及对计划的实施。① 根据学习策略的含义可知学习方法包含在学习策略之中，是学习策略的一部分。有关学习策略的具体内容本书将在第十一章中做专门的阐述。

(二)学习方法的分类

学习方法可以根据不同的划分标准做不同的分类。

(1)按学习过程分类

按照学习的过程来划分，学习方法可以分为“制订计划——课前预习——专心听课——课后复习——独立作业——课外学习——总结提高”，或者可以分为知识习得方法、知识巩固方法与知识应用方法。②

(2)按学习经验分类

按照学习经验分类，可以将学习方法分为预习法、听课法、笔记法、观察法、实验法、复习法等。

(3)按适用范围分类

按照适用范围来分，可以将学习方法分为一般学习方法和具体学习方法。一般学习方法是指适用于各种学科的普遍的、共同的学习方法；具体学习方法是指特定学科中适用的具体方法，如数学中的应用题解题方法、外语中的单词记忆法等。

(4)按学科来划分类

按照学科来划分，学习方法可以分为语文学习方法、数学学习方法、英语学习方法等。

本章后续的内容将按第一种划分方式来介绍具体的学习方法。

第二节
知识习得方法

知识习得方法主要是指新知识接受过程中使用的方法，具体包括预习和听课两部分。

---

① 李梅等：《中学教育心理学》，147～148页，南京，南京大学出版社，2018。

② 刁维国：《小学生在不同学习过程中学习方法的特点》，载《教育科学》，1994(4)。

一、预习方法

(一)预习的含义与作用

预习是指在教师正式讲授新知识之前的预备学习。预习不同于自学，所以一定要记住预习并不要求把新课内容完全弄懂，尤其是初学者。预习就是为听讲新课提前做的准备。根据前文介绍过的桑戴克的学习律——准备律，事先有所准备的学习会有更好的效果。预习从知识和心理两方面为新课的学习做好了准备。一方面，预习时会通读教材，这样让学生对即将学习的新课内容有大致的了解；另一方面，预习会让学生对新知识中不理解的内容产生好奇，这样让学生对即将学习的新课内容有了一定的期待。

具体来说，预习通常具有这样一些作用：第一，提前了解新课涉及的内容；第二，在已有知识基础上大致理解新课内容，提前找出不甚了解的知识点，作为听课的重点；第三，利用相关的工具书、参考资料等解决一些简单的问题，譬如语文和英语中的生字词，锻炼一定的自主学习能力。

(二)具体的预习方法

常用的预习方法有以下几种。

1. *表格提纲法*

以语文预习为例。可由教师提供表格提纲的框架，通常包括“标题、作者、体裁、生字词、主题、分段、疑难”等内容，框架根据新课内容不同可以灵活调整。低年级学生如果书写有困难，可简化框架并口头回答。

2. *练习法*

练习题可以是现有的练习册或教材中的课后习题，也可以是教师自编的习题，学生通过预习可尝试完成相关的练习题目，以此来明确预习的重点和检验预习的效果。

3. *五步法*

同样以语文预习为例。第一步是看，指通读教材中的新课内容，包括课前提示、课文、文下注释、课后练习与思考等；第二步是查，指借助工具书或参考资料查找生字词的读音、字义词义、用法等；第三步是思，按照以往新课学习的模式思考课文的主题是什么，中心思想是什么，如何分段，课后问题如何回答；第四步是批，指在课文中标记自己认为的重点以及理解中存在困难的疑点或难点；第五步是议，对于标记的疑点或难点可以与家长或同学进行简单的交流。

类似地，在数学预习时也有五步法：第一步是读，即反复默读教材中的新课内容；第二步是记，记新课涉及的概念、公式、定理等内容；第三步是学，即学习教材中示例的解题思路与步骤；第四步是练，尝试完成课后习题或老师提供的预习习题；第五步是想，即梳理预习获得的知识、方法，整理出清晰的思路或知识结构。[①]

二、听课方法

听课，顾名思义，以视听为主，但不能仅仅只有视和听，记也很重要。最淡的墨水胜过最强的记忆，课堂学习的过程中既要视听结合，也要兼顾笔记和思考。

(一)五到听课法

在第二章中我们曾经介绍过小学生注意发展的特点，知道小学生的注意以无意为主，有意注意快速发展并逐渐反超。总的来说，一节课大约40分钟时间，对于许多小学生而言集中注意40分钟是有难度的。要想提高小学生的听课效率，从教师的层面来说要采用交替引发小学生的有意注意和无意注意的策略做好教学设计，确保小学生不需要一直依靠有意注意来听课(这样很容易疲劳而且也很难实现)，也不需要全部凭借无意注意来听讲(这样效率太低，无法保证重要内容都被小学生注意到)。除了教学设计做到张弛有度、劳逸结合以外，在课堂管理方面教师也要做好纪律的维持以及对问题行为的及时妥当处理；从小学生的层面来说就是想尽办法集中注意。

根据我们对有意注意引发条件的理解，可以采用五到听课法来帮助低年级小学生认真听课。

第一是耳到。无论是教师讲解、提问，还是同学发言、提问或回答教师提问，提醒自己认真听。

第二是眼到。服从教师的指令，随时按要求看课本、看黑板、看投影、看教师或看教师的演示。

第三是口到。按照教师的要求朗读、复述或者主动举手发言。

第四是手到。按照教师的要求及时在指定位置做标记、在专门的笔记本上记要点或者在指定的本子上做课堂练习。

第五是脑到。根据教师的要求开动脑筋思考问题，或者边听教师的讲解边思考是否理解。

上述五个方面的要求其实就是帮助小学生学会紧跟教师的步调，多种感官同时调动起来帮助集中注意。如果不动脑，不动手，只是单纯地听一听，时间稍长就很容易走神。

---

① 罗华暑：《课前预习五步法》，载《中小学数学(初中版)》，2012(9)。

(二)目标听课法

对于中高年级的小学生，为了提高听课效率，可以鼓励课前预习时标记出感到困惑的知识点或者预习时思考过却没有答案的问题。在上课的时候带着这些问题去听课，目标很明确。预习时已经明白了的知识上课也应当认真听，相当于是核查与复习。预习时不明白的内容重点听，边听边思考，边听边记录，会比毫无准备的听课有更高的效率。

(三)笔记听课法

为了帮助集中注意，同时也为了便于课后的整理复习，边听课边记笔记是非常好的一种学习方法。笔记应该如何记呢？有些学生误以为就是把所有看到的板书、课件内容以及听到的教师强调的内容都按顺序记下来。这样做有利也有弊。利在于可以在一定程度上帮助学生专门听讲，比只听不动手的方式要好一些；弊在于如果教学信息量大或者教学推进速度比较快，一来可能会跟不上，二来会导致学生注意分配出问题，光顾着抄写而忽略了听和思考。

有效地记笔记，一则要求学生能够熟练地书写(注意：这一条低年级小学生很难做到)，二则要求学生能自主构建或由教师辅助构建所学内容的知识框架，三则要求课后能及时整理完善笔记。研究表明，如果能做到记框架、记重点，课后及时整理完善，记笔记是可以明显提高学习效率的。①

这里以康奈尔笔记法为例做简单的介绍。

康奈尔笔记法又称 5R 笔记法，是由美国康奈尔大学的学者提出。② 这种方法要求将笔记本的每一页都划分三个区域(市场上有专门的这种笔记本售卖，如果是普通的笔记本，也可以按图 5-1 所示自行分隔)。具体的划分比例可以参看图 5-1 所示。

图中面积最大的一块区域可称为主栏，是记录随堂笔记的地方。左侧纵向狭长的区域是提示栏，用来记录简短的提示线索或疑问。底部的横向狭长区域是回忆栏，用来在完课之后的当天空余时间进行概要总结。康奈尔笔记法之所以称为 5R 笔记法，是因为包含了 5 个以 R 开头的步骤。

(1)记录(Record)

在听课的过程中，在主栏内记录主要的知识框架以及重点，特别是一些基本的概念、公式、定理、原理等。由于记录速度一般跟不上教师讲话的速度，也有可能跟不上课件展示的速度，所以不能追求完整记录。要学会使用一些速记或缩写，重在记要点和体系，需要详细记录又没能当时记录的内容可适当留出空白，课后参考其他同学

---

① 杨昭宁：《改进课堂笔记方法的实验研究》，载《教育研究与实验》，1993(1)。

② 雷慧青：《浅析康奈尔笔记法对大学英语听力理解的作用》，载《海外英语》，2011(12)。

的笔记或向教师求助补充完整。

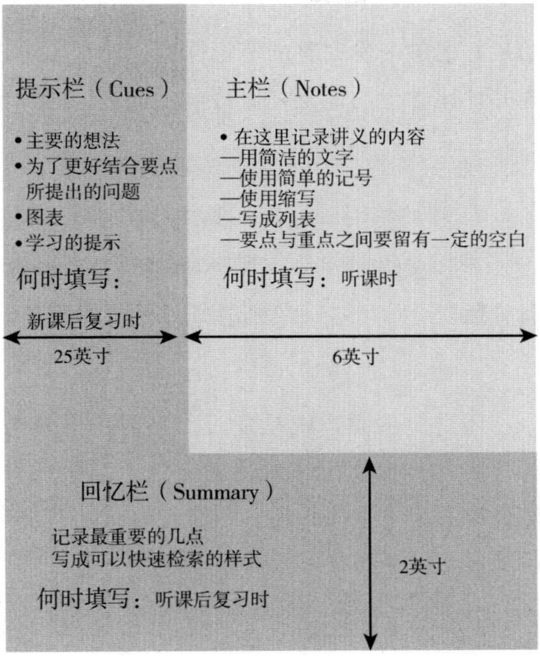

图 5-1　笔记页面分区示意

(2)简化(Reduce)

在完课以后，尽快抽时间将主栏内记录的内容尽量简单地概括出关键词或短句，记录在提示栏内。

(3)背诵(Recite)

在完课的当日把主栏遮住，根据提示栏里的内容尽最大可能地背出主栏内记录下来的详细内容。

(4)思考(Reflect)

在背诵的基础上再一次对主栏内容进行理解并用自己的语言进行总结，将自己理解的成果以总结要点的形式记在下方的回忆栏。

(5)复习(Review)

每周周末抽出较短的时间回顾一周所记的笔记，回顾的办法是遮住主栏和提示栏，主要看回忆栏，旨在加深对笔记的记忆和理解。

为了帮助学生学会做笔记，除了训练学生熟练掌握上述步骤以外，教师还应做到如下要求：

第一，在讲到重要内容和困难内容时，语速不宜过快，且应适当地重复以示强调，这样既能引起学生的注意，也能留给学生较为充足的时间去记录；

第二，在板书或课件中呈现做笔记的线索，或在讲课过程中以言语提示学生做笔记的线索；

第三，在课程初始最好提供一份完整的笔记样例，让学生可以模仿；

第四，不定时检查并评比学生的笔记，保持学生记笔记的热情和积极性。

第三节
知识巩固的方法

新知识在习得之后，还需要巩固，就是复习。复习主要是对已经掌握的知识进行记忆，所以复习的方法其实就是提高记忆效果的方法。复习的效果要想好，不能单纯依靠不断地重复，这样很难引起学生的兴趣。结合记忆的心理学规律以及遗忘的规律，可以选择以下方法进行复习，以提高复习效率。

一、活动法

常用的复习方法是对着教材或笔记反复地朗读或默读，多次重复然后尝试背诵，直到完全记住为止。这样单一的复习方法容易让人觉得乏味，而且对复习内容也缺乏深刻灵活的理解，有机械识记的可能，所以复习效果并不理想。最好能采用多种不同的活动方式，将识记内容设计为活动的内容，这样既能增加趣味性，又可以促进对复习内容的深刻理解。

以英语复习为例。在复习单词或课文时，可以考虑采用朗读、对话、听写、默写、中英互译、表演、编故事、自创游戏等活动方式。譬如有英语教师在复习时让学生根据图片选择填空以完成故事，选项内容就是要复习的词汇；再让学生根据图片和关键词复述故事，这样就复习了句型；最后让学生分角色表演故事，从而复习了语言的运用。①

语文课的复习同样也可以采用多种复习活动方式。譬如有语文老师在帮低年级学生复习拼音时，设计了拼音卡片，让学生通过卡片的组合来加深对拼音拼读规则的理解。这样带有游戏性质的复习方式让学生觉得有趣，参与度高，效果也比较好。在复习词语时，采用了学生互问互答、师生互问互答、小组竞赛等多种方式，将复习内容

---

① 许更连：《谱写复习课堂的新旋律——提高小学英语复习课有效性及其方法的初探》，载《中国教师》，2010(S1)。

设计成活动任务的内容或者练习的内容，显著提高了学生复习的积极性和效率。①

二、深加工法

深加工法是指在复习的时候不是简单地加深对知识的印象，而是对知识与知识之间的内在联系进行加工，将知识构建成网络，形成知识体系，从而在深刻理解知识的基础上进行记忆的方法。

(一)思维导图法

“思维导图”的概念是博赞(T. Buzan)最先提出的。② 思维导图又称心智图，是一种图式工具，是以一定的主题为核心建构的视觉化的图形表征。思维导图都是放射状的图形结构，图的中央是共同的某个主题。图形中的元素包括线条、符号、词汇或短句等，为了加强视觉效果，通常会是彩色的。

思维导图虽然可以有创造性的绘制，但在绘制的过程中要体现出知识点之间的内在逻辑联系，譬如不同知识点之间的层次结构或某种关联等。

思维导图的大小尺寸、颜色搭配、知识点的摆放位置等具体的外观形象可以非常灵活，所以绘制过程中既需要个体对相关知识进行主动的梳理加工，也需要个体充分地发挥创造性。有教育实验证明思维导图运用于复习极大提高了学生的复习兴趣，对复习效果有明显的促进作用。③小学生在教师或家长的引导与启发下以绘制思维导图的方式进行知识体系的梳理，同时也起到了复习的作用。

(二)图表法

这里的图和表不同于思维导图，是常规的、简洁的结构或模型示意图及普通表格。如果觉得绘制思维导图比较费时，也可以直接制作简单的知识结构图或一览表、双向表等。

关于做图，可以有这样几种选择：①流程图，是回顾记叙文、历史事件、事物发展变化过程等知识的理想选择，可以直观清晰地表现先后的顺序与变化发生的条件、时间节点、影响因素等信息；②系统结构图，适用于对完整的一块知识(例如历史中的一个朝代、语文课外阅读的一部名著、数学中的所有几何图形等)进行梳理整理，体现出知识在纵向层次或横向水平上的联系等；③概念图，适合于对有关联的若干个概念进行复习，以类似于集合图形的方式表示概念之间的包含与被包含，或者区别与联

① 谢新城：《小学低年级语文总复习方法及策略探析》，载《教育观察》，2017(22)。

②③ 张天舒：《思维导图在初中英语复习课中的应用研究》，硕士学位论文，上海外国语大学，2012。

系等关系，非常直观简洁，而且能帮助学生准确地理解概念的内涵与外延，避免出现混淆等错误；④示意图，把要识记的内容以图的方式表现出来，譬如记忆古诗时，将诗中内容以简单图示的方式呈现出来，有助于记忆效果。以《登鹳雀楼》为例，可以在纸上画简单的线条表示山、山边挨着的太阳、远处一条大河、旁边一栋高楼、楼上有一人。不需要很逼真，示意即可，这给学生提供了很形象的提示线索，有助于快速识记。

关于制表，学生可以考虑一览表和双向表。一览表比较复杂，因为要力求全面地体现知识体系，对于低年级小学生来说有难度，适用于高年级学生对某一领域的知识进行整体回顾。当然，制作过程中教师或家长可给予必要的帮助。一览表制作虽然比较复杂，但制作过程就是对知识的全面回顾过程，利于查漏补缺，而且制成的表格一目了然，比翻看教材更加方便。双向表则简单许多，只要纵、横两个维度即可制作，表格内容多少视具体知识量而定。低年级学生可以在教师给定表格框架的情况下补充完整表格，高年级学生则可以按教师指定的维度或自定维度独立制作表格，也是梳理知识的理想方法。

三、记忆术

无论是否对知识进行了深加工，最终还是要记住。所以可以考虑一些记忆的方法。记忆的方法也被称为记忆术，下面主要介绍三种。

(一)联想法

联想法就是通过主观联想为记忆的内容赋予形象易懂的意义或者添加提示线索的记忆方法。具体还可以做一些细分。

1. 谐音联想法

谐音联想法是指把要记忆的内容用发音近似的其他内容来重新表述。最常见的例子就是对圆周率的记忆，有人将之以谐音的方式编成了顺口溜：3.14159 编成了“山巅一寺一壶酒”。我们在记忆英文单词、短语、历史年代、常数或公式时，如果处理得当，谐音联想会是很有效的记忆术。注意，谐音时不要求谐音内容必须合乎逻辑或有特定含义，只要便于我们记忆目标内容即可。

2. 视觉联想法

视觉联想法是指将记忆内容与具体的形象或场景联系起来的记忆术。譬如记忆四个单词——plane，milk，biscuit，gray，可以联想出一个场景：灰色的飞机一头栽进了牛奶中，拿出来就变成了一块饼干。这样就把四个单词的意思全都串联起来了，至于场景是否夸张、离奇都不重要，有时候越离奇夸张越让人印象深刻，反而有助于记忆。

3. 语义联想法

语义联想法是指通过联想，将不同的知识点联系在一起以加深印象的记忆术。其具体还可以分为同义联想、反义联想等。这里以反义联想为例简单说明一下：如在记语文中的形容词时，可以把成对的反义词整理出来，以配对的方式来互相成为线索，方便记忆；类似的方法在英语单词或短语记忆中也非常适用。① 同义联想也适用于字词记忆，联想的同时也顺便进行了词语归类。

(二)缩简法

缩简法是指用一到两个字代表一条记忆内容的记忆术，多条记忆内容缩简的单字可以组成更加便于记忆的短语或口诀。譬如，大脑的十二对神经，依次分别是嗅神经、视神经、动眼神经、滑车神经、三叉神经、外展神经、面神经、听神经、舌咽神经、迷走神经、副神经和舌下神经。这些神经可以采用缩简法编成口诀：一嗅二视三动眼，四滑五叉六外展，七面八听九舌咽，迷走和副舌下连。低年级学生由于知识经验有限，自行缩简存在困难，还需要教师和家长帮助进行提炼缩简，高年级学生可以鼓励他们尝试自行缩简，即使缩简后的结果不是很理想也没有关系，这种思考和提炼的过程也是有助于加深对知识的理解和印象的。

(三)关键词法

关键词法是指将要识记的内容与相似的声音线索词通过视觉表象的方式联系起来促进记忆的方法。这里需要提醒注意的是，不要把关键词法与谐音联想法弄混淆了。谐音联想法也用到了发音相似的线索词，但是只需要发音相似即可，不要求线索词与识记内容在意义上有联系(可看上文中圆周率的例子进行理解)。关键词法则不仅要求线索词与识记内容在发音上有一定的相似性，还要求在意义上也要有一定的关联。譬如英文单词“tiger”，视觉形象可以想象出有一只老虎，这就有了意义上的关联，同时联想这只老虎在泰山上，这样就有了发音上的相似。

(四)位置记忆法

这是一种传统的记忆术。相传在古希腊时期曾经发生了宴会过程中房屋坍塌的意外，只有一人幸存。遇难者血肉模糊难以分辨身份，是这名幸存者依靠回忆宴会时各位宾客所在的位置帮助人们确认了遇难者的身份，这是位置记忆法的由来。使用这种方法时，我们可以在头脑中想象出很熟悉的场景或路线，在场景中或路线中标定一些

① 杨久清：《一词之差，语义混淆——推荐联想对比记忆法》，载《鞍山师范学院学报》，1995(2)。

特殊的位置点，然后把要记忆的内容借助视觉形象化的方式放置在这场景或路线上，并与特殊的位置点一一对应起来，反复加深印象后进行回忆时按场景或路线上的点来提取相应的识记内容。

四、过度学习法

这里涉及一个新的概念——学习程度。学习程度是指在学习过程中正确反应所能达到的程度。[①] 学习程度与遗忘程度呈反比的关系，学习程度越高，遗忘得越少，也就是说记得越牢固、清楚。那么，是不是表示我们在复习的时候就应该无休止地不断重复、不停复习呢？这显然是不可能也没必要的。其一，我们没有那么多的时间和精力去把所有学过的内容不断复习。其二，我们也没有必要这样去复习，因为最佳的过度学习水平是150%，我们只要做到这个程度的复习就可以了。150%的过度学习是什么意思呢？我们举例来说明一下。假设一个学生记忆30个单词，花了30分钟时间达到了全部正确默写的程度。这里的30分钟就相当于100%的学习程度了。那么，这个学生只要再继续巩固记忆这些单词15分钟，全部用时合计起来就达到了150%的标准。所以，我们以后复习或背诵知识时，不要在刚刚会背的时候就立即停下来，而应继续巩固一段时间，大约是前面一段时间的一半，这样的记忆效果是最佳的。

第四节
知识应用的方法

在学校范围内应用知识的两种常见方式是练习和考试。

练习是知识学习的重要组成部分，是学生准确理解知识、熟练运用知识的重要载体。教师应当学会选择适当的习题供学生练习。首先，在选择习题时，要注意控制量，千万不要有“题海”战术的想法，这样做既增加学生的学习负担，又容易导致学生产生厌学情绪。其次，要选择有代表性的习题，特别是对一知识点从不同角度进行考察的习题，同时注意一题多练，利用少量的习题精讲精练。对一些高考状元的访谈表明，状元认为做题不要太多，要精，要多思考，同一类型的题做几道就可以。[②] 最后，练习的选择与安排要尽量体现出层次性，让不同水平的学生都能有适合的习题可以做。

---

① 叶奕乾等：《普通心理学》，122页，上海，华东师范大学出版社，2021。

② 王极盛：《高考状元成功探秘》，载《中国人才》，2000(7)。

学生除了认真完成教师布置的习题之外，还要高度重视对错题的管理和利用。

错题管理可以采用这样的方法：①准备一个专门的错题本，最好一门学科一本。②选择有代表性的错题记录。注意，不是所有的错题都需要记录，那样需要很多时间，学科数量多了以后就会没有充足的时间可以全部记录，所以要有选择地记。学生要学会分析和归纳错误发生的原因，高度重视因为基本概念及原理理解不准确而做错的题，其次是因为审题不准确而做错的题，再次是解题思路错误的题，这些错题应该及时地记录在错题本中。③记录错题时，应将犯下的错误如实记录(条件允许的也可以将错题直接粘在错题本上)，再深刻分析错误的原因并给出相应的订正。为了醒目，可以用不同颜色的笔迹进行区分。④错题本是复习时的重要资料，千万不要满足于记录完毕就不再看了，所以记录时一定要尽量工整、清晰。每次考试之前要重点复习错题本。

我国是一个考试大国。考试是教育评价的工具和手段，在本质上是一种价值判断。[①] 任何考试都是为了测量应试者的知识与能力、素质和潜力。考试是学生学习生涯中常见的活动，尤其是升学和就业等选拔性的考试，是对学生有重要意义的活动，因此往往也成为学生的压力来源。[②] 考试检验了学生对所学内容的掌握和应用水平，但是考试也是讲究方法和策略的，如果不掌握考试的方法和策略，考试本身带来的压力就可能引发考试焦虑，最终影响到学生的临场发挥。[③] 为了更好地应对考试，发挥出学生最佳的水平，应当掌握以下考试方法。

一、时间分配与监控

任何考试都有规定的时间，也有明确的题量，学生在拿到试卷后第一件事应当是浏览试卷的全部页面，这样做的目的有三：第一，检查是否有印刷质量问题，如缺页、破损、模糊不清等，如果有问题应及时申请调换；第二，了解总的题量，防止有漏看的试题；第三，根据总时间设定各个题型上的时间分配方案。时间分配方案通常根据试题的分值来设定，分值越大的试题应分配给更多的时间。

在具体的答题过程中，始终牢记在确保一定准确性和卷面整洁的前提下尽快做题，自觉监控自己答题的速度，避免出现因为时间不够而无法完成考试的情况。对于选择题、填空题等试题的答题速度要相对快一些，适当使用猜测与估计的方法。遇到拿不准的题目可以直接跳过，将所有能答、会答的试题完成之后用剩下的时间来尝试完成

---

① 戴家干：《从考试到评价：教育改革的时代任务》，载《中国高等教育》，2007(Z2)。

② 齐学红：《考试压力下的教师和学生——个案研究》，载《教育理论与实践》，2001(1)。

③ 秦安兰：《中学生考试焦虑内在成因及应对策略》，载《中国学校卫生》，2004(4)。

直接跳过的那些题目。

二、答题方法

(一)常规答题——先审后答

无论是哪门学科的考试，都要学会先认真审题。仔细阅读题目，包括题目给出的文字信息、图形或表格信息等，防止漏看、错看，在全面把握所有信息的基础上弄清题目给出的信息是什么，问的是什么，作答要求是什么，然后再思考如何利用已知信息得出答案，并在试卷上指定位置按要求作答。

其中，在审数学应用题时，要注意不读断句、不读错字，也不要随意添加或删减字，千万不要因为平时的练习经验而主观臆断题意，必要时可以根据问题找条件。①

在审语文的阅读理解题时，要通过快速略读掌握全文大意，再通过寻找关键词找到与问题有关的信息。譬如有人总结了语文阅读理解题的答题方法可分为五步：第一，首先对文章内容进行通读，确定文章的文体，按文体的规律思考问题；第二，找出重点句子和关键词，深入进行分析和理解；第三，在第二步的基础上对文章进行整体的理解，明确文章的主旨和写作思路；第四，审清题意，找出与题意有关的关键词以及与问题对应的文中内容，注意对隐藏含义的挖掘和理解；第五，根据题目留空的大小和分值，合理组织语言，答案应紧扣问题要求，且力求围绕关键词写出条理清晰的答案。②

在审英语的试题时，要特别注意题目中给出的关键信息，譬如第几人称、时间信息、固定搭配、句子结构与成分等。

当然，认真审题要想做得好，还是需要在平时养成好习惯，关于学习习惯养成的问题，我们将在第六章介绍。

(二)非常规答题方法

关于非常规答题方法，以往研究主要是围绕选择题来考察。③ 在做选择题时，常规答题方法是审清题意后在备择选项中挑出最符合题意要求的选项。但是，学生有时即使审清了题意也没有把握挑出正确答案，这时会用到猜测的方法。

研究发现学生在猜测答案时并不是没有根据地瞎猜，选择题中备择选项的难度、长度等因素都会对学生的猜测产生影响，正确答案比其他迷惑选项长出一定比例时容

---

① 詹秋娥：《新课改下培养小学生数学应用题审题能力的探究》，载《当代教研论丛》，2020(2)。

② 李月凤：《初中语文现代文阅读解题的方法与技巧》，载《课程教育研究》，2019(14)。

③ 胥云，武尊民：《国外考试策略研究综述——五十年回顾》，载《外语教学理论与实践》，2011(1)。

易被学生察觉。[①] 在生活中，有些教师告诉学生，在时间来不及或完全不会做的情况下猜测选择题答案时，可以按“三短一长选最长，三长一短选最短，三个肯定一个否定选否定，表述绝对的肯定不对”等原则去猜测。这种猜测原则的效果其实取决于选择题的设计质量。从考试类别看，学校里教师自命题的考试中确实有相当一部分的选择题为使用这种猜测的方法提供了机会。[②] 但是，必须提醒学生和教师的是，在重大的考试，特别是定期举行的重大考试中，如中考、高考、英语四六级考试等，这种策略基本是没有什么作用的，因为试题在设计时会非常注重规避上述猜测原则的使用。

在选择题没有较大把握挑出正确答案的情况下，建议在推理的基础上进行猜测。可以考虑这样一些推理的方法：第一，尽可能地排除确定错误的迷惑支，在一个相对更小的范围中猜测正确答案；第二，从逻辑上理解所有选项时，如果某两个选项中的一个正确就意味着另一个也正确时，题目是单选题则可以同时排除这两项，题目是多选题时则考虑两项同时选或同时不选；第三，从逻辑上理解所有选项时，如果某两个相矛盾选项中的一个正确就意味着另一个错误；第四，在逻辑上理解所有选项时，如果一个选项能同时包含两个或更多正确选项时，这个选项更有可能是答案；第五，仔细寻找细节线索，看看题干与备择项中是否有某些相似点。

在做数学选择题或填空题时，有时可以考虑使用特殊值法，也可以帮助学生在短时间内尽快地排除一些错误选项或缩小答案的范围。

(三)考试心态的调整方法

考试考的不仅是学生学习的质量，也考学生的心态。有些学生一逢考试就容易紧张，有些学生则是在重大考试中会紧张。考试时适度的紧张并不是坏事，但过度了则会阻碍学生的发挥，在心理学上有一个专门的概念叫考试焦虑，就是指人在面临考试时产生的一种特殊的心理反应。它是在应试情景刺激下，受个人的认知、评价、个性、特点等影响而产生的，以对考试成败的担忧和情绪紧张为主要特征的心理反应状态。[③] 影响考试焦虑的因素有很多，但主要的原因有这样几种。

第一，自我期望或他人期望。自我期望或他人期望过高，会使得学生对考试成绩看得过重，产生患得患失的心理，非常容易导致情绪高度紧张焦虑，情绪过分紧张对认知活动的干扰很大，阻碍记忆提取，阻碍思维的流畅与清晰，最终很有可能事与愿违，考不出好成绩。

---

① Chase, C. I. Relative length of option and response set in multiple choice items. *Educational and Psychological Measurement*, Vol. 24, No. 4, 1964, p. 861.

② Rogers, W. T. & D. J. Bateson. The influence of test－wiseness on the performance of high school seniors on school leaving examinations. *Applied Measurement in Education*, Vol. 4, No. 2, 1991, p. 159.

③ 秦安兰：《中学生考试焦虑内在成因及应对策略》，载《中国学校卫生》，2004(4)。

第二，人格特征。心理学认为焦虑可以分为状态焦虑与特质焦虑两种。[①] 其中，特质焦虑是一种稳定的人格特征，是指个体稳定地更容易产生焦虑。换句话说，同样是考试，一些人会比另一些人更容易焦虑。特质焦虑水平高的人无论是考试还是别的情景中都比特质焦虑水平低的人更容易体验到焦虑。但是，这种人格特征很大程度上并不是天生的，而是在后天环境中形成的，只是一旦形成就很难再改变。

第三，身体状况。这里的身体状况是指学生参加考试时的身体状况。身体状况良好肯定比身体状况不佳更有利于考试时的发挥。如果身体状况不佳，考试时更容易焦虑。一些学生由于平时课业负担重，时间安排不合理，也不注重积极参加体育锻炼，导致身体素质不强。[②] 再加上考前复习紧张，精力消耗多，真正到考试时就很容易出现身体不适、消化系统紊乱、失眠等这样或那样的状况，既影响情绪，又影响认知。

第四，考前准备。考前的复习准备越充分，学生就越有信心和把握，焦虑程度就越轻。相反，平时不用功，考前才临阵磨枪，只会越磨越心慌，一旦答题过程中出现困难，就会非常焦虑。

所以，要想学生在考试的时候拥有好的心态，考出正常水平乃至超水平，应当采取以下措施来调整学生的考试心态：

(1)调整自我期望或他人期望，使之与学生的实际水平贴近

积极的自我期望虽然在一定程度上是一种前进的动力，但过高的自我期望只会带来压力。我们在第四章中曾经介绍过耶克斯—多德森定律，该定律指出动机水平应当随着任务难度的变化而随之调整才有利于取得最佳成绩。这一定律也适用于考试前的自我期望调整。面对重要的考试，学生要适当降低对自己的期望，以比较放松的心态去参加考试；面对平常的小测试，反而应当对自己有较高的期望和要求，以比较重视的心态去参加考试。所以，在考试之前要学会给自己减压，但在平时的学习中则要尽量严格要求自己。

(2)培养良好的人格

小学生的人格还在发展中，离完全形成还有相当的时间。所以，在家庭中，父母要注重言传身教，遇事不慌，沉稳应对，积极乐观，对于孩子出现的失误或行为不当能够宽容以对，营造和谐、温暖的家庭氛围；在学校中，教师要组织丰富多彩的文体娱乐活动和素质训练，在学科教学和日常活动中潜移默化地渗透健全人格的理念；在社会中，媒体和影视要多宣传和塑造健全人格的榜样形象，全方位地为儿童成长提供良好的环境。[③]

---

① 党彩萍：《焦虑研究述评》，载《西北师大学报》，2005(4)。

② 张大超，李敏：《影响我国中小学生体质健康发展的主要因素与对策研究》，载《北京体育大学学报》，2009(11)。

③ 马振：《6—12岁小学生健全人格的培养研究》，博士学位论文，辽宁师范大学，2016。

(3)增强身体素质

健康的身体是正常生活、学习和工作的基础。小学生正处于长身体的阶段，在重视学业的同时，也要高度重视身体素质的发展。国家一直在努力为小学生减轻学业负担，也是希望能够留出充裕的时间给小学生锻炼身体，强健体魄。教师和家长要有长远发展的眼光，正确引导、积极督促小学生每天达到足够的活动量，避免久坐、疲劳用眼、晚睡早起等情况的发生。身体的健康可以让小学生有充沛的精力、愉悦的心情，学习的效率会提高，考试时也能保持良好的状态。

(4)做好考前准备

知识的准备应放在平时，这需要正确的学习方法和良好的学习习惯来保证。仅从考试前可做的准备来说，首先是考具和证件的准备，考试之前把需要的文具、相应的证件提前准备好。其次是身体状态的调节。临到考试跟前，要把作息调整好，白天的复习最好与考试的节奏接近，这样可以帮助大脑在同样的时段达到较理想的兴奋水平。最后是心态的准备，考前适当地放松心情，放下思想包袱，如果紧张程度较高可以通过深呼吸、积极的自我暗示等简单的情绪调节方法进行放松。

【本章小结】

学习是有方法的。本章介绍的学习方法不针对具体学科，是具有普遍适用性的学习方法。在知识习得阶段，做好课前的预习以及课堂中的听课，是确保新知识能在最短时间内被理解掌握的重要任务。在知识巩固阶段，做好所学知识的梳理、知识体系的建构以及记忆，可以促进知识在长时记忆中的保持。在知识应用阶段，避免题海战术、做高质量的练习以及考试时的心态调整及审题答题，是体现学习效果的重要保证。但是，除了本章介绍的这些通用学习方法以外，不同的学科，由于学科自身的特色不同，也存在一些学科学习方法，有兴趣的读者可以了解一下。最后，需要提醒的是，学习方法适用于这个学生，却未必适用于另一个学生，所以应当鼓励每个学生在学习过程中结合自身特点摸索、总结出适用于自身的学习方法。

【本章习题】

一、名词解释

学习方法　学习程度　思维导图　考试焦虑

二、简答

1. 简述影响考试焦虑的因素。

2. 简述调整考试心态的办法。

3. 简述教师促进学生记笔记的办法。

三、辨析

学习达到会背诵的程度就可以结束了。

【拓展阅读】

1.[美]乔希·维茨金著. 苏鸿雁，谢京秀译. 学习的艺术. 北京：中国青年出版社，2011 年

2. 王志艳. 我的 100 个经典学习方法书(小学版). 北京：中国纺织出版社，2013 年

3.[美]本尼迪克特·凯里著. 玉冰译. 如何学习. 杭州：浙江人民出版社，2017 年

第六章

小学生的学习与生活习惯养成

著名教育家叶圣陶曾指出："什么是教育？一句话，就是要养成良好的学习习惯。"[①]良好的学习习惯，是学生素质的组成部分，也是学生取得学习成功的重要保证。[②] 无论是教育学家还是心理学家，抑或是学业取得巨大成功的学生都格外强调学习习惯的重要性。学习习惯是习惯养成的一部分，小学阶段除了良好的学习习惯需要养成以外，也是其他行为习惯养成的重要时期。我们培养的并不是单纯的学习机器，而是各方面素质综合发展的人。而且，在某种程度上来说，良好的生活习惯也有助于良好学习习惯的养成。所以本章将围绕习惯养成这一主题介绍学习习惯和生活习惯的概念、作用以及培养的办法。

第一节
小学生主要的学习与生活习惯

一、习惯概述

(一)习惯的概念与特点

1. 习惯的概念

习惯是一种定型性行为。[③] 从心理机制的层面来解释，习惯就是熟练到自动化了的条件反射。从生理机制的层面来解释，习惯就是在大脑中建立起来的稳固的神经联系，只要有适宜的刺激出现，就会自动化地激活。

2. 习惯的特点

首先，习惯是习得的。习惯与本能不同，本能是天生的，不用学习就能拥有。同一种系的个体都会有相同的本能，这是先天遗传的结果。习惯是后天养成的，是某种行为足够次数的重复才形成的。不同的个体由于过往的生活经验不同，成长环境不同，可以养成完全不同的习惯。

其次，习惯一旦形成，就具有较高的稳定性，而且有自动化表现的倾向性，生活中说的"习惯成自然"就是指这种自动化的倾向，不需要思考、不需要督促、不需要刻

---

① 吴阿坚，张明珠：《小学生学习习惯现状调查与思考》，载《文献资料》，2007(17)。

② 关鸿羽：《教育就是培养习惯》，10页，北京，新世界出版社，2003。

③ 关鸿羽：《教育就是培养习惯》，3页，北京，新世界出版社，2003。

意提醒就会自然而然地表现出来。我们按习惯做事的时候，不需要投入过多的心理能量，很多时候都是下意识地去完成一系列行为，这在很大程度上帮我们减少了精力的消耗。所以，当我们按习惯行事的时候，有些人甚至可以心里想着别的事，手上的动作却完全不受影响。

再次，习惯总是在特定的情境或特定的时间出现。譬如：有的人养成了定时入睡的习惯，每天到了同样的时间就会想睡觉；有的人养成了便后洗手的习惯，只要用完卫生间，就会找水龙头要洗手。这里所说的特定情境或特定时间等就是引发习惯的刺激，习惯就是对某种刺激的特定反应，两者之间形成了稳固的条件反射联结。

最后，习惯一旦形成，很难改变。我们按习惯行事的时候，会觉得轻松随意，不按习惯行事的时候，会感到别扭，有时甚至会觉得难受。这就是所谓的“积习难改”。

(二)学习习惯和生活习惯的概念

学习习惯是指学生在长期的学习实践过程中逐渐形成的不需要意志努力和监督的自动化行为倾向。[①] 譬如听课的习惯、做作业的习惯、复习的习惯、考试的习惯等。

类似地，生活习惯是指个体在生活实践过程中逐渐形成的不需要意志努力和监督的自动化行为倾向，包括卫生习惯、行为习惯等。譬如吃饭的习惯、睡觉的习惯、刷牙的习惯等。

二、良好习惯的意义

(一)良好习惯是一生幸福生活的重要基础

英国哲学家洛克曾经说过：“一切教育都归结为养成儿童的良好习惯，往往自己的幸福都归于自己的习惯。”[②]确实如此，良好的生活习惯是健康身体的基础，良好的学习习惯是学业成功的基础，良好的行为习惯是工作顺利和人际交往顺利的基础，拥有良好的习惯是我们幸福生活的重要基础。相反，如果养成了不良的习惯，不良习惯具有的“惯性”会给我们的生活、学习和工作带来很多阻力、困扰甚至麻烦或隐患。

(二)良好习惯是个人文明与国家进步的重要标志

良好的习惯，特别是行为习惯，是考察和评价一个人、一个城市、一个国家国民

---

① 吴阿坚，张明珠：《小学生学习习惯现状调查与思考》，载《文献资料》，2007(17)。

② 转载自关鸿羽：《教育就是培养习惯》，13页，北京，新世界出版社，2003。

的综合素质的重要指标。[①] 譬如在公共场合不吸烟，在公共场合不大声喧哗，出入场馆、房间、电梯或乘坐公共交通工具要自觉排队以及先下后上，不乱扔垃圾和随地吐痰，不说脏话，驾驶汽车时礼让行人，公共物品要爱护，不浪费水、电、能源，不侵占公共物资，对妇女和儿童有起码的尊重与保护等，都是作为一个文明的社会人应当具备的行为习惯，但是反思一下我们自己以及我们身边的人，就可以发现在许多方面我们还做得不够，更严重的是我们许多人还没有意识到自己做得不对。只有从孩子抓起，切实地坚持抓习惯养成的教育，我们的国民素质才能有显著的提高，我们每个人的文明水平以及这个国家的文明水平才能有质的飞跃。

(三)良好习惯是性格塑造的重要组成部分

心理学对性格的定义是一个人对现实的稳定的态度与习惯化了的行为方式。[②] 性格是人格特征的核心成分，是决定一个人命运的重要心理因素，所以我们特别重视一个人良好性格的塑造。性格当中很重要的一部分就是行为习惯，所以性格的塑造其实就包含了良好行为习惯的养成。因此，良好的习惯不仅是学业成功的保证，也是决定未来走向的重要条件，应当引起家长和教师的高度重视。

三、小学生主要的良好习惯

我们将小学生应当养成的良好习惯分为两大类：生活习惯与学习习惯。

(一)生活习惯

这里的生活习惯是指作为一个普通的社会成员应当养成的良好习惯。具体包含以下几个方面的内容。

1. 卫生习惯

(1)个人卫生习惯

自从新型冠状病毒感染疫情出现以来，预防疫情的重要方法之一就是勤洗手，不仅要洗，还要认真彻底地洗。除了预防新型冠状病毒感染疫情，其实勤洗手也可以帮我们预防许多疾病。所以我们一直强调的是饭前便后要洗手，因为洗手可以尽量地去除手上附着的细菌、病毒和一些虫卵等。譬如七步洗手法的口诀是“内外夹弓大立腕”，即按顺序分别洗手掌、手背侧指缝、手掌侧指缝、手指背、拇指、手指尖、手腕和手臂。

---

① 闫书广：《素质教育实施的路径之一——行为习惯养成教育》，载《教育理论与实践》，2011(2)。

② 叶奕乾等：《普通心理学》，322页，上海，华东师范大学出版社，2021。

除了勤洗手以外，每天刷牙洗漱也是有助于保护身体健康的重要卫生习惯。特别是刷牙，早晚甚至是每餐之后认真地刷牙，可以有效地保护我们的牙齿。

为了避免寄生虫或其他消化道疾病，在吃生食时，如瓜果，一定要反复清洗干净，去除上面的寄生虫卵、农药残留等；与他人一起进食时，要有使用公筷的习惯。

应注重个人仪表整洁：洗澡、洗头要认真，勤剪指甲，不咬指甲，贴身的衣物要勤于更换，毛巾和牙刷也应定期更换且不共用，同一个人的内裤和袜子要分开洗，不同人的内衣不要一起洗等，这些都是日常生活中的个人卫生习惯。

除上述以外，小学生因为还处在长身体的阶段，还应养成按时进餐、多喝水、不挑食、不吃垃圾食品、不熬夜、爱护视力、坐卧行姿态要端正等保护健康的习惯。

(2)公共卫生习惯

公共环境的卫生需要大家共同来维护，这也是每个公民应有的基本素质，所以我们也要从小培养儿童维护公共卫生的习惯。

首先，不要乱扔垃圾，譬如纸屑、果皮等。垃圾要放置在指定位置的垃圾箱中，如果有垃圾分类的要求，应按要求处理垃圾。

其次，不随地吐痰。随地吐痰不仅影响公共环境的整洁美观，还存在传播疾病的风险，所以应随身携带纸巾，必要时可以处理吐痰的问题。

最后，不随地大小便。与吐痰一样，随地大小便同样既不利于公共环境的整洁美观，也存在传播疾病的可能性，所以如无特殊情况应避免随地大小便。我们不仅是对人有如此要求，对所养的宠物也应如此要求，带宠物出门时应随身携带可处理大便的一次性塑料袋。

2. 行为习惯

(1)社交行为习惯

第一，守时的习惯。与人有约，应记在心头并提前赴约，不应拖拉让人久等。

第二，保持安静的习惯。像图书馆和教学楼等场所往往都有“静”的宣传标语，其实不论有没有这种宣传标语，只要是公共场所，除非有特殊情况以外都应有保持安静的习惯，譬如走路时脚要轻放，尤其是鞋底容易发出响声的时候更要注意，个人听音乐或看视频时声音不外放等。在自己家中时也要避免给周围邻居带来噪声。

第三，尊重他人的习惯。尊重他人的隐私——未经他人允许不随意翻看、使用、侵占他人的物品或空间；尊重他人的人格——不给他人起恶意的绰号，不辱骂他人，不歧视他人，不故意损坏、丢弃他人照片等；尊重他人的劳动——享受他人劳动成果的同时要对人表示感谢，不能认为他人的服务或劳动是理所当然或不值一提的；尊重他人的信仰或民族文化等——对于他人的宗教信仰或民族特有的一些文化传统应给予尊重。

第四，遵守公共秩序的习惯。乘坐交通工具或电梯时，应有先下后上的习惯；有很多人做同一件事时(譬如购买门票、医院挂号就诊、去营业大厅办理业务)，要有自觉排队、不插队或服从管理人员安排的习惯。

第五，正确交流的习惯。能耐心倾听别人的表达，不打断别人的话；不插嘴打扰别人之间的交流；别人正常问话时要给予回应，但是说话之前要想清楚说什么、怎么说；主动发起对话时要先称呼再说话，正确使用谦称和敬语；根据场合不同学会控制自己音量的大小，但说话要咬字清楚，语速适中；对人说话时要目视对方等。

(2)个人行为习惯

第一，生活自理的习惯。收拾自己的房间，整理自己的物品，清洗自己的贴身衣物，学做简单的饭食等，凡是自己能做的事情要习惯自己做，不依赖他人，包括对父母也不要依赖。

第二，管理仪态的习惯。无论在哪里，坐、立、行、进餐都有正确的姿势与仪态，避免可能导致脊椎侧弯、驼背等骨骼发育不良的错误姿势。

第三，爱劳动的习惯。除了基本的生活自理之外，应有热爱劳动的习惯，譬如做一些力所能及的家务劳动。不应认为家务劳动是父母的义务，也不应认为做家务劳动会耽误自己的学习，学习只是生活的一部分，劳动同样是生活的一部分。如果不参与家务劳动，总是等着父母或保姆照顾，容易滋生懒惰和自私的毛病。

第四，做事认真的习惯。凡事不做则已，要做就认真做。凡事不做则已，要做就有始有终，不虎头蛇尾，不敷衍，不拖拉。

(二)学习习惯

就小学阶段而言，好的学习习惯大致可以包括以下内容。

(1)制订计划并执行的习惯

《礼记·中庸》中有“凡事预则立，不预则废”的说法。在学习这件事上，我们不应把这个准备狭隘地理解成准备好文具和书本，而应是更高水平的准备，譬如制订学习计划。我们每天的生活其实可以安排得丰富而充实，前提是我们该做的事情都高效地完成了。小学生也是如此，如果把学习任务高效地完成了，就可以有空余时间开展户外锻炼、读课外书、娱乐休闲等活动了。善于制订恰当的学习计划并坚决执行它，可以帮我们高效完成学习任务。因为制订了学习计划，我们就会明确自己当前需要完成的学习任务有哪些，这些任务按什么顺序安排，每项任务大约用时多久等，这样可以帮助我们做事更有条理，更有效率。这里需要特别强调的是，许多人都能制订计划，但是坚决执行计划的人却并不多。所以，计划的制订与执行都是需要高度重视的。

(2)预习的习惯

我们介绍过桑戴克的准备律，强调学习之前要做好心理上的预备定式。课前预习可以提高听课效率，使得听课更有针对性。课前预习可以培养自学能力，而且因为预习时通过自学掌握了一部分内容，会让学生在听课时有心理上的优势与成就感，有助于学习兴趣的激发。

(3)专心听讲的习惯

学校教育的重要途径就是教师在课堂上的教学。教师为了实现教育教学目标，会做精心的准备与设计，所以课堂学习的效果是学生自学或课后补学无法比拟的。会学习的学生都会高度重视课堂听讲，做到全神贯注。上课认真听讲，对于学习是事半功倍的，上课不认真听讲，课后再补或依赖课外班，对于学习却是事倍功半的。

(4)认真、自觉并独立完成作业的习惯

“学习是学生自己的事”，家长和教师一定要从上学之初就灌输这种思想给小学生，并在实际生活和学习中践行这种思想。践行这种思想的一个有效做法就是帮助小学生养成自觉并独立完成作业的习惯。上课专心听讲之后，还要完成一定的作业练习，这是学习新知识必需的要求。因为新知识的掌握不能停留于简单的理解，还需要融会贯通，需要能用所学知识解决实际问题，这些学习目标的实现离不开作业和练习。自觉做作业，而不需要别人的提醒和监督，更不是为了避免惩罚和批评，这是在培养学生学习的主动性和责任感。认真做作业，用正确的姿势写字，做到字迹清楚工整，页面干净。另外，独立完成作业则可以培养学生独立思考的能力和勇于面对困难的意志品质。

(5)及时复习的习惯

艾宾浩斯的遗忘曲线也提示我们当天学习的新知识在24小时内就会遗忘将近70%。所以，及时复习是保证学习质量的重要环节。及时复习不仅可以巩固对已学知识的保持，也有利于后续新知识的学习，正如《论语》中所写的“温故而知新”。我们的教材与课程安排在知识内容的先后顺序与衔接上是有逻辑性的，对已有知识的巩固与加深理解可以帮助我们更好地接受新知识并形成认知结构。

(6)正确应对考试的习惯

预习、听讲、做作业、复习都是为了学习效果好，检验学习效果好不好的最常见方式就是考试。家长和教师要帮助小学生学习如何正确应对考试：在态度上要重视但不过分看重，积极复习备考，复习应有计划且提前开始，考试时力求做对会做的题、尝试有难度的题、猜测不会做的题，发挥自己的全部水平就是胜利，正确看待考试结果，从中吸取经验教训，积累考试经验，锻炼考试心理，为重要的选拔性考试做好准备。

(7)阅读与思考的习惯

教材是学生学习知识的主要来源，但并不是唯一的来源。课外阅读是拓展学生眼界和知识储备的重要途径，不仅如此，养成阅读的习惯是受益终身的：因为阅读可以让人不断增长知识；阅读能丰富人的精神世界，促进人的素质全面发展；阅读可以促进人的思考，增强人改造世界的能力。孟子云“尽信书则不如无书”，读书不能死读，要带着思考的意识去读书。所以，阅读的同时还要养成爱思考的习惯。不仅对所读内容进行思考，在平时听讲、做作业、日常与人交流的过程中，都要养成勤于思考的习惯。无论是对学习还是对未来的工作，无论是对个人还是对团体甚至国家，提出问题、提出有价值的问题的能力都是非常宝贵的，这种能力离不开勤于思考的习惯。

第二节 小学生良好习惯的培养

一、培养良好习惯的原则

良好习惯培养的关键期是幼儿期与小学阶段。[①] 所以家长和教师都要抓住这段时期，帮助儿童养成各种好习惯。在养成习惯的过程中，应遵循以下原则。

(一)一致性原则

这里的一致性原则包括多个方面的一致性。

(1)家庭内部要求的一致性

无论是帮助孩子养成哪种好习惯，家庭中的成人必须保持一致的态度和要求。譬如妈妈要求孩子不喝碳酸饮料，爸爸却经不住孩子的请求而给孩子买来喝，或者爸爸要求必须写完作业才能吃饭，奶奶却说吃饭是头等大事，吃完再写也不迟。成人在教育要求上的不一致是导致良好习惯无法养成的重要原因。所以，在教育孩子养成良好习惯的问题上，家庭中的所有成人应充分地沟通思想，达成一致，否则孩子极易钻空子或是无所适从。

---

① 关鸿羽：《教育就是培养习惯》，10页，北京，新世界出版社，2003。

(2)学校与家庭要求的一致性

作为专业的教育机构，学校在儿童良好习惯的养成上是相对更为权威的。所以，为了保持学校与家庭在习惯养成教育中的一致性，更多时候需要家庭向学校看齐。随着通信方式的发展，家校之间的沟通与信息传递是越来越便利了，家长应注意学校和教师传递的教育要求，努力配合学校的要求，必要时可以主动向学校或教师求教。

(3)家庭与社会要求的一致性

虽然现代传媒十分发达，其中传递的信息也良莠不齐，但是国家和政府高度重视传媒对社会风气的引导，正如党的十六届四中全会通过的《中共中央关于加强党的执政能力建设的决定》强调的："高度重视互联网等新型传媒对社会舆论的影响，加快建立法律规范、行政监管、行业自律、技术保障相结合的管理体制，加强互联网宣传队伍建设，形成网上正面舆论的强势。"所以，家长要在儿童不具备辨识能力的阶段利用传媒中的先进榜样和宣传正能量的信息引导儿童，同时也要尽量帮儿童减少甚至避免不良榜样或错误观念的影响。

(4)家长要求与家长示范的一致性

在对儿童进行习惯养成教育时，家长的言传与身教一定要保持高度的一致。譬如有的家长要求孩子不要玩手机，多读书，自己却有空就玩手机，从来不读书。有的家长教育孩子要按时睡觉，自己却经常熬夜，而且不是因为正当的工作原因熬夜，这些做法都不利于孩子的习惯养成。还有的家长教育孩子要专心做事，自己却时不时地去打扰孩子，或者自己做事时却并不专心等，这些都不利于孩子养成良好的习惯。

(二)坚持性原则

前文在介绍习惯的概念时就提到过习惯是后天形成的，是达到一定次数的重复行为得以稳固下来的结果。所以，要想帮助儿童养成良好的习惯，家长和教师一定要有坚持性。英国伦敦大学的拉利(Lally)及其同事于2009年招募了96个志愿者作为被试，考察了人们在自然生活的状态下养成一项习惯(即某种目标行为出现惯性的倾向)到底需要多长的时间，结果发现存在极大的个体差异，养成速度最快的人只用了18天，最慢的人却用了254天。拉利等人利用一定的统计方法对全部有效被试的数据进行模型拟合后，显示平均大约需要66天养成一项习惯。① 他们得出的结论就是养成习惯的速度在个体间差异很大，一些人可能比另一些人更难养成习惯。另外，习惯的内容可能

① Lally, P., van Jaarsvel, C. H. M., Potts, H. W. W., & Wardle, J. How are habits formed: Modelling habit formation in the real world, *Journal of Social Psychology*, Vol. 40, No. 6, 2010, p. 998.

也影响习惯养成的速度，一些习惯可能比另一些习惯更难养成。当然，在习惯养成的过程中并不是必须一天不落地坚持，但总体上要尽量坚持，不可有太长的间断，应有连贯性。

基于这项研究，我们应当明白这样一些道理：①习惯的养成需要坚持，虽然不是必须每天如此，但应尽量连续，而不是断断续续；②习惯养成的时间可能比较快，也可能比较慢，如果比较慢，要有耐心，不可着急或中断；③习惯养成速度有个体差异，切忌进行个体间的比较，因为不具有可比性。

(三)动机性原则

习惯的养成并非一蹴而就的事，往往是需要长期坚持的。以体育锻炼为例，很多人为了追求身体健康或减肥，很容易信誓旦旦地开始锻炼，但始于热情，终于意志薄弱的例子特别多。事实上，想靠意志力来养成习惯是很困难的，很多成年人都做不到，何况意志品质发展水平还很低的小学生呢？要想做到长期坚持，依靠动机比依靠意志力可能更具有可行性。所以，家长在引导小学生养成习惯时，一定要通过充分劝说、摆事实或其他方式调动小学生配合的热情，让小学生保持一定的动机水平。小学生有养成习惯的动机，不仅有利于行为的坚持性，也有利于行为的自觉性和主动性。否则，有人提醒和督促时一个样儿，没有人提醒和督促时另一个样儿，时间再长也不可能养成习惯。

(四)尽早原则

习惯具有稳定性，且难以改变。但是，习惯又是后天养成的。所以，在培养习惯时，一定要趁早，譬如生活习惯的培养要从小开始，学习习惯的培养要从初入学开始。在儿童还没有形成习惯的时候去帮助他们养成良好的习惯，要比儿童已经养成不良习惯后再去纠正更容易一些，效果也更显著一些。同样地，如果发现儿童养成了一些坏习惯，也要尽早开始纠正，因为越不纠正，坏习惯就会越稳定、顽固，纠正的难度会越来越大。

二、培养良好习惯的方法

教育部基础教育质量监测中心的副主任胡平平说：“国际上和我国都做过学生分数的影响因素检测，影响它的第一个是学生本人的智力、认知和家庭，占60%到65%的份额，学校影响只占10%到15%。”①其实不仅仅是学生的学业成绩受家庭影响最大，

① 杨璐：《职高、“坑校”与示范高中：中考当真定终身?》，载《三联生活周刊》，2021(28)。

学生其他方面的发展同样受家庭影响极大。良好习惯培养的关键期是幼儿期与小学阶段，所以良好习惯的培养重在家庭，重在家长，在此之外保持家校合作、家校一致即可。培养良好习惯可以使用以下方法。

(一)训练强化法

此法适用于单个简单行为习惯的养成。所谓简单的行为习惯，是指要养成的某种行为习惯只包含简单的一种行为，譬如坐端正，嘴里有食物时不说话，说话要先称呼人等。

使用训练强化法养成习惯时，首先要有讲解和示范。讲解的内容和措辞要适合儿童的理解水平。示范就是家长亲自做给孩子看。讲解与示范相配合，目的是让孩子充分了解目标行为是怎样的。在此之后，就是在日常生活中需要做出目标行为的场合、情境或时间里提醒和督促孩子实施目标行为，根据孩子的表现决定是否强化。只要孩子表现出了目标行为，家长可以选择合适的强化物予以强化。通过一段时间的坚持，直到孩子可以稳定自觉地表现出目标行为，就表示行为习惯养成了。

譬如帮助孩子养成嘴里有食物时不说话的习惯，家长可以这样做：家长首先要告诉孩子嘴里有食物时不应说话，一是为了卫生，防止食物或汤汁在说话过程中从嘴里掉出来，弄脏桌子、衣服甚至别人的食物、餐具；二是为了安全，防止食物或汤汁呛进气管里，既难受又危险；三是餐桌礼仪要求，是文明的表现。家长讲解之外，还要亲身示范。譬如就餐时让孩子注意看到家长每次都是等到嘴里的食物咀嚼吞咽下去之后再开口说话。假如生活中恰巧有人因为吃喝东西时说话而呛到，家长一定要抓住这个难得的反面示例，加深孩子对这种行为的危险性的认识。

经过讲解与示范之后，接下来就需要在生活中每次进餐前经常地提醒和监督孩子这样做，包括进餐过程中如果发现孩子吃着东西时想说话，家长也要示意提醒孩子吃完再说。这就是日常训练。训练过程中，如果孩子的表现符合要求，做得好，家长可以适当给予强化，强化物以精神性质的刺激为佳，也可以视孩子的具体情况灵活选择。坚持一段时间，直到孩子不用提醒都可以做到吃完嘴里的食物再说话，行为习惯就基本养成了。

为了帮助大家理解，再举一个例子。譬如帮助孩子养成正确握笔的姿势。这里要先说明一下，不宜过早训练孩子握笔，因为手部骨骼和肌肉发育水平还不够。但正确握笔需要一定的手部肌肉力量，所以在幼儿园阶段可以提前让孩子做一些锻炼手部力量的活动。从上小学开始，家长或教师首先要告诉孩子正确的握笔姿势是怎样的，特别是一些细节的要求，与讲解相配合的是家长或教师的正确示范。当孩子表示明白后，接下来就是训练。譬如握笔时手掌应是空心的，家长可以准备一个大小合适的纸团包在掌心里再握笔。最初写字时可以不要求字写得美观工整，重在训练握笔的动作要规范。训练的过程中，如果孩子的握笔姿势正确，家长可以适当强化，譬如口头表扬，以示鼓励。如果孩子一开始就握不正确或开始时正确但写着写着握笔姿势就变得不正确了，家长要及时提醒并纠正。尤其是在习惯养成的最初阶段里，家长的连续监督与提醒是很重要的。坚持一段时间，直到孩子只要握笔就会采用标准的姿势，不需要提醒就很自觉，可以撤掉掌心的纸团，如果动作仍然不变形，这个习惯就养成了。

(二)行为塑造法

此法适用于单个复杂行为习惯的养成，譬如阅读的习惯。下面我们以林正文先生著作中的例子来介绍这种方法的实际运用。

女儿的读书习惯①

在家长大的两个女儿，因上有个姊姊，从小就累积好多玩具，各式各样，应有尽有，要玩什么就玩什么，我们也不限制。为培养她们读书的习惯，我采取一项措施：只要在玩具中，去拿积木(印有注音符号)，或图书，或笔纸，就给她增强。

★多多！怎么知道拿书本，谁告诉你的呀？

★我自己想的。

★好聪明！(摸摸她的头)

如此反复多次，女儿拿书本的行为日渐增多，慢慢成为一种习惯，所以注音符号在不到3岁时，不但可以认识，而且还会拼音。

★这是猫。(故意把老虎说成猫)

★不对！那是老虎！

★是吗？

★是的，猫不是这样。(她翻出另一页指出正确的)

★哦！你比爸爸聪明。

就在这样的情况下，女儿从简单图画书(动物、水果……)，渐渐阅读到有单字，再到有词的书本，再进步到有句子的故事书。开始时，就在我的增强下，自动去碰书、翻书，最后书中的生动内容，形成自然增强，带给她充分的乐趣，满足她的好奇心，更激起她读书的欲望。因此，当她到了幼儿园时，不仅可以用注音符号写信，而且认识好多字，上小学时，已可以读联合报了。

在上面这个例子中，增强的意思就是正强化。我们可以看到，例子中的女儿养成

---

① 林正文：《儿童行为的塑造与矫正》，210～211页，北京，北京师范大学出版社，1998。

了阅读的习惯，这是个复杂的行为，所以耗时很长。下面，我们总结一下复习行为习惯的培养，或者说行为塑造法的运用。

首先，要把复杂的行为分解成若干个简单的行为。然后，循序渐进，从最简单最基础的行为开始训练强化，每完成一个行为都会因为得到强化而满足和愉悦，训练逐渐升级，直到最终可以完整地做出一连串的行为。

在上面的例子中，女儿最初被训练的行为是拿任何与图书有关的物品，可以是表示语言的注音符号，可以是图书本身，还可以是书写语言符号的工具。这种行为非常简单，女儿不需要理解行为背后的深意，只要做到就可以被强化。在此基础上，第二阶段训练的行为是认识注音符号，这种行为是轻松愉快，自然进行的，并不刻意，所以女儿像是自然而然地就把注音符号与对应表达的具体事物(如 mao 对应的是猫的图片)联系起来，比爸爸记得还清楚、准确，特别有成就感！第三阶段，认识单个的汉字。第四阶段，认识词。第五阶段，触碰有简单句子的图画故事书。第六阶段，翻看有简单句子的图画故事书。第七阶段，逐渐开始理解书中的内容。

我们可以看到，女儿的行为在逐渐升级，最终实现了真正的阅读，虽然阅读的书本可能是文字极少、句子极简单的书，但这是阅读的开始，只要女儿从中感受到了文字带来的丰富意义和精彩世界，就不再需要家长从外部给予的强化了，阅读本身带给她的乐趣足以让她爱上阅读，养成阅读的好习惯。

(三)代币制法

此法既适用于多种行为习惯同时培养，当然也可以用于单一行为习惯的培养。所谓代币，就是一种象征物，本身并不具有强化的作用，但可以用来兑换强化物。生活中，有些儿童喜欢的强化物可能并不是那种方便即时给予的。譬如，一个孩子喜欢去儿童乐园玩，但父母并不能在这个孩子每次做出期望行为的时候都立即带孩子去儿童乐园玩，这并不现实。像这种情况怎么办呢？我们可以考虑代币制的方法。下面先看一个例子，然后我们总结代币制的使用程序。

张太太的招数①

张太太是一位职业女性，不仅公事忙碌，而且家事也使她头昏脑涨，尤其两个宝贝儿子的管教，更让她头痛，最后只好请教专家。

她采用积分制，设计了一张积分表，用奖金方式，使得两个小孩自动且有效地处理自己的事务。半年来，张太太轻松应付家事，且尚有空闲。

---

① 林正文：《儿童行为的塑造与矫正》，518～519页，北京，北京师范大学出版社，1998。

积分表

月　　日到　　月　　日

姓名	星期	加分										扣分				合计20	总计
		起床2	整理床铺1	吃饭1	上学1	衣服1	笔记5	作业5	书包1	书桌1	睡觉2	说谎3	打架5	骂人3	争吵2		
	一																
	二																
	三																
	四																
	五																
	六																

积分制的方法是这样，孩子们能准时起床、睡觉各得2分，能整理自己的床铺、衣服、书包和书桌，按时吃饭、上学各得1分，准时做完作业得5分，笔记成绩得甲上且有星星或95分以上得5分。说谎扣3分，开口骂人扣3分，先动手打人扣5分，争吵各扣2分。

张太太为方便有效，设计如上表，张贴在白板上，每周一张，每天由孩子自行填写。妈妈抽空检视，一星期结算一次，每分1.5元。若每周得满分，则一个月可得720元的奖金。

为怕小朋友有钱乱花，于是张太太设置储蓄奖励金。凡一个月奖金没有花掉一块钱，则提供480元的奖励。若花掉钱，不管多少，480元的奖励金就没有了。但唯恐孩子在奖励金的诱因下，节省不花，眼看同学用钱，而影响其心理人格的发展，所以同意孩子开口说明用钱的必要，若母亲同意，不但可以开支，而且奖励金照给。

实施半年后，小孩几乎变成另一个人。

在上面的例子中，张太太对两个儿子采用的就是代币制的方法，这个例子中的代币就是积分。代币也可以是家长自制的小卡片、小纽扣等，可因地制宜灵活选择。代币本身并没有吸引力，但代币积累到一定数量可以用来兑换相应的强化物。概括地说，实施代币制的程序大致如下：

第一步，与儿童约定代币的细则，如果儿童年龄较小，无法协商，也可以由成人单方面根据现实情况制定并宣布细则。细则应明确怎样的目标行为对应多少数目的代币以及累积多少代币可以兑换怎样的强化物。细则一旦确定，双方必须严格遵守。

第二步，实施细则。出现目标行为，应立即给予代币，出现相反行为，则扣除代币。每次的代币发放或记录应及时，且公开、明确。

第三步，代币兑换。当儿童累积代币到一定数额时，可以兑换一定的强化物。强化物可以是金钱、荣誉、食物、出游等。

三、纠正不良习惯的方法

生活中，孩子常常在不经意间养成了一些坏习惯，等家长发现时往往已经养成。积习虽然难改，但还是要改。纠正不良习惯可以考虑如下方法。

(一)消退法

我们学习斯金纳的操作条件反射理论时，曾经介绍过消退的含义。当儿童的不良行为习惯是源于成年人的错误强化时，可以采用消退法，即不再给予儿童强化，儿童会逐渐减少直至不再做出不良行为。

这种方法的原理是这样的：儿童做出不良行为，成年人给予错误强化(之所以称为错误强化，是因为其指成年人主观上并不想强化儿童的不良行为，但成年人对儿童不良行为的反应在事实上成了儿童想要的强化)，儿童达到目的，于是重复不良行为，直到成为习惯。当儿童做出不良行为，成年人不再给予错误强化，儿童无法达到目的，不良行为就失去了意义，儿童无法借助不良行为达到目的，遂不再做出不良行为。

要想用消退法，必须找出错误强化是什么。譬如下面这个例子：

一年级的亮亮在学校只要与同学闹矛盾了，就会满地打滚，老师和同学都来劝阻常常也不管用，每次折腾很长时间才能结束。老师感到头痛，与家长沟通后发现亮亮在家里遇到不顺心的事时也是如此满地打滚，家长同样没有办法。

有专家通过观察和访谈了解了情况以后指出亮亮满地打滚后家长与老师等人的劝阻、重视、着急可能就是亮亮想要得到的结果，他想得到别人的重视，成为别人关注的焦点。家长与老师等人在主观上是想让亮亮停止打滚的行为，但客观上却是助长了亮亮的行为，这就是错误使用了强化的例子。

于是，在专家的指导下，当亮亮再度满地打滚时，家长就像没看见没听见一样，该做什么继续做什么。同样的情况如果发生在学校，学校的老师和同学们也当没看见没听见一样，该做什么继续做什么。亮亮果然傻眼了，当他慢慢停止打滚，家长或老师会对他说："如果你自己起来，我们可以好好说说话。"说完就去做自己的事，不再管他。当亮亮自己爬起来之后，家长或老师会立刻关注到他，表扬他，并且告诉他其实有什么想法都可以好好说话的。几次之后，亮亮遇到不顺心的事也不再打滚了，他改掉了这个坏习惯。

总结一下消退法的应用程序：

第一步，确定不良行为习惯源于错误强化，并找出错误的强化物。

第二步，当儿童再次做出不良行为时，取消错误强化。

第三步，当儿童减少或停止不良行为时，给予正强化。

在使用消退程序时，要注意这样几个问题：第一，要正确识别该行为曾经得到的强化物是什么；第二，要意识到消退法通常不会有立竿见影的功效，需要保持一贯性，不能随意中断或间歇使用；第三，要有思想准备，在应用消退程序的过程中可能会出现矫正对象变本加厉的爆发性行为。

(二)区别增强法

当儿童的不良行为习惯比较顽固，且不是因为成人的错误增强而养成的，可以考虑采用区别增强法。所谓区别增强是指在某一特定时间内，个体的某种目标行为次数减少到一定标准或范围时，可以得到强化，随后逐渐调整强化的条件，要求个体也逐渐减少目标行为次数，直到最终不再出现目标行为。[①] 通俗地说，区别增强法就是不要求儿童立即停止不良行为习惯，而是帮助儿童逐渐减少不良行为出现的频率，每当儿童的不良行为发生率降低到某种标准时，可以得到强化奖励，随后继续调整给予强化的标准，儿童为了继续获得强化必须不断减少不良行为发生率，直到最终不再做出这种不良行为，就表示这种不良行为习惯得到纠正了。

我们同样举例来说明。

李某上课喜欢说话，不仅影响他自己听讲，也影响旁边同学听讲，老师多次提醒都不改，点名或更换同桌也收效甚微。班主任和科任老师一起合作进行了连续三天观察，发现李某每天上课说话次数少则 12 次，多则 20 余次。于是，班主任和李某约定，如果接下来的日子里他能控制自己，每天上课说话次数不超过 10 次，可以给李某奖励(奖励物由班主任和李某事先约定)。在后面大约半个月的日子里，李某从最初不能获得奖励到后来连续几天都能获得奖励。于是，班主任再次和李某约定，从明天开始李某如果每天上课说话次数不超过 7 次，可以获得奖励(此阶段的奖励物同样由班主任和李某事先约定)。又过了半个月，李某再次可以天天获得奖励了。班主任如法炮制，将获得奖励的标准依次调整为 5 次、3 次、1 次、0 次。在班主任和李某的共同努力下，李某终于改掉了上课说话的坏习惯。

结合上述例子，可知区别增强法使用的程序应该包括以下六步：

第一步，观察儿童某种不良行为习惯发生的频率。

---

① 林正文：《儿童行为的塑造与矫正》，300 页，北京，北京师范大学出版社，1998。

第二步，基于观察的结果，设定第一阶段强化的条件，即儿童将不良行为降低到某个频率标准时可以得到强化奖励。为了收到明显的效果，强化的条件不宜制定得过高，以免儿童觉得“难度太大，我肯定做不到”。强化物一定要和儿童协商决定，这样才能保证强化物对儿童具有足够的吸引力。

第三步，实施第一阶段的要求，当儿童能够稳定达到强化条件时，说明第一阶段可以结束。

第四步，类似第一阶段的程序，重新制定第二阶段获得强化的条件。强化物也一定要和儿童协商决定，这样才能保证强化物对儿童具有足够的吸引力。

第五步，实施第二阶段的要求，当儿童能够稳定达到强化条件时，说明第二阶段可以结束。

第六步，后续强化遵循小步子调整标准的原则，依次要求儿童不断降低不良行为发生的频率，直到达到我们理想的水平。

【本章小结】

从小学开始，学生将要度过至少十余年的学校生活。学生生涯不仅时间长，难度也是不断上升的，譬如学科科目不断增加，相同科目的深度也不断增加，对知识掌握的考察要求同样不断提高。要想在这样的现实要求中脱颖而出，良好的学习习惯是必不可少的。退一步来说，即使不能在中考或高考时有骄人的表现，学业成就普通，至少也要成为有素质的合格公民，在平凡的岗位上为国家和社会做出自己力所能及的贡献。这一切都离不开良好习惯的养成。幼儿期和小学阶段是习惯养成的关键时期，如何帮助儿童养成良好的生活习惯和学习习惯是所有教师和家长应当高度关注并切实践行的工作。本章介绍了习惯的概念、特点以及良好习惯的主要内容，重要阐述了培养良好习惯的方法以及纠正不良习惯的方法。其中，讲解与示范、行为塑造以及代币制可用于良好习惯的养成，区别增强可用于不良习惯的矫正。每一种方法的使用程序与注意事项都需要理解到位，在使用这些方法时，要灵活地考虑每个儿童具体的年龄、个性以及所处的现实环境因素，本着方便、可行、易坚持的原则去选择最合适的方法。

【本章习题】

一、名词解释

习惯　学习习惯　生活习惯　代币　区别增强

二、简答

1. 简述习惯的特性有哪些。

2. 简述习惯养成的原则是什么。

3. 简述良好习惯的意义。

4. 简述纠正不良习惯的方法。

三、案例

冬冬做作业有拖拉的坏习惯，每天放学回家做作业时总是一会儿要吃，一会儿要喝，一会儿要上厕所，常常一个多小时也做不完。妈妈感到很头痛。请你帮忙提出建议，看看冬冬妈妈可以采用什么方法帮助冬冬改掉这个坏习惯。

【拓展阅读】

1. [美]詹姆斯·克利尔著．迩东晨译．掌握习惯．北京：北京联合出版公司，2019 年

2. [美]查尔斯·都希格著．吴奕俊，陈丽，曹烨译．习惯的力量．北京：中信出版社，2013 年

第七章

小学生的学习迁移指导

孔子曾经说："举一隅不以三隅反，则不复也。"这句话的意思是说当老师的给学生指出一个方面，学生如果不能由此推知其他多个方面，就不再教了。相信大家对这句话都有所耳闻。孔子作为春秋末期的教育家，是非常了不起的，因为这句话里反映了一个重要的学习心理概念——学习迁移。孔子认为老师教学生不是简单地把知识直接传递给学生，而是要求学生能够积极主动地理解知识，并且灵活地根据老师教的知识去理解没教过的知识，这就是学习迁移。"为迁移而教"是教育界很流行的一句口号。[1] 本章将围绕学习迁移的概念、种类、理论以及促进学习迁移的教学策略展开，帮助读者在理解学习迁移的含义、类别以及相关理论的基础上学会如何把迁移与教学结合起来。

第一节 学习迁移概述

一、学习迁移的含义

学习迁移是指一种学习对另一种学习产生影响的现象。

在学习迁移的概念中，有这样两个关键含义需要理解清楚。

第一，学习迁移是发生在两种学习之间的。这里所说的学习是广泛意义上的学习，既不限定内容，譬如知识的学习、技能的学习、策略的学习、方法的学习、观念的学习、态度的学习等都是可以的；也不限定顺序，譬如先完成的学习对后完成的学习有影响，或者反过来也是可以的。

第二，当一种学习影响了另一种学习，就表示发生了学习迁移。这里的影响是未限定性质的，既可以是积极的影响，也可以是消极的影响。

二、学习迁移的种类

根据不同的划分标准，学习迁移可以分出不同的类型。

① 王丽琴：《学习迁移的教学论思考》，载《江西教育科研》，2000(6)。

(一)根据迁移的性质不同，可分为正迁移和负迁移两类

学习迁移是一种学习对另一种学习产生影响的现象，当这种影响是积极的、起促进作用的时候，就是正迁移；当这种影响是消极的、起阻碍作用的时候，就是负迁移。

正迁移的例子有很多。先学的知识帮助我们理解了新知识，这是正迁移；新学的知识让我们对学过的旧知识有了更加深刻和系统的理解，同样是正迁移；在一门课程上学到的学习方法被灵活运用到另一门课程上，显著提高了另一门课程的学习效率，还是正迁移；在数学课上，学生知道了“有一个角是直角的三角形叫直角三角形”，那么“有一个角是钝角的三角形叫什么三角形呢?”学生认为叫“钝角三角形”，这也是正迁移；“闻一知十”“触类旁通”等自然也是正迁移。

负迁移的例子也不少。譬如在语文课上先学习了“自己”的“己”，然后又新学习“已经”的“已”，结果，再写“自己”时，写成了“自已”，这是非常典型的负迁移；类似地，先学会了打羽毛球，再去学打网球，一开始会比较困难，因为打羽毛球的动作要领完全不同于打网球的动作要领，如果直接照搬过来用，就出错了，这也是负迁移的例子；在数学课上，知道了“有一个角是直角的三角形是直角三角形，有一个角是钝角的三角形是钝角三角形”，就推断认为“有一个角是锐角的三角形是锐角三角形”，这同样是负迁移；“邯郸学步”自然也是负迁移。

(二)根据迁移发生的方向，可以分为顺向迁移和逆向迁移两类

这里所谓的方向，其实是指以两种学习发生的时间为标准区分的先与后。顺向迁移是指先前的学习对后续的学习造成了影响，而逆向迁移则是后续的学习对先前的学习造成了影响。

顺向迁移只强调是先前的学习影响了后续的学习，但不考虑这种影响的性质是什么。譬如，在英语课上，先学会了一般疑问句的语法顺序后，再学习特殊疑问句时，听到老师说“特殊疑问词＋一般疑问句，但是要把特殊疑问词对应的具体内容给去掉”就是特殊疑问句的语法顺序时很容易就理解了，这就是顺向迁移的例子；再譬如中国人学习英语时，常常会按中文的表达习惯去翻译英文，这也是顺向迁移的例子，是先学会的母语对后面的外语学习造成了影响；“温故而知新”也是顺向迁移。

逆向迁移则只强调是后续的学习反过来影响了先前的学习，同样不考虑影响的性质是什么。譬如，数学课上，学习了乘法之后再回头看早就学过的加法，会对加法有更深刻的理解，这是逆向迁移。语文课上本来已经学会了汉语拼音，后来又学习的英文字母，结果有的学生再回头去做拼音的练习时，就出错了，这也是逆向迁移的例子。

(三)根据两种学习之间概括水平的关系不同，可分为横向迁移与纵向迁移两类

横向迁移也称为水平迁移，是指发生迁移的两种学习处于同一概括水平。本章最开始所说的“举一反三”中的“一”和“三”，其实就是指同一概括水平的学习。譬如，在英语课上，学习了单词“beautiful”，知道“ful”是形容词后缀。再看到单词“helpful”“harmful”的时候，根据词根的本义稍加推断就可以知道它们的意思，这就是一种横向迁移的例子。

纵向迁移也称为垂直迁移，是指发生迁移的两种学习处于不同的概括水平：一种概括水平高一些，另一种概括水平低一些。这里举两个例子。第一个例子：先学习三角形的概念，再学习钝角三角形、直角三角形、锐角三角形，这里先学的三角形是更概括的知识，三种具体的三角形是概括性水平更低一层的知识，学生根据已学过的三角形的知识去理解各种具体三角形的含义，就是纵向迁移。第二个例子：学生学习了“am”“is”和“are”以后，再学习“系动词”的概念和语法，这个例子中先学习的几个单词是概括性水平更低一层的知识，后学习的“系动词”是概括性水平更高一层的知识。学生根据以前学过的知识来理解什么是“系动词”，这就是纵向迁移。如果学生后来继续学习“become”这个词，老师说“become”也是一种“系动词”，请想一想，到那个时候发生的是不是纵向迁移。

(四)根据迁移的内容不同，可分为一般迁移和具体迁移两类

一般迁移也称为普遍迁移或者非特殊迁移，是指迁移的内容属于一般性的原理、方法、策略、态度等，我们将学会的一般性的、普遍性的原理、方法等用于具体知识或技能的学习，就发生了一般迁移。譬如，在语文课上系统地掌握了文本阅读和分析的技能，然后将这种阅读技能运用于准确解读其他课程的练习题或考试题中去，就是一般迁移的例子。

具体迁移也称为特殊迁移，是指迁移的内容是非常具体的、特定的知识或经验。譬如，学过了“木”字，再学习“森”字的时候，很容易就能理解“森”的含义，记住“森”的写法。在这个例子中，迁移的就是“木”的知识，包括它的字形和字义。再举个例子，学习了“难”，在看到“傩(nuó)戏”表演时，听人介绍“傩戏”的“傩”字就是单人旁加一个“困难”的“难”字，我们很快就知道这个“傩”怎么写了。在这个例子中，迁移的就是“难”的字形。根据这里的两个例子，大家可以看到具体迁移时迁移的内容是非常具体、特定的知识或经验，与一般迁移相比起来，具体迁移对我们学习的影响力是不够广泛的。为了提高学习的效率，除了具体迁移之外，我们还是要更加注重一般迁移。

需要提醒的是，这些划分标准彼此之间并不矛盾，任何一个迁移的例子，可以同

时在这些不同的划分标准中找到具体的类别。就拿上文中的例子来说，学过了“木”字，再学习“森”字的时候，很容易就能理解“森”的含义，记住“森”的写法，这个例子是正迁移，同时也是顺向迁移，还是横向迁移和具体迁移。大家可以用上文中的其他例子，也可以自己去想一些迁移的例子，然后试着分析一下是哪种类别的迁移。

三、学习迁移的作用

通过对学习迁移的概念和分类的学习，相信大家已经感受到学习迁移对学习的影响是巨大的，特别是正迁移的发生，意味着学习效率的提升，这也是学习迁移备受教育家推崇和重视的原因所在。概括地说，学习迁移有以下几方面的作用。

首先，迁移可以促进问题解决的能力形成。学生学习各种知识、方法或策略，近期来看是为了能够解决练习或考试时的各种问题，长远来看则是为了能够解决将来在工作和生活中遇到的各种问题。“学以致用”，本质上就是迁移。迁移的顺利发生意味着学生可以灵活地将所学的知识和技能运用于问题解决，促进问题解决能力的形成。在学校中，不难见到一些学生可以熟记和理解课堂上学过的知识，然而，当某个问题涉及对这一知识的灵活运用时，学生却不知道该如何去用，这其实就是未能发生迁移。

其次，迁移有助于知识和经验的概括化和系统化。任何一门课程里都包含了许许多多具体的知识点，譬如语文中的大量生字、生词、古文及其注释、古诗及其注释、其他课文、文体知识等，但是这些知识点并不应该是杂乱地堆放在我们的头脑中，或者按学习的先后顺序僵化地存在于我们的头脑中，而应按照知识点之间的逻辑联系，或者学科的框架与体系组织起来，形成更概括的学科基本结构，或者说是知识体系。迁移可以帮助学生实现这种概括化和系统化的目标，迁移因此也是具体经验向能力与品德转化的关键环节。

最后，迁移规律对于学生、教师以及教育培训人员都有重要的指导作用。学生主动地进行学习迁移，或者教师以及教育培训人员在教学过程中有意识地引导学生或受训人员进行学习迁移，都能促进更有效率的学习或培训。

第二节
学习迁移的理论

关于学习迁移的规律，心理学家进行了积极的探究，并且形成了多种理论。本节将介绍其中有代表性的一些理论，这些理论不仅有助于我们更好地理解学习迁移发生的规律，也为我们理解如何在教学过程中促进学习迁移提供了知识基础。

一、形式训练说

在本节介绍的所有迁移理论中，形式训练说是最早提出来的。理解形式训练说，需要先了解一下“官能心理学”。在中世纪时，人们曾经提出了三种心理官能：一般感觉、想象和记忆。后来，其又细化成了感觉、注意、记忆、想象、意志等类别。① 近代官能心理学的创立者是德国心理学家沃尔夫(C. Woiff)。形式训练说受到官能心理学的影响，认为心理的各种官能可以通过完成具体的学习任务得到训练和加强，被加强的心理官能在后来的学习中发挥作用，促使后续学习效率提高，这就是学习迁移的本质。因此，概括地说，形式训练说认为迁移的是心理的官能。在形式训练说的支持者看来，学习的内容本身是什么并不重要，重要的是形式的训练，因为形式的训练可以加强心理的官能，进而让我们的学习越来越高效。

形式训练说在欧洲教育的历史上曾经兴盛一时，影响颇大。② 在我国，一些一线的教师也有类似的朴素的形式训练说的观点，譬如有人认为“应该多让学生做题，题做得越多脑子越灵活”，其实就是认为具体的学习提高了大脑思维的水平，大脑思维水平的提高使得以后再做题的水平也有提高。③但是，形式训练说未能得到大量心理学实验的支持。④ 譬如，桑戴克曾经在 1924 年和 1927 年做了两次大型的教育实验，对象是 13000 多名高中生，实验持续了一年，对比了这些高中生在一年中学习了 7 个科目的课程后，智商是否存在显著变化。他得到的结论是特殊的训练对于提高一般的心理官能收效甚微。⑤

二、共同要素说

共同要素说，也称为相同要素说，代表学者是桑戴克和武德沃斯(R. S. Woodworth)。这一理论认为学习迁移发生必须满足一个前提条件：两种学习包含相同的要素，或者共同的成分。只有满足这个条件，学习迁移才能够发生。

---

① 陈立：《从冯特的实验心理学到现代的差异心理学——官能心理学与因素分析的评述》，载《杭州大学学报(自然科学版)》，1986(3)。

②③ 金洪渊，吴澜：《应用学与教的心理学原理十年实验和关于形式训练说的思考》，载《华东师范大学学报(教育科学版)》，1995(1)。

④ 李梅等：《中学教育心理学》，140 页，南京，南京大学出版社，2018。

⑤ 白晋荣：《关于迁移理解的几点思考》，载《心理科学》，2007(6)。

桑戴克曾经设计了一个实验来验证共同要素说。① 实验以大学生作为被试，实验任务是让大学生判断平面图形的面积。实验分成了三个阶段：在第一个阶段，主试提供了 100 多个图形供大学生练习判断面积，这些图形包括了矩形、三角形、圆形以及不规则的图形。第一阶段大学生的判断成绩作为他们的基线成绩，用于后期的对比。接下来的第二阶段里，主试提供了 90 个图形让大学生练习判断面积，但是这一阶段的图形只有平行四边形这一种。在第三个阶段里，主试提供了 13 个矩形和 27 个其他图形让大学生判断面积，27 个其他图形包括了三角形、圆形和不规则图形。需要注意的是这 27 个其他图形在笋一个阶段都曾经出现过，并不是从没见过的新图形。研究的结果是这样的：以第一阶段的成绩作为基线进行对比，发现经过第二阶段的训练之后，大学生在第三阶段对矩形面积的判断成绩显著提高了，说明第二阶段的训练是对于判断矩形面积的任务是有效的，但是大学生在第三阶段对其他图形面积的判断成绩并没有变化，与第一阶段相似。对此，桑戴克的解释是第二阶段的平行四边形面积判断训练与第三阶段的矩形面积判断具有共同成分，所以训练起到了促进作用，即发生了迁移。但是，第二阶段的训练与第三阶段的其他图形面积判断并没有相同成分，所以训练没起到作用，即没发生迁移。

有学者评价说："两种学习、经验、机能之间具有共同要素或成分，确实应该是迁移的最基本的前提条件，这是桑代克在迁移理论上最伟大的贡献；而其他的迁移理论都可以看作是在这一前提之下从不同角度、不同方面进行的有各自特定意义的创新、丰富和发展。"②

三、概括化理论

这是由心理学家贾德(C. H. Judd)提出的迁移理论。概括化理论的主要观点是，学习中发生迁移的关键是两种学习包含共同的概括性的原理。对于桑戴克的共同要素说，概括化理论认为两种学习包含共同的要素只能保证迁移有产生的前提，但并不决定迁移一定能发生。产生迁移最为关键的共同的要素，不是别的什么，而是共同的原理。根据这一理论，学生在学习时应更着重于概括性的原理，因为这种概括水平更高的原理适用于多种学习的可能性更大，发生迁移的可能性自然也就更大。

"水下打靶"实验是支持概括化理论的经典实验。③实验选取的是小学五、六年级的学生作为被试，实验任务射击水面以下的靶子。小学生被随机分成了两个实验组，为了方便我们暂且称为实验组 A 和实验组 B。A 组的被试在动手射击之前，先由专人讲

---

①③ 李梅等：《中学教育心理学》，140 页，南京，南京大学出版社，2018。

② 白晋荣：《关于迁移理论的几点思考》，载《心理科学》，2007(6)。其中，桑代克即桑戴克。

解了光在水中折射的原理。B 组的被试则没有原理学习的环节，直接动手开始射击练习。当两组被试对同一深度的靶子打出相同的射击成绩后，主试调整了靶子在水下的深度。结果发现：对调整水下深度后的靶子进行新的射击练习时，A 组的成绩明显好于 B 组的成绩。对此结果的解释是 A 组被试因为学习了折射的原理，所以当靶子调整了深度之后，他们也能根据原理对调整深度后的靶子实际上的水下深度进行判断，并相应地调整自己的射击角度，所以成绩更好。B 组被试不懂得折射的原理，他们对调整过深度的靶子只能从头开始不断地尝试和调整，是一个慢慢摸索的过程，所以成绩没有 A 组好。

贾德的概括化理论强调了一般性原理的重要性，譬如哲学是可以作为方法论指导人们在具体学科的研究，体现的就是哲学思想在分析具体领域的问题时起到了指导性的作用。① 因此，这一理论对教育工作者的启示就是向学生传授具体知识之外，一定要反复强调每门学科中的一般性原理，这对于学生更好地学习具体知识是有极大促进作用的。

四、关系转换说

格式塔心理学代表人物苛勒(W. Kohler，1887—1967)提出了关系转换说来解释迁移发生的条件。② 关系转换说认为迁移发生的根本条件是两种学习情境中包含着共同的或相似的关系，特别是手段—目的之间的关系。当学习者对这种共同或相似的关系有所顿悟，迁移就可以发生。

苛勒也设计了一个实验来支持自己的观点。③实验的被试是小鸡，实验的任务是让小鸡找到纸片下的食物。实验分两个阶段进行。实验使用的材料除了小鸡爱吃的食物以外，还有三种灰色程度深浅不同的纸片。为了便于理解，我们分别称为 A、B、C，其中 A 的灰色是最浅的，B 的灰色程度居中，C 的灰色程度最深。在实验的第一个阶段，呈现给小鸡的总是 A 和 B 的配对纸片，当然，两种纸片的位置是随机变化的，食物总是放在 B 的下面。经过 400～600 次的训练，小鸡学会了在 B 纸片的下面去找食物。接下来进入第二阶段的实验，呈现给小鸡的总是 B 和 C 的配对纸片，当然，两种纸片的位置也是随机变化的。结果表明，在第二阶段的实验中，小鸡总是去 C 纸片的下面找食物。对此结果的解释是小鸡在第一阶段学会的并不是记住 B 纸片的特征，而是领会了 B 和 A 的关系是 B 的颜色更深一些，食物放在颜色相对更深的纸片下面。所以，进入第二阶段以后，小鸡发现 C 比 B 的颜色更深，这就包含了相同的对比关系，那么食物应该放在颜色相对更深的 C 纸片的下面。

---

① 关家麟：《马克思对人的存在的探解及其现实方法论意义——对马克思哲学思想的一种解读》，载《哲学研究》，1999(10)。

②③ 李梅等：《中学教育心理学》，141 页，南京，南京大学出版社，2018。

在关系转换说中，迁移要想发生，两种学习情境中包含相同或类似的关系是根本条件，学习者顿悟这种相同或类似的关系则是关键。所以，这种理论很强调学习者作为主体在迁移发生中起到的作用，强调了学习者在学习过程中的主动的认知加工。

五、现代的迁移理论

奥苏伯尔在有意义学习理论的基础上进一步提出了认知结构迁移理论，也被称为现代的迁移理论。下面首先介绍有意义学习理论，以便大家更好地理解后面的认知结构迁移理论。

(一)有意义学习理论

1. 奥苏伯尔对学习的分类

奥苏伯尔是认知学派的心理学家，强调学习的内部认知过程，所以他的有意义学习理论属于认知主义的学习观。他曾经对学习的类型做过划分①，提出了两种划分标准。第一种是按学习者是否能够理解学习材料来分，将学习分为机械学习和有意义学习两类，前者是指学习者不能理解学习材料(这里其实还要细分两种情况：一种是学习材料本身无意义，所以无法产生意义理解；另一种是学习材料本身有逻辑意义，但学习者的知识水平达不到理解的程度，所以也无法产生意义理解)的学习，后者是指学习者能够理解学习材料内在逻辑意义的学习。第二种是按学习进行的方式来分，将学习分为发现学习和接受学习两类。前者是指由学习者主动的探究、独立的思考，自行得到最终的知识经验的学习，后者是指由他人将知识经验传授给学习者的学习。根据表 7-1 可知，学习可以按两种划分标准组合出四种类型，分别是机械的接受学习、有意义的接受学习、机械的发现学习及有意义的发现学习。其中，学校情境中最主要的学习类型就是有意义的接受学习。

表 7-1　奥苏伯尔的学习分类

项目		学习者对学习材料的理解程度	
		机械	有意义
学习方式	接受	机械的接受学习。 例如：死记硬背《离骚》	有意义的接受学习。 例如：认真听老师讲课
	发现	机械的发现学习。 例如：试误走迷宫	有意义的发现学习。 例如：科学家做研究

---

① 李梅等：《中学教育心理学》，38 页，南京，南京大学出版社，2018。

2. 有意义的接受学习

(1)有意义的学习的实质

有意义的学习的实质是新知识与已有的知识之间建立起来非人为的和实质性的联系。所谓实质性的联系，是指新知识与旧知识之间存在内在的逻辑联系；所谓非人为的联系，是指新知识与旧知识之间的内在逻辑联系不是人为主观赋予的，而是客观存在的。我们不妨举例说明：学习英语单词 yes，如果知道 yes 怎么读，也知道 yes 的含义是“是的，对的”，就在新知识“yes”与旧知识“是的，对的”之间建立了实质性的联系，它们是用不同语言表达的表示肯定的词，或者说是可以用某个旧知识来解释和理解新知识。要注意，新知识“yes”与旧知识“是的，对的”之间的联系不仅是实质性的，还是非人为的，因为只要同时懂得英语和汉语的人，都会认同这两者之间的意义对等关系，所以这种联系是相对客观存在的，就叫非人为的联系。但是，如果知道 yes 怎么读，不知道 yes 的含义，也可以用学过的汉语来标记，譬如“噎死”，这样的话，再看到 yes 的时候是可以读出来的，但这里将 yes 和“噎死”联系起来，就是这个学习者个人的主观联想和赋予联系，这种联系就是人为的联系了。

(2)有意义学习的条件

有意义学习的发生需要主观和客观两方面的条件。

客观条件也是外部条件，要求学习材料必须具有逻辑意义。譬如，一串随机写成的字母串或数字串，就没有逻辑意义，这样的学习材料就不满足有意义学习发生的客观条件。

主观条件也是内部条件，是学习者自身应具备的条件，具体包括三个方面的内容。

第一，有学习动机。学习者必须具有一定的心向或倾向性，主观上愿意将新知识与已有的知识之间建立起一定的联系。通俗地说，学习者是具有想学会新知识的意愿的。

第二，有知识基础。学习者已经具有的知识经验当中必须有适当的部分可以与新知识之间建立起实质性的、非人为的联系。通俗地说，学习者是具有理解新知识的能力的。

第三，有学习行为。学习者必须积极主动地在头脑中让新知识与已有的知识之间发生相互作用。通俗地说，学习者确实积极地动脑去理解和加工。

(3)有意义的接受学习——同化与先行组织者

在第一章中，我们介绍过的另一位认知学派的代表人物布鲁纳非常推崇发现学习，认为发现学习是最有效的学习方式。① 但是，奥苏伯尔不这么认为。在他看来，学校教育应以有意义的接受学习为主。②第一，发现学习虽然体现了主动性，提高了学生参与

①② 李梅等：《中学教育心理学》，51页，南京，南京大学出版社，2018。

学习的积极性，但是不应将发现学习绝对地看成是有意义的，而接受学习必须是机械的。正如表7-1所示的那样，发现学习也可能是机械的，接受学习也可以是有意义的。第二，从现实的层面考虑，发现学习耗时多，且对教师的要求极高，并不适合广泛大量地运用于各种课程的所有知识点上。有意义的接受学习则有更大的可行性，只要教师的设计和组织做到位，接受学习也可以是富有意义的。

为了进一步阐明有意义接受学习的心理机制，奥苏伯尔借鉴了皮亚杰的发生认识论中提出的“同化”的概念。皮亚杰在其发生认识论中提出了一对概念：顺应与同化。① 顺应是指主体无法使用已有经验去理解与应对环境时，必须改变内部的经验，或者是调整已有的经验，或者是增加新的经验，以此达到适应环境要求的目的，这种改变内部经验以适应环境的过程就是顺应。同化是指主体使用已有的经验去理解与应对环境，主体得以积累更加丰富的经验，这种内部经验不需要质变只以量变来适应环境的过程就是同化。奥苏伯尔借鉴了同化的思想，认为有意义的接受学习本质上就是学习者利用自己已有的经验去理解新知识的过程，这就是一种发生在学习领域的同化现象。

奥苏伯尔为了帮助一线教师更好地创造有意义学习的条件，提出了先行组织者的策略，这是他为教育实践做出的另一个贡献。② 先行组织者，是一种在正式学习新知识之前呈现的引导性材料，这种材料既与学习者已有的知识结构有关联，又与学习者即将学习的新知识有关联，其概括性、包摄性、稳定性等方面都明显高于新知识，能够帮助学习者确立有意义学习的心向。在新知识的学习之前，如果提供了理想的先行组织者，就相当于提供了一个锚，可以帮助学习者利用这个锚在新知识与已有的知识结构之间建立起清晰而稳定的逻辑联系，从而顺利地将新知识同化到学习者的内部知识结构中去。譬如在学完了铁等金属之后，接下来要学习钢，如果在学习钢之前呈现一份有关合金与金属的关系的先行组织者，就能非常有效地帮助学习者明确即将学习的钢与已经学过的金属之间有怎样的逻辑联系。相反，如果老师呈现的先行组织者是关于人类炼钢的历史发展，虽然有一定的趣味性，但从知识同化的角度来看效果肯定不如前一种先行组织者好。所以，教师要学会提供恰当的先行组织者。

当学习者即将接触的是全新领域的知识时，建议采用陈述性的先行组织者，这种先行组织者可以为学习者提供一个更上位的概念或知识框架，有助于学习者接下来将新学习的知识形成认知结构。当学习者即将接触的并非完全陌生领域的知识时，适合采用比较性的先行组织者，这种先行组织者有助于学生清楚地区分即将学习的新知识与已有知识之间的联系与区别，避免了新旧知识之间可能出现的混淆。

---

① 桑标：《儿童发展》，41页，上海，华东师范大学出版社，2014。

② 李梅等：《中学教育心理学》，51页，南京，南京大学出版社，2018。

(二)认知结构迁移理论

基于有意义学习理论的思想，奥苏伯尔提出了认知结构迁移理论。这一理论认为凡是有意义的学习都是基于原有的认知结构进行的，因此有意义的学习肯定要受原来学习的影响，也就必然包含了学习迁移。只不过，与其他迁移理论不同的是，奥苏伯尔认为认知结构是决定迁移的关键因素。①

1. 认知结构含义

所谓认知结构，就是学生头脑中的知识结构，或者说学生掌握的所有知识与经验在头脑中的组织。

2. 认知结构的三种特征

(1)可利用性

认知结构的特征之一是可利用性。所谓可利用性，是指在学习新的知识时，学生原有的认知结构中是否有可以用来与新知识发生相互作用的适当知识。通俗地说，可利用性就是指当学生要学习新知识时，他已经掌握的知识当中有没有知识可以用来理解新知识。如果有，那么就有了进行有意义学习的可能性；如果没有，就只能进行机械学习。

举个例子：要学习乘法时，如果已经学会了加法，就可以用加法来理解乘法，明白 2×3 表示 3 个 2 相加或者 2 个 3 相加。按照认知结构迁移理论的观点，已经学会的加法就是已有认知结构中可利用的适当知识，新学习的乘法可以用这个适当知识来加以理解，这就发生了学习的迁移，因为过去的加法学习促进了现在的乘法学习。

(2)可辨别性

认知结构的另一个特征是可辨别性。所谓可辨别性，是指新学习的知识与已有认知结构中的知识在多大程度上可以区分或辨别。如果新知识与已有的旧知识可以很清楚地相互区分，那么学习者对新知识形成的印象就可以很清晰、稳定，表现出来就是记得牢、理解得准。相反，如果新知识与已有的旧知识之间无法清楚地相互区分，学习者就很容易用已有的旧知识去代替新知识，表现为把新知识给遗忘了；也有可能导致学习者用新知识去代替了某个旧知识，于是把新知识与旧知识给弄混淆了。

举个例子：已经学过“躁”，新学习“燥”。这两个汉字的右半部分是完全一样的写法，而且两个字的读音也是完全一样的，由于相似性很高，所以不少学生在学习了这两个字后容易混淆。教师在讲授“燥”时，应主动将“燥”与已经学过的“躁”进行比较，指出两个字的区别在偏旁上，偏旁在汉字正字法中是起到义符的作用的，所以两个字的含义是完全不同的。再分别由“火”和“足”的本义进行阐述，帮助学生理解“燥”与缺

---

① 李梅等：《中学教育心理学》，141 页，南京，南京大学出版社，2018。

乏水分有关，所以组词“干燥”“枯燥”；“躁”与跺脚、蹦跳有关，所以组词“急躁、暴躁”。经过这样的对比，就增加了两个字之间的可辨别性，学生既不至于忘记了新学的“燥”，也不会把以前学过的“躁”给记混淆了。

(3)稳定性

认知结构的最后一个特征是稳定性。所谓稳定性是指学习者原有认知结构中用来理解新知识的旧知识在多大程度上是巩固的。在学习新知识时，我们往往会用旧知识来帮助理解新知识，旧知识掌握得越牢固，就越有利于理解新知识。

总而言之，学生在学习新的知识时，其原有认知结构的可利用性越高、可分辨性越大、稳定性越强，就越容易产生有意义的学习，亦即发生学习迁移。在实际的教学工作中，教师也要注重帮助学生形成可利用性高、可分辨性大、稳定性强的认知结构，或者说打好坚实的知识基础，这样才能为积极的学习迁移的发生创造条件。

第三节
教学中如何促进小学生学习迁移

就迁移的性质而言，使学生在学习时产生尽可能多的正迁移是教学要努力追求的主要目标之一。要想实现这个主要目标，必须依据迁移的规律，在有关迁移理论的思想指导下，在以下几个方面把工作做到实处。

一、精选教材

根据贾德提出的概括化理论，我们知道那些一般性的、普遍性的原理有更强的适用性和更大的迁移价值，所以学校和教师在可选择的范围内一定要选择那些最能体现本学科或本课程基本原理或知识体系的教材。

二、合理编排教学内容

所谓合理地编排教学内容包含两方面的要求。一方面是指教材在内容的选择方面应体现出结构化、一体化和网络化：结构化是指教材中的所有具体内容应具有内在的、科学的、合理的逻辑联系，不是随意拼凑在一起的；一体化是指教材中的各种组成部分是一个有机的整体；网络化则是指教材中的各种组成部分之间存在上位、下位以及并列等纵横交叉的联系。

另一方面是指教材中具体内容的编写顺序上应具有循序渐进的特点。根据奥苏伯尔的认知结构迁移理论，我们知道有意义的学习必然产生学习迁移，而有意义的学习又要求学习者原有的认知结构中应当有可利用的适当观念去理解新知识。所以，在编排教材中各章节的顺序时，应力求编写在前面的内容是编写在后面的内容的基础，成为后学习内容的有效支点，后学习的内容则可以促进先学习内容更加的深化与完善。

三、合理安排教学程序，使用恰当的教学策略

在一门课程的学习上，要合理地安排教学程序，体现循序渐进的思想。在一节课的学习上，也要合理的安排教学程序，体现循序渐进的思想。教材中编排的教学内容要通过具体的教学程序来体现和实施，教师在设计教学程序时，无论是一学期的整体规划还是一次课的微观规划，在教学程序的安排上都要力求体现认知结构迁移的规律：在引入新知识之前先回顾、激活与新知识有密切关联的旧知识。除了教学程序要合理以外，教师也要学会使用促进迁移发生的教学策略。譬如：有意识地帮助学生将相似性的知识联系在一起，同时又注重相关知识之间的对比；明确学习目标；创设与生活情境有密切联系的学习情境；引导学生及时进行概括总结等。

四、教授学习策略，提高迁移的意识性

教师通过精心设计教学程序和选择教学材料，虽然可以教给学生结构清晰、组织良好的信息，但是这样也是不够的。毕竟每门课程的学时是有限的，每个学期、学年是有限的，学生在学校学习的时间也是有限的，从长远来看还是让学生学会学习、学以致用才最有意义。所以，教师除了传授具体的知识以外，也要结合本学科的实际教学有意识地教给学生有关学习的策略，特别是提高学生主动进行学习迁移的意识和动机，譬如学会主动地在原有认知结构中寻找与新学习有关联的内容进行迁移，以及主动地对学过的内容进行及时的概括和总结，都是提高学生学习能力和学习效率的有效办法。

【本章小结】

任何一种学习对另一种学习产生影响的现象都可称之为学习迁移。学习迁移按性质可分为正迁移和负迁移两类，前者是积极的影响，后者是消极的影响。通常我们说促进学习迁移的发生，是默认为指正迁移。学习迁移还可以根据其他的标准进行不同的划分，如顺向迁移与逆向迁移之分，横向迁移与纵向迁移之分等。对于一种具体发生了的学习迁移而言，可以在上述不同

的分类标准中归入相应的迁移类型。心理学家对学习迁移的内容与实质有不同的观点，早期的形式训练说认为迁移的是官能，即某种心理能力。桑戴克和武德沃斯则认为当两种学习有共同的或相似的要素时，可以发生学习的迁移。在此基础上，贾德将这种共同的要素限定为共同的原理，认为两种学习只要包含了共同的普遍性的原理，就可以发生学习的迁移。格式塔学派认为当两种学习中包含了相似的关系时，学习迁移可以发生。奥苏伯尔则认为迁移的是认知结构，当已有知识中的适当内容可以用于理解新知识时，学习迁移就发生了。这些迁移的理论对于我们具有启示意义，可以帮助教师从选择教材、安排课程与教学内容、教学程序设定以及教给学生学习策略等方面入手促进学习迁移的发生。

【本章习题】

一、名词解释

学习迁移　正迁移　负迁移　横向迁移　纵向迁移　顺向迁移　逆向迁移　认知结构　先行组织者

二、简答

1. 简述有意义学习发生的条件是什么。

2. 简述认知结构迁移理论。

三、论述

试联系实际谈谈如何在教学中促进学习迁移的发生。

【拓展阅读】

1.[美]安尼塔·伍尔福克著. 伍新春，张军，季娇译. 教育心理学. 北京：中国人民大学出版社，2013 年

2. 莫雷. 教育心理学. 广州：广东高等教育出版社. 2002 年

第八章

小学生的知识学习指导

美国的心理学家加涅（R. M. Gagne）曾经根据学习结果的不同对学习进行分类，这五种学习分别对应了不同的学习内容：言语信息、智力技能、动作技能、态度及认知策略。[①] 基于这种分类的思想，从这一章开始的连续四章，我们将了解小学生对不同学习内容的学习规律。在这一章中，我们将介绍有关言语信息的学习，也是知识的学习。接下来的第九章，我们将介绍动作技能和智慧技能的学习，统称为技能的学习。第十章我们将介绍态度与品德的学习。第十一章将介绍学习策略。其中，在第八章里我们会带领大家了解知识是什么，有哪些类型，其中重点介绍陈述性知识和程序性知识两大类。我们还要介绍知识学习的一般过程，在知识获得的环节重点介绍的是概念与规则怎么教和学，在知识应用的环节重点介绍问题解决与创造性的培养。最后我们介绍知识的表征与教学。

第一节
知识概述

一、知识的概念

关于知识的定义，不同时代不同学科领域的学者有不同的观点。譬如美国社会学家丹尼尔·贝尔认为知识是“对事实或思想所提出的一套有系统的阐释及合理经验性结果”，英国学者德·朗特里从教育学角度强调知识是“个人经过生活经验和经过教育所获得的见闻与认识的总体”，美国经济学家马克·卢普对知识的定义则是“根据已认识的事物所做的客观解释”。[②]

在《中国大百科全书·教育卷》中记录的知识定义是：“所谓知识，就它反映的内容而言，是客观事物的属性与联系的反映，是客观世界在人脑中的主观映象。就它的反映活动形式而言，有时表现为主体对事物的感性知觉或表象，属于感性知识，有时表现为关于事物的概念或规律，属于理性知识。”[③]

具体到教育心理学领域，我们对知识的定义是：“知识就是个体通过与环境相互作

① 李梅等：《中学教育心理学》，38页，南京，南京大学出版社，2018。

② 孙恒志：《从已有知识定义的缺陷看知识定义的科学整合》，载《山东科技大学学报（社会科学版）》，2002(3)。

③ 胡忠光：《教育心理学》，110页，北京，教育科学出版社，2011。

用后获得的信息及其组织。”[①]知识的实质是人脑对客观事物的特征与联系的反映，是客观事物的主观表征。知识包括了每一个具体的人从自身的生活实践中获得的各种信息以及与此相应的技能，也包括了全体人类在漫长的社会历史实践中积累起来的各种信息。这是广义的知识的概念。狭义的知识的概念是指能用语言文字符号保存的各种信息或意义，如各个学科中的概念、公式、定理等。[②]

二、知识的分类

在教育心理学领域，知识的分类有许多种标准和划分结果，如内隐知识与外显知识之分，数学知识、物理知识等各种学科知识之分，本章主要探讨的是与知识教学有最密切联系的两种分类方式。

(一)感性知识与理性知识

根据知识所反映的内容的深度不同，将知识分为感性知识和理性知识两大类。

感性知识是对事物的外部特征和外部联系的反映，包括感知和表象两种水平。其中，感知是指人脑通过感官对当前直接接触的事物的反映，譬如我们正在看到的、听到的、触摸到的事物。表象则是过去感知到的事物形成的具体形象在人脑中的保存，譬如我们曾经看到的、听到的、触摸到的事物在头脑中保存的形象。

理性知识是对事物的本质特征与内在联系的反映，包括概念和命题两种形式。其中，概念反映的是事物的本质特征及各种特征之间的内在联系。譬如我们在每门课程中学到的定义就是概念。命题反映的是概念与概念之间的逻辑关系，包括我们通常所说的规则、原理和原则等。

(二)陈述性知识和程序性知识

现代知识观根据表征方式及获得机制的不同，把知识分为陈述性知识和程序性知识两大类。[③] 陈述性知识也叫描述性知识，是个体能用语言直接陈述出来的知识，主要回答“是什么”的问题，也涉及“为什么”和“怎么样”的问题。程序性知识也叫操作性知识，是难以用语言陈述清楚，只能借助于某种作业形式间接反映其存在的知识，是关于“怎么做”的知识。

陈述性知识与程序性知识既有区别也有联系。

---

① 胡忠光：《教育心理学》，110页，北京，教育科学出版社，2011。

② 李梅等：《中学教育心理学》，76页，南京，南京大学出版社，2018。

③ 胡忠光：《教育心理学》，111页，北京，教育科学出版社，2011。

两者的区别包括：①涉及的内容不同。陈述性知识涉及“是什么、为什么、怎么样”的问题，程序性知识涉及“怎么做”的问题。②表征方式不同。陈述性知识主要以命题网络或图式来表征，程序性知识主要以产生式及产生式系统来表征。③测量方式不同。陈述性知识以“陈述”方式来测量，程序性知识以“行为”方式来测量。④习得和遗忘的速度不同。陈述性知识习得快，遗忘得也快；程序性知识习得慢，遗忘也慢。⑤修正难度不同。陈述性知识比较容易修正，程序性知识一旦习得就很难修正。⑥激活和提取速度不同。陈述性知识激活和提取相对较慢，是有意识地搜寻过程，程序性知识激活和提取快。⑦输入和输出不同。陈述性知识的输入和输出相对静止，程序性知识的输入和输出相对动态。

当然，陈述性知识和程序性知识也是有联系的。第一，陈述性知识往往是程序性知识获得的基础，程序性知识的获得又有助于个体获取新的陈述性知识；第二，在一些复杂的学习中，陈述性知识和程序性知识往往是两个连续的阶段，譬如小学数学中的“四则混合运算法则”，能理解并用言语表述这一法则的内容是陈述性知识，而知道如何用这一法则去解决四则混合运算题就是程序性知识。

三、知识学习的类型

(一)表征学习、概念学习和命题学习

奥苏伯尔根据知识学习的复杂程度不同，将知识学习分为表征学习、概念学习和命题学习三种。

(1)表征学习

表征学习也称为符号学习或词汇学习，指的是学习符号的意义，譬如语言中的字、词、短语等，还有数学中一些公式中的符号以及其他学科中的语言符号或非语言符号(如实物、图像、图表、图形等)。除了简单符号以外，符号学习还包括了事实性知识的学习，如地理课中的城市名称、资源分布，生物课中的动物和植物特征，历史课中的历史人物和历史事件等都属于此列。

年级越低、年龄越小的学生，符号学习所占的比重越大，因为这是最简单的知识学习。

(2)概念学习

概念是构成知识的基本单位。[①] 概念学习指的是以掌握概念的意义为主要内容的学习。掌握概念的实质是掌握一类事物的共同的关键的特征和本质属性。例如：“圆形是

① 胡忠光：《教育心理学》，112页，北京，教育科学出版社，2011。

指在一个平面内，围绕一个点并以一定长度为距离旋转一周所形成的封闭曲线。”这是圆形的概念，概括了所有具有这些特征（定点，封闭曲线，相同距离，平面图形）的所有图形。概念学习通常要以表征学习为基础。

(3)命题学习。

命题学习是指学习若干概念之间的逻辑关系。命题学习要以概念学习为基础。例如学习“三角形两边之和大于第三边”这一命题时，如果没有掌握“三角形”“边”“和”等数学概念，就无法理解这一命题的意义。因此，命题学习是比概念学习更复杂更高级的学习。

(二)下位学习、上位学习和并列结合学习

在概念学习和命题学习的时候，根据新学的概念或命题与原有的概念或命题之间构成的逻辑关系，可以将知识的学习分为下位学习、上位学习和并列结合学习三类。

1. 下位学习

下位学习又称类属学习。当新知识从属于认知结构中的某个旧知识，是其下属的一部分，而学习者将新知识与这个旧知识联系起来的学习就是下位学习。下位学习又包括派生类属学习和相关类属学习两种。

(1)派生类属学习

派生类属学习是指新知识是认知结构中某个旧知识的肯定例证，完全归属于旧知识的一部分，是旧知识的派生物。例如学生学习了三角形的概念，再学习锐角三角形、直角三角形、等腰三角形等概念，这些具体三角形的概念都是三角形这个概念的派生物，完全归属于三角形这个总概念，所以它们都是三角形这个概念的肯定例证，只要再增加一些有关角度大小或边长长度方面的具体特征就很容易理解掌握了。

(2)相关类属学习

当新知识部分地从属于认知结构中的某一旧观念，但并非完全从属，也有一部分是原有的旧观念所不能全部代表的，这种学习就是相关类属学习。例如，已经具有了“保家卫国是热爱祖国”的命题，现在学习“爱惜粮食也是爱国”的命题，新命题类属于原先形成的“热爱祖国”的观念，但爱惜粮食和保家卫国是完全不同的行为，爱惜粮食并不是保家卫国的一种肯定例证，但是新命题的学习使得原有的“爱国”的观念得以扩展或被深化，明白爱国原来可以体现在许多生活中的具体行为中。

总结一下，我们会发现派生类属学习在学会新知识之后，原有的更高层次的观念并不会发生变化，但相关类属学习在学会新知识之后，原有的更高层次的观念会得到扩展、深化或精确化，总之会发生一定的改变。

2. 上位学习

上位学习也叫总括学习。当新知识比认知结构中一些原有的观念有更高的概括程

度，包容了原有概念或命题的时候，就发生了上位学习。例如，儿童学习了“花”“草”“树”等概念之后，再学习“植物”这个概念时，新学习的“植物”这个概念就包容了已经学过的“花”“草”“树”等原有概念，相当于对原有的这些概念进行了一个总括。

3. 并列结合学习

当新知识与认知结构中的原有观念既没有类属关系，也没有总括关系时，就是发生了并列结合学习。譬如在数学学习中，学过了长度，再学面积；在心理学中，学过了气质，再学性格；在生物学中，学习了遗传，再学变异；等等。在并列结合学习时，新知识与原有的观念之间没有你包含我或我包含你的逻辑关系，而是平行的概念。

从动态发展的角度去看待这三种学习，我们认为下位学习可以让学习者的认知结构向下越来越细化，上位学习则可以让学习者的认知结构向上越来越整合，并列结合学习让学习者的认知结构得以横向扩展。

第二节
知识获得与保持

知识学习的过程就是学习者对知识进行内在加工，将外在的知识转化进个人内在的知识结构的过程。知识学习的过程可以分为三个阶段：知识获得、知识保持和知识提取(又称知识的应用)。本节主要介绍有关知识获得的心理学知识，知识保持的规律可以参看第五章中的有关内容，在本节不做详细介绍。

一、知识获得的含义

知识获得，从心理加工的层面来解释，就是新知识通过感知进入短时记忆系统，再与长时记忆系统中激活了相关旧知识建立逻辑上的联系，从而形成新的意义建构的过程。这一过程的主要任务是理解新知识，理解的办法就是奥苏伯尔在认知结构迁移理论中所说的“同化”，即运月旧知识理解新知识，将新知识纳入学习者的认知结构之中。为了完成这个任务，要完成两个连续的环节：知识直观与知识概括。在知识的直观环节，学习者需要先对新知识进行充分的感知，以形成感性经验和印象。在知识的概括环节，学习者需要对新知识进行分析、概括等深度的认知加工，以获得理性经验。

二、知识直观

直观是理解科学知识的起点和初始环节，是学习者通过感官去直接感知外部信息，对外部信息的表面特征和表层意义形成具体的、形象的感性认识的过程。在实际教学活动中，教师通常有三种直观方式提供给学生：实物直观、模象直观和言语直观。

(一) 实物直观

这是一种以实际事物作为直观对象进行的直观活动。常见的实物包括生物学中的各种新鲜实物或标本、教师现场演示的各种实验、实地参观、野外考察等。

实物直观具有两方面的优点：第一，实物就是生活中的真实事物和现象，基于实物直观形成的印象而学会的知识在将来运用于实践时会更加容易；第二，实物直观给学生以真实感和亲切感，特别有利于激发学生的学习兴趣和热情。

但是，实物直观也有一定的局限性。第一，实物是真实的事物或现象。所以既包含了本质特征或属性，也包含了表面特征和属性；既包含了学生应该聚焦的关键特征或属性，也包含了学生不应注意的无关特征或属性。但是，作为观察和感知的主体，学生往往容易被无关特征或属性所吸引，不能很好地聚焦于关键特征或属性，学生也很难做到透过现象看本质。第二，由于时间、空间以及我们感官能力的限制，一些事物很难实现实物直观，譬如特别微观的物质结构、特别迅速或异常缓慢的事物变化、过于遥远的时空中的事物或现象等，都无法做到实物直观。

(二)模象直观

这是通过对实际事物的形象进行模拟，以模拟形象作为直观对象的一种直观活动。常见的模象包括挂图、图片、动画视频、模型、幻灯、录像、电影电视等。

模象直观的优点包括：第一，模象是人为制作的模拟形象，所以在制作的时候就注意突出了事物的本质特征，去除非本质特征，这有利于提高直观的效果，避免了无关特征的干扰。譬如在一些教学挂图或模型中，制作者通过本身鲜艳或对比鲜明的色彩、某些实物按比例放大或缩小等手段将关键的特征典型化和简化，很大程度上克服了实物直观的局限性。第二，随着技术的发达，特别是信息技术的发达，很多难以用肉眼直接感知的实物或真实现象都可以通过动画模拟的方式呈现出来，扩大了直观的范围，也有助于提高直观的效果。在知识学习的初始环节，模象直观比实物直观的效果好。有研究者把学生分成了能力相等的两组：一组采用实物直观进行学习，一组采用模象直观进行学习。实物直观组的学生来到花园实地观察各种各样花的构造，模象直观组的学生则在教室内根据放大了的教学挂图来学习花的构造。两组的学习时间保证相等。学习结束后进行两项测试：一是有关花的知识，二是进行花的实物辨认。结果发现，模象直观组的两项测试成绩均显著高于实物直观组。①

当然，模象直观同样也有其局限性。模象毕竟是人为制造的模拟性形象，又努力突出本质特征，去除无关特征，所以多多少少都会和真实的事物有所出入，学生因此而形成的感性印象与真实情境中的印象如果存在差异，就可能影响到知识在实际生活中的运用。所以，在使用模象进行直观时，一定要尽量将模象与真实事物进行对比，或者说将模象直观与实物直观结合起来，可以确保学生获得准确又形象生动的感性理解。

（三）言语直观

这是一种借助形象化的语言帮助学生形成感性认识的直观方式。例如在历史课的教学中，老师通过生动形象的语言让学生对历史事件的全过程有了感性认识。类似地，在地理课的教学中，通过老师的描述，让学生对某个陌生的地域的地形地貌有了非常具体的感性认识。

言语直观的优点主要有两个：第一，言语直观是由教师的口头言语实现，所以基本不受时空限制，也不受设备等物质条件的限制，可以广泛使用；第二，言语直观凸显了口头言语的感染力，特别有利于情感的激发和渲染，对于教育目标中的情感目标的实现有极大的帮助。

言语直观不是完美无缺的，而是有局限性的。第一，言语直观主要是学生依靠教师的口头言语展开想象来实现，所以学生的想象力水平、学生已有生活经验的丰富程度、教师口头言语表达的水平都会影响到言语直观的效果；第二，言语直观主要在学生的头脑中凭借想象形成形象认识，所以最终形成的感性印象不如实物直观和模象直观那么鲜明、清晰和稳定。

（四）教师运用直观方式的原则

实物直观、模象直观和言语直观各有优点，也各有局限性，教师在实际教学中除了基于现实条件选择直观方式以外，也应注意以下几条原则，以最大限度地提高直观效果。

1. 模象直观与实物直观相结合，先模象后实物

模象直观突出本质，在知识学习的初始环节是最利于形成正确清晰感性印象的直观方式。但是，模象直观毕竟与实物会有所出入，为了便于学生今后将知识运用于问题情境，特别是真实生活情境中，还应提供实物直观作为补充。在先后顺序上，我们

① 胡忠光：《教育心理学》，118页，北京，教育科学出版社，2011。

提倡先进行模象直观，保证形成正确印象后，再提供实物直观。

2. 言语直观与其他直观相结合

无论我们使用模象直观还是实物直观，都应该配合相应的言语直观。这样做的好处有两个：①模象直观与实物直观都需要学生进行仔细的观察和感知，教师的言语配合可以引导学生明确观察的目的、要求、顺序等，进而提高模象直观和实物直观的效率；②基于模象直观和实物直观形成的感性认识往往是零散的、表浅的，教师言语的解释与描述有助于学生初步将感性认识条理化，为下一步的知识概括做好准备。

3. 注意感知规律的运用

作为教学的内容所在，模象直观和实物直观中涉及的本质特征应当成为学生感知的对象，无关特征以及其他刺激均应成为学生感知的背景。教师要创造条件让感知对象更加突出和醒目，避免感知背景吸引了学生的注意力；同时，教师也不能刻意将感知对象从感知背景中孤立出来，与感知背景完全割裂，这样会妨碍学生在真实情境中的学习迁移。

具体来说，教师可以灵活运用强度律、差异律、活动律及组合律等感知规律来突出直观对象的特点。①

(1)强度律

强度律是指被感知的直观对象必须达到一定强度才能被清晰感知。譬如模型不能太小，挂图上的细节不能太小，教师的口头言语声音不能太低，强度要适中。

(2)差异律

差异律是指被感知的直观对象与周围背景的差异要足够大，能够从背景中凸显出来。譬如颜色的对比要鲜明，本质特征要突出等。

(3)活动律

活动律是指运动变化的对象比静止的对象更容易被注意和感知。所以如果模象直观的选择中既有图片，又有动画或影视作品，后者是更理想的选择。

(4)组合律

组合律是指在时间上连续、空间上接近、颜色上一致、运动方向上一致等，具有上述特征的事物容易被当成一个整体去感知。因此，在进行直观时，特别是模象直观时，可以充分利用这一规律指导学生去感知和观察。

4. 重视学生的充分参与

直观的过程不应是教师个人表演的过程，学生也不应是单纯的观众。所以，教师要创造条件让学生参与到直观过程中来，动手去触摸、操作也好，提问答疑也罢，争取让学生的眼、耳、口、手、脑等都投入进来，这样既可以激发学生的学习兴趣，也

---

① 胡忠光：《教育心理学》，119页，北京，教育科学出版社，2011。

有助于注意的维持以及观察效果的提高，由此形成的印象也可以更深刻、保持更长久。

三、知识概括

知识概括是知识获得的第二个环节，是指主体通过对感性材料进行深层次的加工改造，如分析、比较、综合等，对某一类事物或现象的本质特征与内在属性形成理性认识的过程。在实际的教学中，知识概括包括两种：感性概括和理性概括。

（一）两种概括的含义

感性概括也称为直觉概括，是在直观的基础上由学习者自发进行的一种概括，是相对比较低级、抽象程度低的概括形式。譬如有的学生知道大雁、燕子、麻雀、乌鸦等是鸟，就以为鸟都是会飞的；有的学生由于经常看到一段话开头的句子与老师概括的段落大意基本一致，于是就认为一段话开头的句子一定是段落的主旨句；还有的学生由于连续学了几个以“ful”结尾的单词都是形容词，就认为凡是以“ful”结尾的单词都是形容词。感性概括也是概括，有一定的抽象性，但是从内容上看，它所概括的只是一类的部分特征、表面特征，并没有准确反映本质特征和内在属性，所以只是一种知觉水平的概括。感性概括在小学生乃至中学生中都是很常见的。

理性概括是通过对感性知识或感性经验进行主动的、自觉的加工改造，揭示一类事物或现象的本质特征与内在属性及联系的认知活动，是概括的高级形式。每门课程中介绍的概念、定义、公式、定理、法则等都是前人理性概括的成果。学生不仅要学习前人理性概括的成果，也要学习理性概括的方法，提高理性概括的能力。因此，教师在日常教学过程中，必须把培养和提高学生基于感性知识进行分析、比较、综合、抽象的意识和能力当成一项重要的任务去完成。

（二）促进知识概括的方法

（1）配合运用正例和反例

正例又称为肯定例证，是指符合概念或规则的本质特征与内在联系的例证。通俗地说，就是包含在某一概念或规则内的例子。譬如“鸟”是一个概念，“麻雀”就是这个概念的一个正例，麻雀是鸟类的一种。

反例又称为否定例证，是指不符合或不完全符合概念或规则的本质特征与内在联系的例证。通俗地说，反例就是不包含在某一概念或规则内的例子。譬如“鸟”是一个概念，“蝙蝠”就是这个概念的一个反例，因为蝙蝠虽然会飞，但它不是鸟类。

一般来说，正例传递了有利于概括本质属性的信息，反例则传递了有利于辨别非本质属性的信息。譬如在讲授“鸟”的概念时，以“蝙蝠”为反例，就可以让学生发现“会飞”不是“鸟”的概念的本质特征。所以，教师在指导学生进行概括时，既要提供大量正例来帮助学生概括共同特征与属性，又要提供恰当的反例来帮助学生去除非本质特征和属性，配合运用正例与反例，达到准确概括的目的。具体的操作程序可以这样来安排：先呈现若干个正例，鼓励学生大胆地基于这些正例概括出共同的本质特征。然后适时呈现反例，以检验刚才概括出的本质特征是否混淆进了无关特征，从而使得概括更加精准。

(2)恰当运用变式

变式就是在无关特征上进行变换的一系列正例。由于这些正例都包含了本质特征，但在无关特征上却有所不同，将它们依次呈现有利于突出共同的本质特征。譬如生物课上学习“果实”的概念时，既要选择苹果、花生等正例，也要选择棉籽、橡树籽等正例，学生看到这些正例当中有些是可以食用的，有些是不可以食用的，就会了解“可食用”并不是果实的本质特征，在概括定义时就会将这个无关特征舍弃掉。

教师在引导学生进行概括时，一定要精心选择正例，让正例彼此之间在无关特征上充分地进行变换，而不是随便挑几个相似度极高的正例。譬如学习“鱼”的概念时，如果提供的正例是“鲤鱼”“鲫鱼”“鲈鱼”“草鱼”，就很容易让学生误以为“生活在水里”是鱼类的本质属性，但同样生活在水里的“鲸”并不是鱼类，这就可能导致学生犯错误。

(3)科学地进行比较

比较是一种思维方法，用来明确事物与事物之间的共同之处与差异之处。比较有两种：同类比较和异类比较。同类比较就是同一类事物之间的比较，这种比较有助于找出一类事物的共同点，或者本质特征。异类比较就是不同类事物之间的比较，这种比较有助于找出事物之间的联系与区别。比较对于知识的概括有非常重要的意义，教师在引导学生进行理性概括的时候，通过同类比较可以更快地总结出共同的本质属性，通过异类比较则更加明确了类别与类别之间的区别，防止了概念或命题间的混淆，有助于知识结构的系统化。

(4)启发学生进行自觉概括

虽然让学生自己独立思考，自觉地进行概括可能会耗费较多的时间，但在实际教学中我们还是建议教师不要过度追求教学进度，尽量地提供机会给学生，更多地启发学生、鼓励学生去独立地或以小组合作交流的形式自己总结与概括。教师可以通过巧妙的设问或指出矛盾等具体的做法来调动学生思考的积极性，帮助学生养成主动提问、积极思考、乐于探究的好习惯。

四、知识保持

知识保持又称知识巩固，是指将新习得的知识储存在长时记忆系统中。通俗地说，知识保持就是要尽量长时间地记住知识。在第一章中，我们曾经介绍了记忆的三个系统，其中就包括了长时记忆系统。长时记忆是保持时间在1分钟以上，没有上限的记忆系统。学生上课时理解了、学会了的新知识得到复述就可以进入长时记忆，但是长时记忆系统中也可以发生遗忘，所以新知识进入长时记忆并不表示就一劳永逸了，如果不经常地及时复习和多加运用，新知识就会逐渐被遗忘。想一想：是不是大学毕业多年的人对自己在高中时曾经很熟练掌握的许多知识都记不清了？所以，在一个长时间的学习过程中，在不断地学习新知识的过程中，新知识的获得固然非常重要，后续的知识保持或知识巩固同样非常重要，否则学会了的知识无法被积累起来，也很难为今后的一些相关的新知识的学习提供有效的支点，形成完整的知识结构体系。促进知识保持的方法可以参看学习方法及学习策略两章中的相关内容，为免重复在此不再赘述。

第三节
知识应用

一、知识应用的含义

(一)知识应用的概念

知识应用又称为知识提取，是指运用已有的知识去解决问题的过程。譬如学生课后做作业，考试时做试题，生活中学以致用解决实际问题等，都是知识应用的过程。在某种程度上，我们也可以说知识应用就是学习迁移的过程。毕竟学生做的练习作业也好，考试试题也好，生活中的问题也好，往往与学生最初学习知识时的情境并不一致，所以学生需要识别问题情境中的关键信息，再从长时记忆中激活并提取相关的知识去解决问题。简单的知识提取或知识应用可以是单一的回忆或再认。但从培养人的角度来看，这样的知识应用水平太低，我们更希望看到的是学生可以将所学的知识运用于解决各种各样的问题中，特别是现实生活和工作中出现的问题，这样的知识应用才是最有意义的。

(二)加涅对学习水平的分类

美国心理学家加涅曾经根据学习的复杂程度不同，将学习分为以下八种不同的水平。

（1）信号学习

这是一种对某种信号做某种反应的学习。譬如我们前面介绍的经典条件反射就是信号学习。在巴甫洛夫的实验中，狗学习对食物做出分泌唾液的反应，食物就是信号，分泌唾液就是反应。信号学习是最简单的学习，是基于先天反射的学习。

（2）刺激—反应学习

这是一种对某种刺激做出特定反应的学习。与信号学习不同的是，这种学习不需要基于先天反射，所以类似于斯金纳的操作条件反射学习或桑戴克的试误学习。

（3）连锁学习

这是指一系列的刺激—反应学习的结合。个体先学习单个的刺激—反应联结，然后按特定的顺序形成整体系列的刺激—反应学习。有些连锁学习是由肌肉反应组成的，譬如一套复杂的体操或舞蹈动作就是由一个一个分解动作按特定顺序联合起来的。

（4）言语联结学习

这种学习实质上也是连锁学习，只不过这里的连锁学习是由言语反应组成的，譬如言语顺序的学习，背英文字母表、古诗词、古文等就是这样的学习。

（5）辨别学习

这是指能对若干刺激特征的异同进行辨别并做出相应反应的学习。辨别学习的内容可以是简单的异同分辨，譬如字母 b 和字母 p 的外形差异，也可以是复杂的异同分辨，譬如同音异义的字或词的分辨。

（6）概念学习

这是指对一类刺激的共同特征和本质属性进行反应的学习。学生的概念学习大多是在课堂上根据教师的示例、启发、引导，经过分类、归纳和概括完成的。

（7）原理学习

原理学习也可称为规则学习，是对概念与概念之间的逻辑关系的学习。譬如“直角三角形两条直角边长的平方和等于斜边的平方”就是一条规则，这条规则中涉及“直角”“三角形”“直角边”“斜边”“平方”“和”等多个数学概念。各门课程中的许多原理、法则、定律、公式等都属于此类学习的内容。

（8）解决问题的学习

这是最复杂的学习，是指在各种条件下应用规则或规则的组合去解决问题的学习。

上述八类学习是按照从简单到复杂的程度排序的，可以说低水平的、简单的学习是高水平的、复杂学习的基础。我们学习一些基本的符号、基础的概念、一般的原理，最终是为了能够运用所学的知识去解决各种各样的问题。解决问题的过程不仅可以反映出对知识学习的掌握程度，也可以体现出知识学习的价值。因此，问题解决是最高水平的学习，也是知识应用的最高要求。

二、问题解决的含义

(一)问题的含义、构成与分类

(1)问题的含义

在学习问题解决的含义之前，我们先了解一下问题的含义。美国心理学家纽威尔和西蒙(Newell & Simon)对问题的定义是接受度较高的：问题是一种情境，在这个情境中个体想做成某件事或完成某项任务，但又没有直接手段或办法去完成。①

(2)问题的构成

一般来说，问题包含三种基本的成分：①已知条件，这是问题的起始状态，即问题最初呈现给个体时的所有信息，可以是文字的描述，也可以是图或表的信息；②目标，这是问题的目标状态，是对问题的结论或答案的描述；③障碍，问题的起始状态与目标状态之间往往不是直接通达的，常常是需要经过一定的认知操作才能从已知条件到达目标。

(3)问题的分类

通常可以将问题分为两大类：有结构的问题和无结构的问题。

有结构的问题是指起始状态和目标状态都有清晰界定的问题。我们在课本上、习题册里、试卷中看到的绝大多数问题都是此类问题，即已知条件是什么，要求的是什么都很明确。

无结构的问题是指起始状态和目标状态中的一个或两个都没有清晰界定的问题。例如，如何成为一名优秀的教师？这个问题的目标状态并不明确。

一般来说，有结构的问题因为界定清晰，所以解决起来相对更容易一些。无结构的问题因为界定不够明确，缺少信息获取的来源或评价的依据，所以难以解决，往往也没有确切的、唯一正确的答案。

(二)问题解决的含义、特点与分类

(1)问题解决的含义

问题解决是指个体应用一系列的认知操作，从问题的起始状态到达目标状态的过程。② 问题解决是由一定的问题情境引起的，需要个体运用一系列的认知操作来获取答案。问题解决是思维活动的方式之一，也是知识应用的主要形式。

---

① 李梅等：《中学教育心理学》，167页，南京，南京大学出版社，2018。

② 李梅等：《中学教育心理学》，168页，南京，南京大学出版社，2018。

(2)问题解决的特点

问题解决具有以下几个方面的特点。①目的性。问题解决是有明确目的指向的行为，个体对于问题情境有清楚的意识，对于目标状态有清楚的指向，个体进行的一系列认知操作都是为了达到问题的目标状态，因此，没有明确目标指向的心理活动不是问题解决。②认知性。问题解决需要个体在头脑内部进行认知操作，通俗地说是要开动脑筋、花费心思的，因此那些自动化的操作活动即使有明确的目标也不能称为问题解决。③序列性。从问题的起始状态到达目标状态需要个体进行一系列的认知操作，并不是简单的回忆或再认就能完成的，如果单一的认知操作就可以得到答案，是不能被称为问题解决的。换言之，问题解决是有一定的复杂性要求的。

(3) 问题解决的分类

问题解决通常分为两类：常规性问题解决和创造性问题解决。

常规性问题解决是指有确定的解决思路或方法，有固定答案的问题解决。一般的练习和考试涉及的绝大多数都是此类问题解决。

创造性问题解决是指没有确定的解决思路或方法，没有固定答案的问题解决。譬如现实生活中的各种发明创造都是创造性问题解决的例子。

三、问题解决的过程

美国心理学家纽威尔和西蒙认为问题解决的过程可分为三种状态：初始状态、中介状态和目标状态。初始状态是指最初呈现的问题情境，譬如一道数学题的题面。目标状态是指最终要达到的目标，譬如这道数学题的答案。中介状态是指从初始状态向目标状态转化的中间过程，譬如解答这道数学题的每个步骤。

问题解决还可以划分为四个阶段：发现问题、理解问题、提出假设和检验假设。

(一)发现问题

这是问题解决的首要环节，也是问题解决的开端。在学校中学习时，很多问题都是教师提出的，学生负责思考和解答。但在真实生活和工作中，客观存在的问题五花八门，其中一些还比较隐蔽，不易被发现。只有善于思考的人才有可能发现问题的存在。一般来说，有三个方面的因素会影响到个体能否发现问题：①个体的积极性，这里的积极性可以是态度的积极性，也可以是思维的积极性或工作的积极性；譬如苹果落地是自然现象，但为什么会启发牛顿的思考呢？说明牛顿有勤于思考的积极性。②个体的求知欲，这里的求知欲应当是很强烈的探究未知的欲望或动机。生活中有许多人都有求知欲，但并不强烈，类似于“这是为什么呢？有人能告诉我答案吗？”这样的求知欲很难促使人去深入思考并发现问题，反而是那些有强烈求知欲的人往往喜欢打破砂锅问到底，才有可能发现真正的问题所在。③个体的知识经验，知识经验越丰富的个体越容易发现问题，特别是发现有价值的问题。

(二)理解问题

这一阶段是一个分析问题的过程，个体通过分析问题的初始状态与目标状态之间的差距，达到对整个问题的全面认识，从而形成问题空间。所谓问题空间，就是个体对解决一个问题的一切可能的认识状态。通俗地说，问题空间就是个体知道问题情境给出了什么条件，问题情境最终要达成怎样的目标，个体又需要经过怎样的中间过程才能从初始状态到达最终的目标状态。

(三)提出假设

这一阶段的任务是提出解决问题的可能思路与方法，制定解决问题的方案或策略。常用的问题解决策略有两类。①算法式策略。算法式策略是指把解决问题的所有可能方案都罗列出来，逐一尝试，直至找出解决问题的正确方案。譬如破解三位数的密码，可以从“000”开始尝试，一定可以找到正确答案。这种策略的优点是可以确保问题得到解决，缺点则是费时费力，效率比较低下。尤其是在有些问题非常复杂，没有明确的算法可以逐一尝试时，这种策略是无法使用的。②启发式策略。启发式策略是指根据一定的知识经验，有选择性地进行较少的搜索或尝试以求解决问题。采用这种策略并不能确保问题一定能够解决，但相对比较省时省力。具体的启发式策略有这样一些：手段—目的分析法、逆向搜索法、爬山法和类比法。手段—目的分析法是把最终的目标状态分解成若干个子目标，通过实现这些子目标最终达成总目标；逆向搜索法是从问题要达到的目标状态反向开始搜索，直到返回问题的初始状态，譬如数学几何题中的反证法；爬山法是指采用一定的逐渐缩小初始状态与目标状态之间差距的策略，它与手段—目的分析法之间的区别在于后者有可能会为了最终总目标的达成而暂时扩大初始状态与目标状态之间的差距，前者却总是在缩小差距；类比法是指将当前的问题与相似的内容进行类比，最终受到启示而找到解决问题途径的策略。

(四)检验假设

提出的假设是否正确，或者说提出的解决问题的思路或方案是否正确还需要借助一定的手段来检验。通常有两种方法来验证假设：直接检验与间接检验。直接检验是指在实际的实践活动或实验操作中验证假设是否正确。间接检验是指根据科学的原理对假设进行理论上或逻辑上的论证。当然，假设是否真的正确最终都是要通过直接检验来验证的。

四、影响问题解决的因素

影响问题解决的因素可以分为主客观两方面的因素。其中，主观因素是个体自身的一些特点，客观因素是问题情境的特点。

(一)客观因素——问题情境

问题情境是指呈现在问题解决者面前的需要解决的客观情境或刺激模式。问题情境的一些特点会影响到个体解决问题的难度或速度。

(1)问题情境的具体性或形象性

一般来说，问题情境越具体越形象，个体对问题情境的认识就越容易，解决问题的速度通常也会更快一些。反之，问题情境越抽象，个体对问题情境的理解就越困难，解决问题的速度自然就会更慢一些。譬如以数学题为例，单纯用文字表述的数学题与文字配合图或表的数学题相比，后者的具体性更高，学生理解起来就越容易，解决问题的速度会相对更快。

(2)问题情境中的刺激呈现方式

本质上相同的刺激，但具体的呈现方式如果不同，带给个体的难度也会有所不同。我们举例说明：一道小学数学题是“已知一个圆的半径是 2 厘米，问该圆的外切正方形的面积有多大?”这道题除了文字以外，还配了图，但有两种不同的配图，分别如图 8-1 中图 A 和图 B 所示：

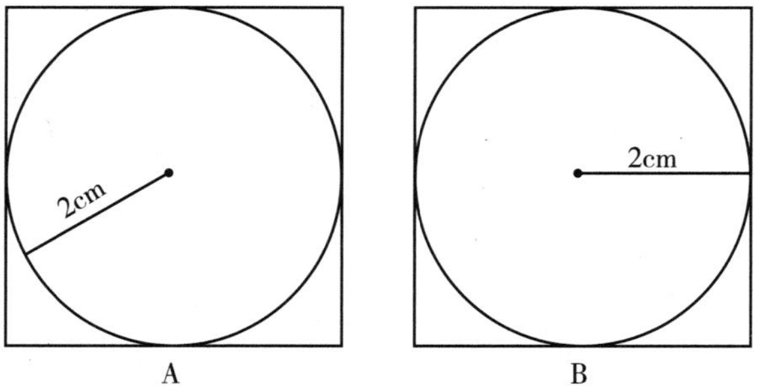

图 8-1　求圆的外切正方形面积的两种配图示意

由图 8-1B 可以看出，圆的半径是正方形边长的一半，这样的信息再结合文字给出的半径长度为 2 厘米的条件，很容易就可以计算出正方形的面积是多少。但是在图 8-1A 中，却无法这样直观地看出圆的半径是正方形边长的一半，还需要学生理解“圆心到圆周上各点的长度都是一样的，即圆的半径”，才可以推断出正方形的边长与圆的半径的长度关系。所以，配有图 8-1A 的题要比配有图 8-1B 的题难度更大一些。

（3）问题情境中的刺激数量

问题情境中的刺激数量如果过少，个体很难对问题情境有全面、充分的理解和把握，解决问题的难度就会增加。问题情境中的刺激数量如果过多，则可能造成干扰，导致个体无法从中准确地找出关键信息，同样影响了问题解决的效率。

（二）主观因素——问题解决者的个人特征

（1）知识经验丰富程度

一般来说，与所要解决的问题相关的知识经验越丰富，个体就越有可能正确地解决问题。有关专家与新手的对比研究就发现，专家因为拥有专业领域的大量知识和经验，所以在解决专业问题时的速度和轻松程度都要明显优于新手。①

（2）定式

所谓定式是指先于一定的活动而又指向该活动的一种动力准备状态。② 定式是心理活动的准备状态，这种准备状态有时可以促进问题的解决，有时却可能阻碍问题的解决。

陆钦斯（W. Luchins）曾经设计了一个量杯实验很好地证明了定式的存在，也证明了定式对问题解决可能有促进或阻碍的作用。该实验选用大学生为被试，任务是用给定的不同容量的容器量出指定量的水，当然大学生不需要实际用量杯操作，只要用给定的数字列算式运算即可。全体大学生被分为两组，实验组按下表所列顺序从第 1 题依次做到第 8 题，控制组则只做最后三道题。结果表明，实验组在完成最后三题时，多数人采用的算式是 B－A－2C，而控制组则是全部都采用了 A－C 或 A＋C 的算式。这说明实验组的被试在连续解决前面几题的过程中发现算式 B－A－2C 是可以用来解决此类问题的有效算式，于是在解决最后几题时继续套用了同样的思路，而控制组被试没有解决过前面五道题，所以并没有形成使用算式 B－A－2C 的定式，反而更容易地找出了 A－C 或 A＋C 的简便思路。由此可见，实验组被试所形成的定式对其解决前面几题是有促进作用的，但对最后三题的解决则有阻碍作用，阻碍了他们找出更加简便的解决办法。

表 8-1　量杯实验的任务序列

任务序列	给定容器及容量			要求容量 P
	A	B	C	
1	21	127	3	100
2	14	163	25	99

① 胡忠光：《教育心理学》，174 页，北京，教育科学出版社，2011。
② 胡忠光：《教育心理学》，102 页，北京，教育科学出版社，2011。

续表

任务序列	给定容器及容量			要求容量 P
	A	B	C	
3	18	43	10	5
4	9	42	6	21
5	20	59	4	31
6	23	49	3	20
7	15	39	3	18
8	28	76	3	25

(3)功能固着

所谓功能固着是指人们看到某物体时往往只想到该物体的常用功能，而看不到该物体还可以另作他用。譬如我们看到锤子，就想到用它来锤打钉子或敲击物体；看到剪刀，就想到它可以用来剪东西；看到笔就想到它可以用来写字或画图等，这些都是物体常用的功能，假如我们只能看到这些常用功能，无法将这些物体用于其他方面，就表示我们有功能固着的倾向。

(4)动机和情绪

耶克斯—多德森定律告诉我们，过强或过弱的动机都不适合任务的完成，最佳动机水平因任务难度的不同而应有所变化，这一规律在问题解决领域同样适用。因此，难度大的问题我们的动机应该适当降低一些强度，难度小的问题我们不妨将动机强度提高，难度中等的问题我们也保持中等强度的动机，这样最有利于问题解决。

除了动机以外，情绪状态也对个体的问题解决有影响。从情绪性质来看，通常积极的情绪状态比消极的情绪状态更有利于问题解决，譬如愉快、兴奋的状态下要比恐惧、郁闷的状态下有更好的表现。除了情绪性质以外，情绪强度也对问题解决有所影响。譬如焦虑，虽然焦虑是一种消极情绪，但适度的焦虑其实对问题解决是有一定的促进作用的，只是过度的焦虑并不可取。兴奋也一样，适度的兴奋有助于大脑的高速运转，但是过度的兴奋会让人失去冷静，并不利于问题的解决。

(5)个性因素

心理学研究表明，一个人善于解决问题往往与其个性特征有密切的关系。[①] 绝大多数的科学家、发明家及艺术家，都有强烈的进取心，勤于思考，勇于挑战，富于自信，长于坚持，这些都是有利于问题解决的良好的个性特征。

① 胡忠光：《教育心理学》，175页，北京，教育科学出版社，2011。

五、提高问题解决能力的教学

(一)提高学生的知识储备数量与质量

问题解决需要学生能够综合地、灵活地运用知识。因此，教师要从数量和质量两方面帮助学生提高知识储备的水平。从数量上来说，教师要帮助学生巩固所学的知识，确保凡是学过的都能记得住，需要用到时可以提取出来。从质量上来说，教师要帮助学生有意识地整理所学的知识，使零散的知识形成网络化的认知结构。教师要充分运用比较、归纳、分析、概括等思维方式帮助学生深刻理解知识之间的内在联系，准确把握知识之间的异同和逻辑关系。

(二)教授与训练解决问题的方法与策略

每门学科的任课教师可以在讲授本学科的具体知识时，结合这些知识教给学生一定的思维方法，使学生养成思考和分析问题的好习惯。教师在教授思维方法时，应当将思维方法的过程提炼成明确的要点，以外显的方式示范给学生，最终让学生通过模仿和练习熟练掌握各种思维方法，提高自主思考、提出问题及解决问题的能力。

(三)提供多种练习的机会

问题解决的能力，或者说知识运用的能力是需要在实践中培养出来的。所以，教师应自行设计或在可选的教辅资料中精心选择高质量、有代表性同时又富有变化的问题供学生练习。练习应避免题海训练，应注重精练。教师选择的问题既要有有结构的问题，也要有无结构的问题；既要有书面的问题，也要有动手操作的问题；既要有偏基础、偏理论的问题，也要有偏实际、偏生活的问题。除了教师提供问题让学生解决以外，也应鼓励学生提出问题，自问自答或互问互答。

(四)培养思考问题的习惯

提出问题比回答问题更重要。所以，教师要鼓励学生多观察、勤思考，鼓励学生勇于质疑，即使学生所提的问题有失偏颇或存在逻辑错误，也应以鼓励和肯定为主，再做适当解释。教师在课堂教学过程中不能习惯于主动讲解和释疑，而应多设问，将学生的思维调动起来，再逐渐由“师问生答”转变为“生问师答”或“生问生答”。譬如在数学题的解题过程中，如果有一题多解，教师应鼓励学生从不同角度、不同思路尽可能多地提出解决办法，鼓励学生分析每种解决办法的逻辑是否严密，鼓励学生在解决问题后对自己的思考过程进行评价和反思。

六、创造性及其培养

(一)创造性的含义

问题解决分两类，一类是常规性问题解决，另一类是创造性问题解决。从人才培养的角度来说，创造性问题解决比常规性问题解决更为重要。人才，特别是创造性人才，是一个国家不断发展进步的重要保证。那么，什么是创造性呢？所谓创造性，是指个体运用已有的知识经验和信息，产生新颖的、独特的、有社会价值或个人价值的产品的能力，也称为创造力。① 这里所说的产品可以是物化的(譬如一种新的工具、一种新的生活用品等)，也可以是观念性的(譬如一种新的思想、新的理论等)。根据创造性的定义，我们不难看出来创造性其实是一种高水平的知识应用。创造既可以是真正的原创和独创(譬如人类发展进程中史无前例的发明创新)，也可以是只针对创造者个人而言的原创和独创(譬如我们做出一个自己从来没有做出过的陶瓷造型)。

(二)创造性的基本特征

创造性有三方面的特征：流畅性、变通性和独创性。

(1)流畅性

流畅性是指个体在面对问题情境时，在同样的时长内产生的想法、答案的数量。同样的时长内，产生的想法数量越多，表示流畅性越好。譬如，在 1 分钟内写出“石”为偏旁的汉字，谁写得越多且正确，谁的流畅性就越好。

(2)变通性

变通性是指个体在面对问题情境时，产生的想法或答案朝向不同方向发散的能力。个体的想法朝向的方向越多，或者说出答案的类型越多，表示变通性越强。譬如要求在 1 分钟内想出铅笔的用途。甲的答案是“写字，画画，涂色，划线，尺子”，乙的答案是“写字，尺子，奖品，武器，线轴”，丙的答案是“写字，画画，尺子，礼物，涂色”。在这三个人的答案中，乙表现出的变通性是最强，其次是丙，甲的变通性则相对弱一些，因为在甲的答案中基本只涉及两类用途，一类是文具，另一类是量具。

(3)独创性

独创性是指个体在面对问题情境时，产生的想法或答案的新颖性和独特性程度。个体产生的想法或答案越新颖独特，独创性的水平就越高。在上文的例子中，乙的独创性最高，因为在乙的答案中提到的“武器、线轴”是其他人没有提及的。

---

① 胡忠光：《教育心理学》，176 页，北京，教育科学出版社，2011。

(三)创造性的影响因素

(1)智力因素

研究表明，创造性与智力的关系比较复杂，并非简单的线性关系，而是相互独立却又有一定关联的关系。① 概括来说，智力是创造性的必要而非充分条件。具体来说，智力高的人创造性未必也高；智力低的人创造性一定低；创造性高的人智力至少是正常水平；创造性低的人智力既可能高，也可能正常，还可能低。

(2)个性特征

我国有学者指出，高创造力者通常具有如下人格特征：具有浓厚的认识兴趣；情感丰富，富有幽默感；勇敢，甘愿冒险；坚持不懈，百折不挠；独立性强；自信，勤奋，进取心强；自我意识发展迅速；一丝不苟。②

(3)知识经验

国外心理学家的研究表明，学过三个专业的人创造性最高，学过两个专业的次之，学一个专业的最低。③ 由此可见，创造性与知识经验的丰富程度具有正相关，一个人的知识经验越丰富，越有利于其创造性。

(4)环境

家庭、学校和社会作为外部环境因素，既可能影响个体创造性的形成与培养，也可能影响个体创造性的发挥与表现。譬如有研究发现，父母受教育程度高、教养方式民主、家庭气氛和谐等积极的家庭环境因素都有利于儿童创造性的形成和培养。④ 相反地，学校如果一味地强调考试成绩、强调学生循规蹈矩、强调解题时的唯一标准答案、强调填鸭式教学等，就会抑制、扼杀学生的创造性。同样地，反对标新立异、提倡因循守旧的社会大环境也会打消个体创造的热情和动力。研究发现，宽松的外部环境和正确的激励机制可以有效地激发个体强烈的创造动机，有利于创造性的表现与发挥。⑤

(四)创造性的培养办法

1. 注重环境创设

环境因素是影响创造性形成和发挥的重要因素，所以应努力创设有利于学生创造性形成和发挥的良好环境，具体包括心理环境和制度环境。

(1)创设宽松、民主的心理环境

罗杰斯指出，“心理安全”和“心理自由”是有利于创造活动的心理环境。⑥ 其中，

---

① 李梅等：《中学教育心理学》，181 页，南京，南京大学出版社，2018。
② 胡忠光：《教育心理学》，179 页，北京，教育科学出版社，2011。
③ 李梅等：《中学教育心理学》，182 页，南京，南京大学出版社，2018。
④⑤ 胡忠光：《教育心理学》，180 页，北京，教育科学出版社，2011。
⑥ 胡忠光：《教育心理学》，181 页，北京，教育科学出版社，2011。

“心理安全”是指给予个体创造的安全感，譬如个体既不会因为与众不同的想法而被批评、嘲讽或歧视，也不会因为想法不周全、不严谨、不合逻辑等犯了错误而被批评或嘲讽等。“心理自由”是指给予个体自由展示自我想法的机会，譬如很少对个体的行为和思想做过多的限制，在原则底线内允许个体的自我发挥，给予学生尽可能多的机会和权力去选择、去做自己感兴趣的事。教师在学校，家长在家庭，以及国家在社会都应尽量营造出鼓励创造、提倡创新、崇尚创新、接纳创新的氛围和风气，这样做能够激发学生创造的积极性和主动性。

(2)改革考试制度与考试内容

考试在一定程度上已经成了教育的风向标，考试考什么，教师和家长就注重培养什么。所以，在考试内容上可以适当增加一些无结构的问题，即允许学生自由发挥和创造的问题，譬如开放式的自命题作文。同时，减少那种只要求记忆不要求理解的试题，这种题目过多会导致学生缺少思考和深度加工的动力，更不要说创造创新了。在考试制度上，可以尝试增加对学生创造性的考查与评估，以此作为导向，可以促使学校和家庭在平时的教育教学以及生活中注重培养学生的创造力。

2. 注重良好个性的塑造

由于一些富有创造力的杰出人才在个性特征上存在的共性，可以推断从塑造良好个性特征入手去培养学生的创造性应该是可行的，而且是有必要的。具体来说，可以从以下几方面着手。

(1)保护好奇心

好奇心既是学习新知识的强大动力，也是发明创造的重要动力。因此，家长和教师应保护好学生的好奇心，对学生提出的各种另类、奇特的问题都要接纳，并且表现出鼓励和欣赏的态度，不能漠视、嘲讽甚至批评学生。

(2)鼓励独立思考和不同见解

在我国的传统教育和文化中，缺乏对独立性和批判性的培养与引导，造成学生基本不会对所学知识有所质疑，而是全盘接受和复制。教师应给学生提供更多的机会独立思考，鼓励学生向传统、权威挑战，鼓励学生有与众不同的见解。譬如有的教师将自己视为权威，认为自己所讲的都是真理，对于学生的质疑无法接受，这就会导致学生逐渐失去独立思考和提出不同见解的热情和勇气。

(3)重视直觉思维能力的培养

直觉思维是非逻辑思维，是人脑基于接收的信息直接做出判断的思维，并不受固定的逻辑规则约束。科学研究提倡“大胆假设，小心求证”，其中“大胆假设”就包含了直觉思维在内。直觉思维在创造活动中往往有着非常重要的作用。因此，教师在教育教学过程中应鼓励学生大胆猜测和想象，尤其是在前提不充分、过程不明确的情况下大胆猜测和自由想象，努力让学生体验到猜测成功的愉快感受。

(4)提供榜样示范

教师可以充分利用网络、影视资源以及身边的博物馆或博览会等，让学生看到各种创新产品，认识到创新在人类生产生活中的重要意义；教师给学生介绍或提供那些取得过重大创新成果的科学家或艺术家、设计大师的专题片、名人传记或访谈等资料，让学生认识到创新在个人发展与自我实现中的重要作用；教师还应以自身和表现突出的学生为榜样，因为身边的榜样是最真实和具有模仿可能性的，让学生直观地看到创造在工作和学习中的价值。

3. 注重创造性能力训练

有研究发现，受过创造教育的学生在产生有效的创见方面比未曾受过同类教育的学生要优秀很多。[①] 因此，针对创造性能力进行一些专门的训练，甚至开设一些专门的课程都是很有必要的做法。常用的训练方法有以下几种。

(1)发散思维训练

发散思维是创造性思维的核心。[②] 训练发散思维可以采用扩散法，譬如用途扩散、结构扩散、方法扩散和形态扩散等：①用途扩散，即训练学生针对某一给定的物品想出尽可能多的用途，突破功能固着。通俗地说就是一物多用。例如尽可能多地说出砖头的用途。②结构扩散，即训练学生针对某一给定的结构设想出利用该结构的多种可能性。例如尽可能多地想出包含了三角形结构的物品。③方法扩散，即训练学生针对某一给定的方法设想出利用该方法还可以完成哪些事情。例如，尽可能多地说出用“拉”的方法可以完成的事情。④形态扩散，即训练学生针对某一给定的事物形态(颜色、形状、气味等)想出该形态的多种存在形式或利用形式。例如尽可能多地说出红色或某种气味可以用来做什么。

(2)头脑风暴训练

这种训练又叫脑力激荡法，是指通过集体讨论使不同个体的思维形成碰撞，激发灵感，达到集思广益的效果。使用这种方法训练时应注意遵循四条原则：①无评价原则，即对所有人发表的所有观点不予评价；②鼓励创新原则，即鼓励标新立异、与众不同；③鼓励改进与补充原则，即鼓励对自己或他人发表的观点进行进一步的改进或补充；④鼓励多多益善原则，即追求发表观点的数量，不追求质量。教师应用此法时可以先抛出一些问题激发学生的思维，然后引导学生开始集体讨论，在观点产出很多的情况下教师可以不干预，在观点产出减少的情况下教师可以及时提供进一步思考的动力和方向引导。

(3)自我设计训练

这种训练的灵活性很强。譬如国庆节来临之前，教师可以鼓励学生设计板报、小

---

① 胡忠光：《教育心理学》，183页，北京，教育科学出版社，2011。

② 李梅等：《中学教育心理学》，180页，南京，南京大学出版社，2018。

海报；母亲节或父亲节来临之前教师可以鼓励学生设计贺卡。除了利用节假日做小设计以外，教师还可以开展一些有社会价值的主题设计活动，譬如基于环保的理念鼓励学生利用废旧的材料制作一些玩具、教具或生活用品。对于学生自发的一些设计兴趣，教师和学校也应提供尽可能地资源、经费和信息帮助，激发学生的创造积极性。

(4)推测与假设训练

这是旨在发展学生的想象力的训练。譬如，提供结局开放的故事，鼓励学生续编不同的结局；语文课上读标题猜测文中的具体内容和主要情节；针对现实或历史中的一些问题、事件或现象，引导学生想象自己处于某个特定的角色上可以怎么做，或想象出现某种极端的情形时可以怎么做等。

需要提醒的是，虽然开设创造性的训练课程是有助于创造性培养的，但这种训练并不是创造性培养的充要条件。创造性的形成离不开知识的基础，知识贫乏的人是无法进行有价值的创造的。所以，脱离学科教学而单纯地训练创造性是舍本逐末的做法。最佳的策略应当是立足于扎实的学科知识教学，在学科知识学习的过程中渗透、融入创造性训练，在日常教育和生活中培养良好的个性特征，在学校、家庭和社会中形成良好的环境氛围和风气，这样才能有效培养和发挥学生的创造性。

第四节
知识的表征与教学

知识被个体习得后，是以怎样的形式储存在头脑中的呢？在心理学上，用“表征”这个词表示个体感知到的信息在头脑中的储存和表现。所以，知识的表征就是指知识在人脑中的储存和表现的形式。

一、陈述性知识的表征

在本章第一节中介绍知识的分类时，我们已经介绍了陈述性知识是可以言语来陈述的知识，它有三种表征形式：命题与命题网络、表象及图式。

(一)命题与命题网络

逻辑学上的命题指的是表达判断的语言形式，心理学上的命题指的则是用语言表达的最小意义单元。每个命题都由论题和关系两部分组成。譬如“他是司机”就是一个命题，其中，“他”和“司机”都是论题，“是”是关系。在一个命题中，论题可以有多个，关系只能有一个。一种关系与对应的论题构成一个命题，一个句子中有几个关系就有几个命题。

需要注意的是，命题虽然通常用句子来呈现，但句子并不等同于是命题。认为“一个句子就是一个命题”的观念是错误的。在命题中，表达“关系”的通常由动词、副词或形容词来负责，表达“论题”通常由名词或代词来承担。为了帮助大家理解，下面举例说明。

例 1：“他穿着崭新的衣服。”这个句子中，包含了两个命题。第一个命题是“他穿着衣服”，第二个命题是“衣服是崭新的”。

例 2：“我欣赏古典音乐。”这个句子中，也包含了两个命题。第一个命题是“我欣赏音乐”，第二个命题是“音乐是古典的”。

人们在表征陈述性知识时，在记忆中储存的并不是当时看到或听到的原文语句，而是将语句中的信息分解成命题来储存。但是，命题只是表征意义的最小单元，如果将许多命题一个一个地储存在头脑中，并不符合经济高效的原则，所以心理学家提出了命题网络的概念，认为人们会将关系相同的命题整合在一起，构成网络。一个命题网络表现出如下特征：①在一个相对独立的命题网络中，各命题之间存在某种共同的关系；②命题网络中的各个子命题是按层次分级组织在一起的，类似于一个概念归属结构图。[①]

（二）表象

表象是指过去感知过的事物在人脑中的再现。通俗地说，表象就是我们在头脑中保存的过去感知过的各种具体的感知印象，譬如视觉通道看到过的模样、形象，听觉通道听到过的旋律、音色，嗅觉通道闻到过的气味等，都可以是表象的内容。

在实际生活和学习中，并不是所有的知识都以语言文字的方式来储存，也有一些知识是以具体形象的知识来储存的，譬如某些名人的样貌，某些知名景观或建筑物的形象，某些天气现象的景象，某些音乐作品的旋律等，往往无法用命题和命题网络来表征，此时就需要用表象来进行表征。

人们不仅会把一些感知到的具体形象作为表象来储存陈述性知识，而且还可以将一些语义信息转化为表象进行处理。因为与命题及命题网络相比，表象表征的信息不仅具有形象性和具体性，而且很适合表征事物的空间位置关系。譬如小学数学中有类似“小明比小亮高，小强比小明矮，小芳比小明高”的题目，在回答谁最高或谁最矮的问题时，学生往往会将这些语义转化为头脑中的表象，并对之进行从高到矮的排序，以确定身高的排列顺序。

---

① 屈晓兰，周正怀：《小学教育心理学》，179 页，上海，华东师范大学出版社，2016。

(三)图式

图式(schema)一词是由皮亚杰在他的理论“发生认识论”中提出。简单地说，图式就是一种组织化的知识结构。具体来说，图式是个体从具体的经验中提炼出来的，将某种事物或事件的相关属性组合成整体来储存的知识结构。

图式与命题并不相同，它是人对自己熟悉的范畴、事件或其他现象中蕴含的规律性的表征，这种规律性可以是知觉性的，也可以是命题性的。所以，图式中既包含命题，也包含表象，是一种更复杂、更高级的表征。图式可以分为三种：表征自然范畴的图式、表征事件的图式和表征文本的图式。譬如一个孩子见过几只不同的狗，听父母讲过一些关于狗的常识，就可能形成关于“狗”的图式，这个图式就属于表征自然范畴的图式，这个图式中包含了孩子见过的狗的形象，知道的狗的习性等。有了这个图式，孩子以后再看到其他品种的狗，也可以将它们纳入这个图式或用这个图式去加以理解。事件图式也可称为“脚本”，譬如到医院就诊就是这一类型的图式，通常应包含的环节包括：确定科室，挂号，排队就诊，付费检查，医生出诊断结果，付费取药。至于文本图式，多用于理解一些文本，譬如故事。不同类型的故事可能对应不同的文本图式，我们依据相应的文本图式决定哪些细节和信息是更重要的，需要了解甚至记忆。曾经有学者研究了一位民族问题专家，发现该专家由于多年经验的积累已经在头脑中形成了关于民族研究文献的图式，当一份让他陌生的民族文献呈现时，他能依据自己的图式迅速捕捉文献中的关键信息，阅读速度和效率明显快于非专家人士，后者因为缺乏相应的文本图式，只能逐字逐句的阅读，速度明显慢很多。①

二、促进陈述性知识学习的教学原则

(一)以旧促新——利用原有知识经验促进新知识的学习

陈述性知识是可以用言语直接陈述的知识，所以其习得途径主要也是言语，包括教师的口头言语陈述以及教材中的书面言语陈述。正如我们刚刚介绍陈述性知识的表征形式时所说的那样，用言语陈述的知识储存在头脑中时并不是直接原句储存，而是将其中包含的语义、意义转化为命题及命题网络的形式储存。所以，小学生在学习陈述性知识时，不能停留在习得陈述知识的字句水平，而应习得字句背后的意义。要想习得言语陈述背后的意义，学习者必须要有足够丰富的相关知识或经验。

当小学生确实已经具备相关的知识或经验时，事情会变得简单一些，教师只要在

① 皮连生：《学与教的心理学》，179 页，上海，华东师范大学出版社，1997。

教学的过程中想办法激活小学生的这些已有知识或经验就可以。教师通常使用的办法有两类：一类是提问，一类是类比。譬如学习蚕生长过程中要蜕皮的知识时，教师使用类比，可以说孩子在成长的过程中，由于身体长高或长胖了，过去的衣服就变小而不能穿了，需要换更大一些的新衣服来穿，这和蚕要蜕皮是一样的道理，通过这样的类比就可以促进小学生对这一知识的理解了。特级教师于漪在教学语文课文《春》时，使用了提问的方法来激活学生原有的知识。课文中有一句话写的是“小草儿也青得逼你的眼”，她提出问题，请同学们仔细回忆一下，以前学过的古诗中有没有哪句诗能够表达出和这句话中的“逼”一样生动的含义呢？学生经过积极地回忆、思考和分析，终于找出了“两山排闼送青来”，从而更加深刻地理解了课文中用词的生动与形象。①

当小学生已有的知识或经验不足以理解新知识的时候，就需要教师创设条件，帮助学生获得必需的知识或经验。譬如特级教师斯霞在教小学生“我们是祖国的花朵，老师是辛勤的园丁”这句话时，在正式课堂教学之前带领同学们到公园里去看真正的园丁如何为花草浇水、除草和施肥。②学生因此获得了这种感性的生活经验，再回到课堂学习“我们是祖国的花朵，老师是辛勤的园丁”时，就可以很好地理解这句话的含义了。

如果小学生原有的知识或经验有可能对新知识的学习存在干扰，教师在教学时需要有意识地做出预防。譬如在识字教学中，学生学过了“未”，现在要学习“末”，这两个字在字形上很相似，极易混淆。教师在教授新字“末”时，一定要主动地把“未”拿过来进行对比，譬如观察字形上的区别，学生会发现“未”的两横是上短上长，“末”的两横是上长下短。但是还不够，还是有可能会记反。所以教师可以进一步引导学生进行联想，譬如“未来是长远的，所以越写越长(这是按书写笔顺来联想，先写一短横，再写一长横)”，“末路是到终点了，所以越写越短(这也是按书写笔顺来联想，先写一长横，再写一短横)”，这样联想就把笔顺和字义联系在一起了，学生就能分得清，避免了原有知识对新知识造成的干扰。

(二)教师引发学生内部学习过程

陈述性知识的学习不应是简单机械的重复和背诵，学生也不是人形的照相机和录音机，理想的陈述性知识的学习需要学生进行一系列的内部认知加工。小学生学习的独立性和自主性水平相对较低，尤其是一二年级的学生，所以在陈述性知识的学习中还需要教师多加引导。教师引发学生对陈述性知识的内部学习过程最基本、同时也是最常用的手段就是精心设计的提问。

有些教师在教授知识的过程中也会提问，但提的问题过于浅显，譬如“对不对?”“可不可以?”学生回答这种问题往往不需要更加深入的思考就能知道答案。教师要少提

---

①② 皮连生：《教育心理学》，179页，上海，上海教育出版社，2011。

有唯一确定答案的封闭式问题，多提没有固定答案或标准答案的开放式问题。开放式的问题只要设计得当，能够有效地引发学生的注意和思考的兴趣，为了答出问题学生要尝试着独立地选择信息、梳理整合信息、基于已有信息进行合理地推断等内部的认知加工。学生在思考与回答开放式问题的过程中完成了对所学陈述性知识的深度加工，不仅能达成对新知识的意义的理解，也加深了对新知识的印象，为后续的知识巩固和保持奠定了坚实的基础。

(三)鼓励学生自发内部学习过程

对于中高年级的学生，教师除了通过提问等方式引发他们的内部学习之外，更应鼓励他们自发地进行内部学习。有研究表明，优秀的学生在学习陈述性知识时，很善于自己主动引发相应的内部学习。① 譬如教师在课堂上讲到某一知识时，优秀的学生不仅能认真地听，还能主动地联想到与该知识有关的现象，思维很活跃，说明在积极地进行内部加工。相反，成绩不理想的学生往往能做到认真地听就很不错了，有的甚至连专心听讲都无法保证。我们在第五章中介绍的笔记法是可以较好地帮助学生主动引发内部加工的学习方法，教师应教导学生在记下关键信息的同时努力进行意义的理解，重视课后笔记的整理，在笔记本提示栏添加标注、评价、反思或概括的成果，都是在训练自己对所学的陈述性知识进行主动的内部加工。

三、陈述性知识的教学过程

根据皮连生提出的陈述性知识的学与教的模型，陈述性知识的教学(从学生的角度看，则是陈述性知识的学习)可分为三个阶段来进行。②

(一)阶段一：理解新知识

这个阶段的任务或学习目标是理解新的知识。一共包含四个步骤。

(1)引起注意与预期

在这个步骤，教师的任务是尽快让学生把注意集中在新知识的学习上来，特别是安排在课程表上顺序靠后的课更要高度重视这个步骤，因为学生可能已经由于前面的其他课程感到疲劳或者没有很好地实现注意的转移。除了集中学生的注意以外，教师还应在这个步骤巧妙利用学生心理上的预期激发学习动机。所谓预期是指一个人根据

---

① 皮连生：《教育心理学》，97页，上海，上海教育出版社，2011。

② 皮连生：《学与教的心理学》，221页，上海，华东师范大学出版社，1997。

自己的经验、习惯对客观事物做出的一种事前估量，是意识活动的超前性反映。[①] 教师既可以通过明确学习目标及学习的重点和难点让学生对新知识的学习产生预期，也可以在学生原有预期的基础上设计问题情境或制造矛盾等方法制造新的悬念或冲突，令学生感到惊讶和意外，学生也会因此而对新知识感到好奇，产生探究的动机。总的来说，第一步就是为新知识的学习做好心理上的准备。

(2)激活原知识

教材在编排的时候往往为学习迁移做好了准备，所以新知识的学习通常是建立在原有知识的基础之上。在讲授新知识之前，教师应帮助学生激活并提取与新知识有关的原有知识，加深对原有知识的印象，为接下来学习新知识做好知识上的准备。

(3)选择性知觉

在这个步骤，教师要将新知识呈现给学生，呈现的时候遵循知识直观环节应注意的事项，确保学生将直观的内容作为知觉的对象，灵活使用三种直观方式，帮助学生形成清晰、深刻又准确的感性认识。然后在直观的基础上引导学生进行知识概括，在这个环节按照知识概括的方法恰当运用正例、反例、变式、比较等手段，达到对新知识的理性认识。

在这个步骤中，无论是直观还是概括，教师进行言语引导时必须做到表述准确没有歧义，尤其是涉及对新知识的关键信息的表述时应力求给学生留下清晰又正确的第一印象。

(4)同化新知识

这一步骤强调的是介绍新知识的时候一定要阐明新知识与学生认知结构中原有知识之间的逻辑关系。根据新知识与原有知识之间构成的上位学习、下位学习或并列结合学习的关系，教师应引导学生将新知识纳入认知结构中，与原有知识产生有意义的逻辑联系。

(二)阶段二：复习与巩固

新知识经过课堂教学已经被学生所理解之后，就进入了长时记忆系统。但是，艾宾浩斯的遗忘曲线告诉我们进入长时记忆的信息同样会发生遗忘。为了避免新知识被快速遗忘，降低学习的效率，在第二个阶段教师可以通过晨读背诵、尝试回忆、整理笔记等多种形式帮助学生巩固新知识，提高复习的效果。

(三)阶段三：知识的应用

学习知识的终极意义不在于简单地复述，而是应用知识解决真实的问题。所以，

---

① 卢家楣：《教学内容的情感性处理策略》，载《教育研究》，2002(12)。

在第三个阶段，教师可以通过课堂练习、课后作业、随堂测验、正式考试、解决实际生活中的问题等多种形式为学生提供应用知识的机会。为了促进学生最大限度地产生学习的迁移，教师在练习、作业或考试中设计的问题情境应当灵活多变，且尽量贴近真实生活，以此帮助学生学会应用知识。

四、陈述性知识的教学策略

为了有效提高陈述性知识的教学质量，教师可以采用以下教学策略。

(一)动机激发策略

动机激发策略是指教师在教学初始环节用恰当的手段去激发学生学习新知识的动机。学习动机的激发是否成功对后续的学习效率有非常重要的影响。具体来说，教师常用以下两种途径去激发学习动机。

(1)采用目标激励

教师在讲授新知识之前说明新知识的价值或重要性，有助于学生将学习任务内化为自身的认知需要或产生想要完成学习任务的间接兴趣，成功激发学习动机。

(2)采用问题情境激发动机

求知欲和好奇心是内部动机最核心的成分，激发求知欲和好奇心的有效方法是设置问题情境。这里所说的问题情境，是指让学生感到一知半解、似懂非懂的学习情境。问题情境不能太过复杂，超出学生的理解能力水平，这会让学生有听天书的感受，容易产生畏难情绪。问题情境也不能太过简单，明显在学生熟悉的能力范畴内，这会让学生觉得没有挑战性和新意，没有探究的欲望。问题情境的难度要在学生的最近发展区内，是需要学生努力就有可能克服的程度。教师如果能基于新知识创设出理想的问题情境，就会令学生产生困惑、惊讶、好奇的体验，从而产生学习新知识的意向。

(二)注意策略

注意策略是指教师在教学过程中采取一定的措施帮助学生将注意集中在有关学习的信息上，对学习材料或学习任务保持警戒状态的策略。一般来说，学生学习陈述性知识主要通过视知觉和听知觉两种主要的感觉通道来获取信息，在这两种感知觉的信息输入过程中，教师可以考虑以下做法：

1. 视知觉的聚焦

(1)扩大或突出关键特征

教师在板书时可以使用彩色粉笔来突出需要学生特别注意的特征，或者采用更大更醒目的字号也可以。例如，教师在板书本节课的主要提纲时，将其中最重要的一条提纲用特殊颜色的粉笔写出，也可以格外吸引学生对这条提纲的注意。同样的做法在制作 PPT 等投影内容时也可使用。譬如在语文课生字教学中，学习“真”的时候，将“真”的中间部位在 PPT 上放大，目的是让学生数清楚内部有三横，避免有学生写的时候少写一横，变成错别字。

(2)妙用对比

对于一些相似性高、容易混淆的知识，教师一定要充分利用对比来加强学生对可能会互相混淆的知识的分辨。譬如，在语文课的识字教学中，教师可以把“己、已、巳”三个字在字形对比上的不同特征用不同的彩色粉笔标注，将同样的特征都用白色粉笔标出，这样可以吸引学生聚焦于那些不同的特征，这也正是需要学生重点关注的内容所在。

(3)巧用变化

根据无意注意的特点，我们知道运动变化的事物比静止不变的事物更容易引起人的注意。所以，如果教师会制作动画，或者有适当的动画视频可用，教师可以采用动画进行模象直观，学生观看这种直观的热情通常都很高。当然，不能一味地为了让学生高兴而选择动画，只有当动画演示的内容确实是教学的主要内容时才可以考虑这种做法。

2. 听知觉的聚焦

这里主要指的是教师口头言语的水平。讲到重要内容时，教师可以适当提高音量，放慢语速，反复强调，以帮助学生集中注意。另外，有的时候适当的短暂停顿也可以起到吸引学生注意的效果。所以，教师讲课时切忌始终保持同样的语速和语调，在确保言语内容本身没有问题的前提下，应当根据需要灵活地进行变化，以帮助学生维持注意。

(三)意义加工策略

意义加工策略是指教师引导和鼓励学生运用已有知识理解新知识，在新旧知识之间形成意义联结的策略。我们知道意义记忆比机械记忆的效果好，所以在学生进行知识的巩固之前，一定要在学习新知识的获得阶段充分地进行意义加工。学生对新知识的意义加工越深刻、越丰富，将来提取的时候提取线索就越多，知识保持和应用的效果自然就越好。

主观联想是常用的意义加工策略。譬如上文提到过的对比“未”和“末”的时候进行的联想，就是一种意义加工，经过这样的语义联想，学生对两个字的字形和定义都会有更加清晰的理解，很难再混淆。教师可以帮助学生进行主观联想，最好是鼓励学生主动联想，学生自己联想的过程本身也是加深意义理解和重复记忆的过程。联想可以有语义联想、谐音联想以及视觉联想等多种形式。

歌谣口诀或简字法也有助于意义加工。譬如语文中的“戍、戊、戌”三个字的字形很相似，学生容易混淆，可以提供“点戍(shù)横戌(xū)戊(wù)中空”，在这个口诀的基础上再记住“戍边”和“戊戌变法”两个词，就可以很好地区分这三个字了。

问答同样可以促进意义加工。教师向学生提问，学生自问，学生互问，学生向教师提问，都是值得尝试的好办法。教师应鼓励学生围绕所学知识积极设问或回答问题，在问答中可以完成对相关信息的思考和深度加工。

(四)组织策略

组织策略是指学习者对相关信息进行归纳整理的策略。随着年级的升高，各门学科中所学的陈述性知识越来越复杂，包含的信息量也逐渐增大，教师引导学生对每天学习的新知识进行归纳概括，以纲目或图表的方式呈现概括的结果，同样是帮助学生加强了对新知识的意义加工。更加详细的内容我们将在第十一章中介绍。

五、程序性知识的表征

程序性知识的表征方式是产生式。所谓产生式，实质上是一种类似于“如果……那么……”的规则。其中，“如果……”是条件，“那么……”是在这种条件下应做出的相应反应。产生式最简单的时候可以只有一个条件和一个反应，复杂的时候则可以有系列条件和系列反应。譬如“如果明天天气好，我就去钓鱼”，这是一个典型的简单的产生式，它只有一个条件“如果明天天气好”，也只有一个反应“我就去钓鱼”。我们还有更加复杂的产生式，譬如：“如果明天天气好，我没有别的工作，你也愿意的话，我们一起去逛街。”在这个产生式中，有三个条件，“如果明天天气好”“我没有别的工作”和“你也愿意”，有一个反应，“我们一起去逛街”。在学习中也有很多的产生式，譬如在几何定理的学习中，“如果两个三角形的两条边及其夹角对应相等，那么这是一对全等三角形”就是产生式。

在日常生活和学习中，单一的产生式往往是不能帮我们解决复杂问题的，所以我们还有与此对应的产生式系统，即按某种逻辑关系或时间序列关系或其他关系连接起来的一系列的产生式。产生式和产生式系统都是程序性知识的表征形式。

六、程序性知识教学的过程

根据皮连生提出的程序性知识的学与教的模型，程序性知识的教学同样可分为三个阶段来进行。[1] 其中，第一个阶段与陈述性知识学习是完全一致的，在此不再赘述。

程序性知识教学的第一个阶段也是新知识的理解，学生需要充分理解每个产生式的条件是什么，怎样的情形是符合条件，也需要明确每个产生式的反应是什么，在符合条件的情况下应做什么反应。

程序性知识教学的第二个阶段是进行变式练习。所谓变式练习就是提供不同的问题情境，让学生练习产生式或产生式系统的使用。在这个阶段，学生做的练习应当得到及时、准确的反馈，学生在练习中反映出来的问题应当得到及时的纠正。通过练习，帮助学生巩固新知识，同时也加深对新知识的理解。

程序性知识教学的第三个阶段是通过知识应用促进迁移。在这个阶段，教师要提供更灵活多变的情境，为学生在不同的情境中，特别是与生活实践密切关联的情境中应用程序性知识创造机会，从而促进程序性知识的迁移。

【本章小结】

教育心理学领域的知识概念有广义与狭义之分。知识可分为感性知识与理性知识两类，也可分为陈述性知识和程序性知识两类。知识学习按复杂性程度不同可分为表征学习、概念学习和命题学习三类。从动态的过程来看，知识的学习可分为知识获得、知识巩固和知识应用三个阶段。其中知识获得阶段又包含了知识直观和知识概括两个环节。教师可以在实物直观、模象直观及言语直观中根据现实条件的许可灵活选用，以最大限度地帮助学生对新知识形成丰富、具体又准确的感性认识，再在此基础上引导学生通过了解正例、反例以及正例的变式，灵活地进行比较，最终形成理性的认识。在知识应用阶段，除了简单的回忆与再认以外，更高水平的知识应用是问题解决，特别是创造性的问题解决。在本章的最后，介绍了陈述性知识的三种表征方式：命题及命题网络，图式，表象。程序性知识的表征方式则是产生式及产生式系统。陈述性知识与程序性知识的教学过程大同小异，都是在引起学生注意之后利用旧知识理解新知识，然后复习巩固新知识，并学会应用新知识。

【本章习题】

一、名词解释

知识　陈述性知识　程序性知识　图式　上位学习　下位学习　问题

[1] 皮连生：《学与教的心理学》，221页，上海，华东师范大学出版社，1997。

问题情境　定式　创造性功能固着　问题空间　问题解决

二、简答

1. 简述三种直观的优点与不足。

2. 简述教师运用直观的原则。

3. 简述提高知识概括效率的方法。

4. 简述促进陈述性知识学习的教学原则。

5. 简述陈述性知识与程序性知识的区别与联系。

6. 简述问题解决的策略有哪些。

7. 简述创造性的基本特征有哪些。

8. 简述影响问题解决的因素有哪些。

9. 影响创造性的因素有哪些。

10. 简述问题解决的过程。

三、辨析

1. 创造力高的人智力一定高。

2. 一个句子就是一个命题。

四、论述

1. 试联系实际谈谈如何在教学中促进陈述性知识的学习。

2. 联系实际谈谈如何提高学生问题解决的能力。

3. 如何培养和发挥学生的创造性?

【拓展阅读】

1. 冯忠良，伍新春，姚海林，等. 教育心理学(第三版). 北京：人民教育出版社. 2015 年

2. [美]罗伯特·斯莱文著. 吕红梅，姚梅林等译. 教育心理学：理论与实践(第十版). 北京：人民邮电出版社. 2016 年

第九章

小学生的技能学习指导

想象一个人学习了有关中医学的许多知识，掌握了大量的医学概念和理论，也记住了不少经典的药方和医案，这是不是就意味着这个人能成为一个好的中医呢？答案显然是否定的。“纸上得来终觉浅，绝知此事要躬行”，这联诗很好地反映了“知道怎么做”和“能做”是两回事。在上一章我们介绍了有关知识学习的内容，无论是陈述性知识还是程序性知识，都是“知道”，譬如“知道是什么，知道为什么，知道怎么做”。然而，在实际生活中，许多问题的解决不能只靠“我知道”就得到解决。所以，我们帮助学生在掌握知识后，还要帮助学生将知识转化为相应的技能，这就是教育领域经常强调的“双基”——基础知识和基本技能。技能到底是什么，技能又该如何学习，或者说技能是如何形成，这些问题将在本章得到解答。

第一节 技能概述

一、技能的含义

技能是通过练习而逐渐形成的合乎法则的活动方式。在日常生活中，我们经常会用到各种各样的技能。例如：弹钢琴就是一种技能，是经过练习才习得的，而且合乎一定的规则，譬如说指法。在体育运动领域，技能更是比比皆是。跳水、击剑、武术等，都需要通过练习才能习得，且都有各自的一套法则。生活中常说的“外行看热闹，内行看门道”，这个“门道”就意味着每一个行当，或者说每一种技能都是有其内在的法则的。

二、技能的特点

(一)技能是在后天练习的基础上形成的

技能不同于本能。本能是天生的，譬如蜘蛛会织网，蜜蜂会采蜜，这些能力是种族遗传而得的，只要是正常的后代就会具备该种族遗传的这种能力。在教育心理学领域，技能只指个体在后天的生活和学习过程中，通过练习而形成的活动方式。

(二)技能本质上是活动方式

知识解决的是“知道不知道”的问题，掌握了某种知识就意味着“知道了”。但是，知识本身并不是活动，不是行为。技能与知识有所不同，技能解决的是“做”的问题，涉及个体具体如何做、做得好不好的问题。因此，判断技能掌握的情况需要看个体的实际操作。

(三)技能是合乎一定法则的

技能不同于人们在生活中随意的、习惯化了的动作组合。在不掌握技能的情况下，人们也可以通过自己的一系列动作去做一些事情，譬如打字，弹琴，唱歌等。但是，由于没有技能，所以人们做事情的时候往往效率不高。例如，有的人打字只用一根手指头在键盘上按来按去，这也可以打出字，但效率明显低下。再举个例子，很多人都爱唱歌，但是没有受过专业的声乐训练的人在唱歌时不知道如何很好地利用身体的共鸣腔使音色更优美，也不懂得换气等技能，所以往往是用天生的嗓音去唱，演唱效果会打不小的折扣，而且还容易因为发声不对损坏嗓子。技能则不是这样的，技能包含了一定的法则，对于每个微小的动作要领都有规定，对动作之间的连接及动作顺序都有要求，这些规定和要求就是法则，按照这种法则行事，效率就是比较理想的。

三、技能的分类

技能有多种划分方式。限于篇幅，本章只介绍最具代表性的一种分类方式：根据技能自身的特点，将技能分为动作技能和心智技能。

(一)动作技能

动作技能也称为操作技能或运动技能，是通过练习而形成的由身体动作实现的合法则的活动方式。在一般学科知识学习的过程中，学生也需要一定的动作技能，最常见的就是写字；在美术教育活动中，常见的动作技能是绘画；在音乐教育活动中，常见的动作技能是乐器演奏、声乐演唱以及舞蹈；在体育教育活动中，常见的动作技能就更多了，打球、体操、跑步等都属于动作技能。

(二)心智技能

心智技能也叫智慧技能或认知技能，是通过练习而形成的在人脑中进行的合法则的心智活动方式。心智技能需要借助于人们的内部言语在头脑中进行，如阅读、推理、心算等都是这一类的技能。

(三)动作技能和心智技能的关系

动作技能与心智技能同属技能，两者既有联系又有区别。

(1)动作技能与心智技能的特点完全不同

动作技能具有物质性、外显性和扩展性等特点。物质性是指动作技能的操作对象是客观存在的事物，譬如各种乐器、体育器械、工具或人体的骨骼肌肉等；外显性是指动作技能的执行过程都是通过人体的具体动作实现的，可以明显观察到；扩展性是指动作技能无论是复杂抑还是简单，按法则规定的每个动作都必须切实执行，不能省略或合并，一定要按顺序完成，所以在结构上是展开的。

心智技能具有观念性、内隐性和简缩性等特点。观念性是指心智技能的操作对象并不具有物质形体，而是存在于人脑中的主观映象等心理表征，是意识性的存在；内隐性是指心智技能是借助于内部言语在头脑中进行操作的，所以无法以外显的方式进行观察；简缩性是指心智技能在操作的时候并不是必须按照特定的顺序将所有步骤全部展开执行，而是可以省略、合并，有时可能会给人一种下意识就已经完成所有操作得到结论的感觉。

所以，两种技能在操作对象、活动的表现形式以及活动的结构等方面均有不同的特点。

(2)动作技能与心智技能有密切联系

首先，动作技能是心智技能形成的最初依据，因为心智技能是以外部操作技能为基础，然后逐步脱离动作技能内化为心智技能的。

其次，心智技能是动作技能的调节者，某些复杂的动作技能往往包含认知的成分，需要一定的心智活动的参与，并不能截然分离。

四、技能的作用

首先，技能是提高活动效率的必要条件。以学习活动为例，学生如果熟练掌握了阅读、书写、运算等技能，将会大大提高他们加工信息的速度与准确性。

其次，技能对活动具有调节作用。技能是合法则的活动方式，任何一项活动要想准确、高效地完成，就必须按照合法则的方式进行活动，个体一旦掌握了技能，就会在活动过程中对违反法则的活动方式进行调节，使之遵循技能要求的法则。

最后，技能对个体能力的发展有促进作用。研究表明，能力的发展是以有关的技能掌握为前提的，所以，发展个体的能力，除了要让个体掌握大量的知识以外，也要重视技能的训练。①

第二节
动作技能的形成及指导

一、动作技能的分类

依据不同的分类标准，动作技能可分为不同的类型，下面介绍三种不同的分类标准。

(一)连续技能与非连续技能

按照动作技能的开始与结束是否能够明确，我们将动作技能分为连续技能和非连续技能两种。

连续技能是指没有明确的开始与结束的动作技能，或者说可以以连续的、不间断的方式进行的动作技能。说话，演奏乐器，打字等都属于连续技能。这些技能根据我们的实际需要可以连续地进行，比如演奏乐器，演奏者可以一首乐曲接着一首乐曲演奏，中间可以流畅地连贯起来。

非连续技能是指有明确的开始和结束的动作技能。跳高、跳水、掷铅球、射击等都是非连续技能。这种技能通常是由持续时间较短、类似突然爆发的系列动作组成。

(二)封闭技能和开放技能

根据动作过程中外部情境是否发生变化，我们把动作技能分为封闭技能和开放技能两种。

在完成动作的过程中，外部情境是比较稳定的，没有明显变化，这样的动作技能就是封闭技能。譬如举重、跳水、掷铅球等，这些动作技能的完成主要依靠个体的骨骼和肌肉形成的动作记忆及完成过程中的内部反馈，不因外部环境的变化而受影响。

在完成动作的过程中，时间或空间不同时外部情境都会不同，这种不同会要求个体的动作做出相应的调整，这样的动作技能就是开放技能。譬如，驾驶汽车、打篮球、跆拳道等都属于这种开放技能。尤其是竞技性的技能，场地的改变、对手的表现、比

① 李梅等：《中学教育心理学》，105页，南京，南京大学出版社，2018。

赛的时间进程等都是个体需要考虑应对的外界因素。

(三)粗大技能和精细技能

根据动作的精确性程度，我们可以把动作技能分成粗大技能和精细技能两种。

粗大技能是指要在较大空间范围内做较大幅度动作的技能。跑步、打球、游泳等都是粗大技能。这种技能的特点是需要用到大肌肉，经常会要求整个身体的参与。

精细技能是指在相对狭小的空间范围内进行的小幅度的动作技能。譬如写字、打字、绘画、刺绣、微雕等都属于精细技能。这种技能的特点是往往不需要全部身体都参与动作，通常只要小肌肉的参与，但是对动作的精确性要求相对要高很多。

二、动作技能形成的三个阶段

动作技能的形成一般要经历以下三个阶段。①

(一)认知定向阶段

这是动作技能形成的第一个阶段。在这个阶段，学习者的主要任务是了解自己将要学习的动作技能是什么，动作技能的要点是什么，学习的要求是什么，然后根据指导者的言语讲解及动作示范对将要学习的动作技能形成初步的完整印象，再结合自己的初步尝试在头脑中建立起一种关于该动作技能的定向映象。

所谓的定向映象，其实就是学习者在头脑中形成的关于动作技能的表象，这个表象在后面的动作技能学习过程中会起到参照作用。因此，这一阶段形成的表象要力求准确和清晰。表象是感知过的事物在头脑中储存的形象，如果是视觉通道的就叫视觉表象，如果是听觉通道的就叫听觉表象。譬如指导者的示范动作被保存在头脑中就是视觉表象。指导者在这个阶段可以充分利用多种感觉通道帮助学习者建立丰富的表象，当然一定要保证是正确的表象。

认知定向阶段究竟会用时多久呢？这取决于所学的动作技能的复杂程度。越复杂的动作技能在这个阶段所用的时间相应越多。以汽车驾驶技能为例，学员初学时，教练会讲解和示范，但仅靠一次讲解和示范是不足以形成正确、清晰又丰富的表象的。所以，教练往往会在讲解和示范之外，给学员机会亲身尝试一下操作，在亲身体验的过程中，学员会发现自己看到的示范与实际的操作之间存在差异，而且驾驶汽车不仅要操控汽车内部的部件，还要实时观察和了解车外的各种情境线索，往往会感觉顾此失彼，手忙脚乱。

---

① 胡忠光：《教育心理学》，137～139页，北京，教育科学出版社，2011。

初学者在认知定向阶段往往非常专注，但仍然极易犯错，因为各项动作都很不熟练，所以无法做好注意的分配。另外，初学者在这个阶段往往也很紧张，不仅心理紧张，而且肌肉紧张，所以动作完成的效果并不好。总的来说，在认知定向阶段的动作主要有这样一些特点：呆板，不协调甚至混乱，缓慢甚至停滞，多余动作很多，需要视觉控制帮助自己减少犯错，需要意识的高度控制，稍一分心就无法完成或继续下去。

(二)联系形成阶段

这是动作技能形成的第二个阶段。在这个阶段，学习者的主要任务是将所有的动作按照法则规定的顺序连贯起来，变成比较固定的动作反应系统。

以广播体操的学习为例，中小学广播体操通常包含八节，学生学习一套新的广播体操时往往会一节一节地学。每一节中的动作又分为上肢动作和下肢动作，学生通常分别学这两种动作，然后再整合起来一起做。每一节都按这种方式如法炮制。当所有小节都学会以后，指导者会让学生跟着音乐把整套体操完整地做出来。所以，学习者在第二个阶段的任务就是把掌握的局部动作、个别动作整合起来，形成连贯的、完整的动作。但是这个整合的过程并不是一蹴而就的，由于动作只是初步学会，并不熟练，所以在完成局部动作(如某一小节)时比较顺利，但在动作转换或交替衔接的时候(譬如完成了第一小节，要开始做第二小节，意味着要换动作了)，极易出现停顿现象，往往需要再得到指导者的示范或提示，或努力回忆才能继续下去。随着练习次数的累积，动作重复的遍数越来越多，动作之间的转换和交替衔接会越来越顺利，最终形成比较连贯的动作反应系统。

第二阶段的动作水平比起第一阶段有明显的提升，譬如第一阶段非常明显的多余动作已经逐渐看不到了。而且，由于练习经验的增加，学习者对整套动作的认知更加清晰和深刻，所以在完成动作的过程中如果犯错了，不需要指导者的提醒就能自行发现并做出调整。但是，第二阶段的动作水平还远远达不到成熟，还存在一些明显的不足。总的来说，第二阶段的动作水平存在这样的特点：动作之间的连接与转换偶尔还会出现停顿；视觉的控制在减弱，但是意识的控制程度还是比较高，稍有分心就可能犯错。

(三)自动化阶段

这是动作技能形成的最后一个阶段。在这个阶段，所有的动作已经整合成为一个自动化的动作系统，从最初的一个动作开始，后续的所有动作均可以按照技能要求的顺序进行流畅的连锁反应。以驾驶汽车为例，到达这个阶段的学员已经可以从坐上驾驶座开始完成一长串的动作系列，而且对路况等外部情境信息也能及时接收并做出恰当的调整反应，顺利到达目的地。再以做广播体操为例，到达这个阶段的学生已经可以跟着广播体操的音乐指令没有任何停顿和错误的完成全部动作。

总的来说，自动化阶段的动作技能通常具有这样的特点：连贯流畅，没有停顿，多余动作和错误几乎完全消失或已经完全消失；意识的控制程度降到最低，几乎是轻松自动地完成，有一气呵成的感觉。

我们可以依据以下变化来判断动作技能是否已经形成，或者说动作技能的发展是否已经进入自动化阶段。

(1)意识的控制减到最低

在技能形成的第一个阶段，由于个体对构成技能的每一个动作都不熟悉，对动作之间的转换和交替衔接也不熟悉，所以每一个动作的完成都需要意识的高度参与和控制。即使意识参与控制，学习者也很容易出现顾此失彼的现象，如果意识的控制稍有减弱，犯错或停滞更是在所难免的了。

随着练习次数的累积，个体对每个动作及动作的转换都越来越熟练，整套动作逐渐形成了一个自动化的动作系统，意识的控制作用就可以减到最低。譬如有的学生可以一边做广播体操一边思考问题，动作一点儿也不错，甚至还很流畅。这种自动化的程度不仅标志着动作技能的形成，而且意味着大脑工作负担的减轻，可以帮助人们将节省下来的心理能量用到其他重要的任务中去。

(2)内反馈逐渐加强

在动作技能的形成过程中，反馈一直起着非常重要的调节作用。反馈有两种：外反馈和内反馈。外反馈是指由身体以外的信息源提供的反馈。譬如射击运动员完成一次射击后，根据射击的结果(子弹在靶子上的落点)调整下一次射击的动作，就是典型的外反馈。同样地，职业篮球运动员站在罚球线上罚球，第一次投球的结果会提供反馈，让他调整下一次投球的动作。这些都是个体通过视觉、听觉等通道收集外界的信息提供的反馈。内反馈是指由身体内部的肌肉、骨骼、关节等提供的动觉反馈。譬如跳水运动员，在空中完成跳水动作时，完全凭借的是基于无数次训练后肌肉、关节等形成的动作记忆以及实时的动觉反馈进行调整，防止身体打开过早或过迟，防止入水时不够垂直等。

在动作技能形成的初期，内反馈和外部反馈都很重要，但外反馈相对更为重要一些，人们往往根据看到或听到的结果对动作进行相应的调整，以提高动作完成的效率或准确性。随着练习次数的累积，动作技能的熟练，动作记忆的形成，内反馈逐渐取代外反馈成为主要的反馈来源。很多时候，技能的熟手在动作完成的过程中或刚结束的那一刻，甚至不需要等到外部结果的出现就已经知道自己完成得是否成功。譬如射击运动员在扣动扳机后，篮球运动员在球出手的那一刻，往往就已经知道自己刚刚的动作完成得质量是否很好。

(3)动作程序的高度协调化与模式化

动作技能是由一系列的个别动作按顺序或其他的内在法则构成的完整系统。当动作技能完成习得且进入自动化阶段时，个体完成动作技能时往往表现出极高的协调化水平。这种协调化一方面体现在连续性上，另一方面则体现在同时性上。所谓连续性的协调，是指个体执行动作的先后顺序连接过渡非常流畅，衔接转换十分自然，不仅毫无停顿，而且有行云流水、一气呵成的感觉。所谓同时性的协调，是指个体执行动作时，身体各个部位的肌肉与骨骼、身体不同的感觉通道与骨骼和肌肉之间的协调，可以做到手到眼到，手脚各司其职却有条不紊等，整个人同时把注意分配到许多不同的感觉通道和肌肉群上，有得心应手的感觉。譬如驾驶汽车时，手扶方向盘，脚踩油门，眼观前路和后视镜，外加路上的车辆、行人及交通信号灯，熟练的司机可以轻松应对所有信息并做出正确反应，保证安全而流畅地驾驶。

除了高度的协调化之外，自动化阶段的动作技能还具有模式化的特点。所谓模式化，是指动作技能熟练到一定程度后形成了相应的动作图式，就像是一种固定了的动作模式一样。高度的模式化可以达到近乎自动化的程度，个体可以在较少的意识控制下完成动作，有助于心理能量的节约和大脑工作效率的提高。譬如一个熟练的汉语打字员由于长期的打字训练和工作，就会形成大量的汉字输入的动作图式，很多汉字的输入究竟用到哪些指头按哪些键，按什么顺序按键，都已经有了动作图式，可以不假思索地做出下意识的动作反应。但是，假如让这个打字员用同样的键盘去输入其他语种，其打字速度会明显下降，因为缺乏相应的训练，也没有形成相应的动作模式。

(4)动作的稳定性与灵活性水平高

动作技能初学之时，动作的稳定性是很低的，容易犯错，成功率和准确性都没有保证。而且，在动作技能初学阶段，个体也容易受到外界条件的影响，譬如环境的熟悉程度、环境中的噪声、光线、风速等因素，如果是竞技类的技能，外界条件的影响很大程度上还来自竞争对手的表现。面对外界环境中的各种因素，如果一切都比较理想，人们的完成情况相对更好一些，如果存在不利因素，完成情况就会差强人意，说明动作的稳定性和灵活性都不足。

当动作技能达到自动化阶段，稳定性和灵活性都会很高。关于这一特点，最重要的判断标准就是在不同的场合下，或面对不同的竞争对手时，动作的完成质量是否都能稳定在极高的水平，极少受到外界不利因素的阻碍。譬如在篮球比赛中，有些队员面对节奏快、擅长近身防守的对手，就会有被压迫的感觉，主动失误会增加，这其实就是受到了对手的干扰。高水平的运动员则表现得更加稳定和灵活，无论对手有怎样的战术安排和个人技术特点，高水平的运动员都能打出自己的特色，保证动作不变形，避免无谓的主动失误。

三、动作技能的培训要求

为了帮助学员或学生顺利地习得动作技能，教练员或教师应当按以下要求进行培训。

(一)准确地讲解与示范

动作技能形成的第一阶段是认知定向阶段，所以学习者最初需要的是清晰准确地讲解与示范，以便在头脑中形成准确的定向映象，为后续的动作训练提供正确的参照。

1. 讲解

进行讲解时，通常需要涉及这样一些内容：①明确学习动作技能的目的。②明确学习动作技能应达到的目标。③明确动作技能包含的具体内容，譬如有哪些环节，哪些具体动作及动作顺序等。④明确动作技能学习的难点、容易犯的错误及可能的危险。⑤明确如何学得快，记得牢等。

在动作技能形成的过程中讲解起着重要的作用。学习者最初对动作技能形成的认知和定向映象基本都是通过讲解获得的。在讲解上述内容的时候，要注意表述的准确性、简洁性以及形象性。

2. 示范

这里的示范就是演示的意思，指教练员或教师直接将动作执行出来，方便学生进行观察。

常见的示范方法有以下三种。

(1)整体示范法

这种方法是指教练员或教师将要教授的动作技能全套演示出来。使用这种方法的目的是帮助学生了解整套技能的全部过程以及各分解动作之间的转换与衔接，从而对动作技能形成完整的认知和定向映象。

(2)分解示范法

这种方法适用于相对复杂的动作技能。当复杂的动作技能全套演示可能导致学生出现信息超载的现象，就可以采用这种方法，将复杂的动作技能分解成若干个局部动作，逐一进行示范。当所有分解动作一一展示完毕后，再进行整体的示范。

(3)对比示范法

这种方法是指教练员或教师在示范的时候既做正确的示范，又做一些典型的错误示范，这样可以起到对比的作用，目的是预防学生犯错。当然，使用这种方法的时候一定要示范正确的动作，因为第一印象往往更加深刻和牢固。如果先示范错误的动作，就可能导致学生印象深刻的是错误的动作，对后续的动作学习造成阻碍。

在动作技能的学习过程中，讲解和示范往往是结合起来使用的。有研究表明，教师把讲解与示范结合起来，在示范时要求学习注意观察自己的演示，同时也鼓励学生跟随模仿，指出学生存在的错误并及时加以纠正，这是促进动作技能学习的最有效方式。①

(二)必要而适当的练习

练习是动作技能形成的必不可少的条件。练习是指以习得某种技能为目的的反复操作过程。通常来说，练习可以促进技能水平的提高。但是，是否只要付出了时间，付出了努力，大量做练习，技能水平就可以不断提高呢？答案是不一定。练习也要遵循一定的心理规律，才能起到事半功倍的效果。

1. 练习进程的心理规律

(1)练习进程的特点之一——练习曲线

你是否以为练习与训练成绩之间是呈线性的关系，练习时间越长，训练成绩越好呢？事实并非这样简单。在绝大多数情况下，练习时间与训练成绩是呈正比的，但因为技能性质的不同或学习者心理的变化，两者之间的具体关系趋向却是不一样的。我们可以用练习曲线来表示两者之间的关系。所谓练习曲线，是指训练成绩随着连续多次的练习发生变化的图形。练习曲线有这样几种比较典型的类型。

① 先快后慢型。

在大多数运动技能的学习中都表现出这样一种练习曲线，在练习之初进步非常明显，成绩提高很快，随着练习进程的深入，成绩提升的速率下降。出现这种情况可能的原因有两个。其一，学生初学时热情高涨，认真主动，所以进步很快；其二，这些技能初学时可以借助一些生活中的经验，所以上手比较快，初期的进步非常明显，后期需要付出更多努力才能提高，所以进步速度变慢。

② 先慢后快型。

少数的动作技能(如游泳等)的练习曲线符合这一类型，在初始阶段训练成绩提高得慢，进步并不明显，随着练习进程的加长，训练成绩的提高逐渐加快。出现这种练习曲线的可能原因是这一类的技能在初始阶段形成清晰完整的认知和定向映象比较费时，所以进步缓慢。一段时间后，当定向映象和认知已经形成，进步速度就明显加快了。

③ 匀速型。

有极少数的技能，其练习曲线接近线性的形态，即练习时间与训练成绩的提高几

---

① 胡忠光：《教育心理学》，140页，北京，教育科学出版社，2011。

乎同步变化，成绩提高的速度没有明显的加快或减慢。①

(2)练习进程的特点之二——高原现象

在有一些动作技能的训练过程中，练习曲线并非平滑的上升，有时会出现暂时的停顿现象，这种暂时的停顿被称为练习曲线上的“高原现象”。在曲线形态上，高原现象通常表现为训练成绩在一段时期内保持一定的水平不变，有的甚至是轻微下降，这段时期结束后曲线又会继续呈上升态势。

需要注意的是，高原现象与生理极限及个人能力的天花板是不一样的，后两者导致的训练成绩无法提高是绝对的，不可突破。如人类的百米世界纪录，虽然偶尔也会被小幅度刷新，但可以确定的是提高的空间已经非常微小，因为当前的记录在理论上应该很接近人的生理极限了。高原现象则不同，它是一种暂时的停顿现象，只要坚持练习下去，训练成绩是可以继续提高的。

另外一点需要注意的是，并非所有的动作技能练习都会出现高原现象。当练习曲线的上升态势比较快时，往往没有高原现象，但是当上升态势趋缓时，就容易出现高原现象。高原现象的产生虽然很普遍，但往往与学习者的心理原因有很大关系。具体有这样一些常见的心理原因：学习动力不足，学习兴趣下降，缺乏信心，急于求成，身体或心理疲劳，自我怀疑等。除了学习者的心理原因之外，高原现象的产生还受到技能形成自身规律的影响。当技能发展到一定阶段后，要想水平继续提升，可能需要学习者改变旧的活动结构或习惯，在学习者完成这种改变或改造之前，成绩就很难提高，类似于出现了技术方面的瓶颈。经过经验丰富的指导者的指导后，学习者如果能够意识到这方面的问题并有针对性地改进，就可以顺利地度过高原期。

(3)练习进程的个别差异

在知识学习中，个别差异很明显。动作技能的学习中同样有不可忽视的个别差异。同一种动作技能的学习进程，人与人的练习曲线可以有很大的不同。学习者的个性特点、学习态度、过往经验、努力程度、天赋等个人因素都有可能对练习曲线产生影响，导致巨大的个体间差异。因此，在指导学生练习技能时，教师既要遵循普遍的练习进程规律，也要充分考虑到学生的个别差异，做到因材施教。

2. 提高练习效率的办法

(1)明确练习的目标

无论是工作还是学习，目标是否明确对任务的完成有重要影响，动作技能的训练也不例外。在练习之初就明确练习的目标，可以从三个方面促进练习效率的提高：

---

① 胡忠光：《教育心理学》，142页，北京，教育科学出版社，2011。

第一，目标越明确，动机水平越高，练习就越积极；

第二，目标越明确，期待越积极，练习就越主动；

第三，目标越明确，练习过程的自我检查和评估就越有依据。

(2)灵活运用整体练习与分解练习

这里的整体练习与分解练习是按练习时的完整程度区分的，前者是把动作技能全套做下来，后者是把动作技能的某一部分做下来。动作技能最终形成的是一套整体的动作系统，但是，并非所有的动作技能都要从头到尾一遍一遍地进行整体练习，而应根据动作技能的复杂程度灵活安排。具体地说，复杂的动作技能如果方便分解，分解成的每个局部动作独立性较大，在最初学习的过程中往往需要分解成若干个局部动作分别练习，这种训练方式称为分解练习。相对简单的动作技能，或者不适合分解的动作技能，更适合采用整体练习的方式，就是把整套动作当成一个整体反复进行训练。

(3)恰当安排集中练习与分散练习

集中练习与分散练习是按练习时间的安排区分的，前者是指在一段相对长的时间里反复进行练习，中间基本没有明显间隔，后者是指在每次练习后都会安排休息时间，有明显间隔后再安排下一次练习。许多研究发现，对于复杂的或连续的动作技能来说，分散练习比集中练习的效果通常要好一些；如果是简单的或不连贯的动作技能，则集中练习的效果更好一些。①

(4)及时有效地给予准确反馈

练习的效果要想好，反馈是非常关键的。前文曾经提到反馈分为内反馈和外反馈，在练习初期两种反馈都很重要。尤其是准确的结果反馈，对于初学者是很重要的信息源，可以借此让他们知道自己动作的完成水平和存在的问题，为后续明确练习的重点和关注方向提供了参照。随着技能水平的提高，内反馈的作用通常越来越大。

(5)重视学习者的心理因素

高原现象往往与学习者的心理变化有莫大的关系，所以，在练习过程中，指导者应密切关注并及时帮助学习者调节自身的心理状态，为确保练习效率提供良好的心理条件。最理想的状态是学习者对练习持有积极的态度，有自信心，有持之以恒、吃苦耐劳、顽强拼搏的意志品质，有积极乐观的心境和轻度的焦虑。②

---

① 胡忠光：《教育心理学》，143页，北京，教育科学出版社，2011。

② 李梅等：《中学教育心理学》，111页，南京，南京大学出版社，2018。

第三节
心智技能的形成阶段及注意事项

一、心智技能的形成阶段

关于心智技能的形成阶段，国内外有不同的观点，下面简单介绍最有代表性的三种观点。

(一)加里培林的五阶段论

加里培林是苏联心理学家。他依据多年的实验研究，提出了心智技能形成的五阶段论。①

(1)动作的定向阶段

这一阶段与动作技能形成的第一阶段是比较类似的。在这个阶段，学习者的主要任务是了解要学习什么心智技能，这种技能是用来做什么的，具体又是如何操作的，学习它的目的是什么，学习的目标是什么等。通过对这些信息的了解，在学习者的头脑中初步形成对该心智技能的表象，这在后续的学习中可以起到调节和参照作用。

(2)物质或物质化动作阶段

顾名思义，在这一阶段的心智技能操作要用物质化的方式表现出来。在本章的第一节中，我们介绍了心智技能具有观念性和内隐性的特点。但是，在心智技能学习之初，还达不到观念性和内隐性的水平，而是需要以外显的形式进行操作。这里所说的物质动作是指运用实物进行的动作，物质化的动作是指利用模拟实物的模型等进行的动作。在这个阶段，之所以要求对物质或模拟物质的模象进行操作，就是为了将头脑内部的操作过程以外显的方式完成展现出来，所以所有的操作过程必须是完全展开的，不允许进行省略或合并。

(3)出声的外部言语动作阶段

在这个阶段已经不再需要借助于实物或模象了，而是借助自己的出声言语将心智技能的操作过程外显地表现出来。这是心智技能的操作由外部形式向内部形式转化的

---

① 胡忠光:《教育心理学》，144页，北京，教育科学出版社，2011。

开始。为了充分发挥出声言语的作用，应当保证言语能准确表达心智技能操作的内容。同时，出声的言语也要先以展开的形式进行，熟练之后再逐渐概括并趋于简化。

(4)不出声的外部言语动作阶段

这一阶段不再使用出声言语，而是使用内部言语表现心智技能的操作过程。这一阶段是由动作向智力转化的开始，为最后的完全内化做好准备。

(5)内部言语动作阶段

这是心智技能的最高发展阶段。随着从出声言语到不出声言语的转变过渡，心智技能逐渐从展开的转向简化的。所谓内部言语就是与自己交流的言语，就好比我们在头脑中对自己说话一样。内部言语是自动化进行的，且通常是不合语法的简化结构，但意思传递没有任何问题。当进入这一阶段后，心智技能的操作就基本是自动化的了。

(二)安德森的三阶段论

安德森(J. R. Anderson)是认知心理学家，他运用信息加工的观点，将心智技能的形成分为以下三个阶段。①

(1)认知阶段

安德森认为心智技能的操作过程实质上就是问题解决的过程，所以第一阶段就是要了解所要解决的问题是什么，条件是什么，要达到的目标是什么，从条件到目标需要哪些步骤和可能的解决方法等。

(2)联结阶段

在这个阶段，学习者要利用所学的知识来尝试解决问题，这种尝试的过程是将知识转成程序化的过程。在这个过程中，学习者会逐渐形成一些合规则的产生式系统。

(3)自动化阶段

在这个阶段，学习者由于经过大量的操作已经获得了许多合法则的产生式系统，并且能够自动化地应用它们。所以在这个阶段的学习者进行心智操作时表现得非常简洁和流畅。

需要提请注意的是，安德森所说的心智技能与我们上一章所说的程序性知识是基本等同的，这是他个人的观点。目前国内的教育心理学界更倾向于将心智技能划入技能领域，将程序性知识划入知识领域。

(三)冯忠良的三阶段论

冯忠良基于长期的教学实验提出了“原型”的概念，并围绕这个概念提出了心智技能形成的三阶段论。原型，也叫“原样”，通常指被模拟的某种自然现象或过程，在这

---

① 胡忠光：《教育心理学》，145页，北京，教育科学出版社，2011。

里指的是外化了的心智技能操作程序。①

(1)原型定向阶段

学习者在这个阶段需要知道将要学习的心智技能原型是什么，具体的操作程序是怎样的，学习这种技能的目的是什么，学习的目标是什么，为下一阶段的学习提供内部参照及自我调节的基础。

原型定向阶段的教学要求也与动作技能形成的初始要求类似，即教师以直观示范配合讲解。教师在示范的时候通常是运用心智技能来解决一个具体的学习问题或完成一项具体的学习任务。下面以小学数学应用题解析技能为例阐述这一阶段的教学要求。

首先，教师应说明今天要学习怎么解析复杂的数学应用题。这就是明确学习的目的。

其次，通过今天的学习，教师告诉同学们再面对复杂的数学应用题时，就知道应该怎么去分析了。这相当于明确学习的目标。

再次，教师板书一道复杂的数学应用题，开始一边解题一边讲解自己在做什么。

教师的示范与讲解可以参考如下程序：

教师讲解——做复杂的数学应用题首先要认真审题，审清楚题目要我们求的是什么，这是第一步，可以简称为“一提”，指的是第一步要找出问题是什么。教师可以把“一提”写在黑板一侧。

教师示范——将题目通读一遍，重点明确题目要求的是什么？教师要带着学生一起把问题找出来。

教师讲解——在我们明确了问题是什么以后，接下来第二步是判明问题的数量关系性质，即题目中已知量与未知量之间的关系。这一步可简称为“二判”，教师在刚才板书的“一提”下方接着写“二判”。

教师示范——带领学生在板书的例题中判断明确所求问题的数量关系是什么。

教师讲解——接下来的第三步叫“三选”，教师将之板书在刚才的“二判”之下，并解释这一步的任务是选择计算的方法。

教师示范——带领学生在多种算法中选择最恰当的一种。

教师讲解——最后一步是“四找”，将之板书在“三选”之下，解释找的是题目中的已知数。

教师示范——带领学生在板书的例题中寻找已知的数量。

通过以上例题，教师完成了一道应用题的解析过程，将解析过程的四个步骤按顺序示范了一下并将步骤的名称明确板书出来。

---

① 李梅等：《中学教育心理学》，112页，南京，南京大学出版社，2018。

最后，教师可以选择再带学生完成另一道题的解析过程，将四个步骤重温一遍。然后，教师可以要求全体学生一起来复述四个步骤，以检验这一阶段的学习成效。

(2)原型操作阶段

这一阶段的任务把学习者在第一阶段了解了的心智技能操作程序以外显的方式付诸实践，进行实际操作。这个阶段与加里培林五阶段论中的第二阶段大致可以对应起来。以上文所举的复杂应用题解析技能为例，在这一阶段就要安排学生亲自用这种解析技能的四个步骤去解析一道一道的应用题。这样，学生一方面根据第一阶段形成的定向映象做出相应的操作，另一方面则将相应的实际操作与头脑中形成的定向映象进行对应，为定向映象提供对应的感性经验和动觉映象。

在这一阶段有以下几点是教师应注意的：①心智技能在此阶段的操作要以展开的方式完成，不得省略或合并。学生每完成一步或一个操作，教师都要及时检查是否正确；②心智技能在此阶段要对不同的对象进行操作，丰富操作经验，使操作经验可以在直觉水平上被概括；③在操作过程中，要注意把每一步的实际操作动作与外部言语相结合，从而为最终的内化做准备；④当学生可以连续多次对不同的操作对象均正确而顺利地完成全部程序时，说明向下一阶段转化的时机已经到来。

(3)原型内化阶段

在第二阶段，心智技能以一种物质的、外显的和展开的方式进行，到了第三阶段，心智技能要向观念的、内潜的和简缩的形式发展，最终成为学生头脑中的稳定的心理结构。

在内化阶段，教师应注意以下几个方面：①动作执行的过程中继续配合言语，但要从出声的外部言语转为不出声的外部言语，且言语描述的操作应当仍然是展开的；②和第二阶段一样，要变换操作对象丰富学生的操作经验，为心智技能得以迁移到不同的操作对象上做准备；③随着操作熟练程度的增加，要时刻注意观察学生的掌握程度，适时地开始向内部转化；④向内部转化时要把不出声的外部言语转为内部言语，言语水平上的操作程序不再要求必须全部展开，恰当的时候可以进行必要的缩简或省略。

二、培养心智技能的注意事项

(一)重视学生的主动性

任何学习任务要想高质量地完成，都需要学生发挥主动性，从“要我学”变成“我要学”。与具体的学科知识相比，心智技能的学习难度往往更大一些，费时也相对更长。如果在心智技能的培养过程中，学生的主动性没有发动起来，在行为表现上必然投入不够，努力不够，学习效果很难有保障。所以，在培养学生习得某种心智技能时，教师一定要帮助学生意识到心智技能的价值和重要性，明确学习心智技能的意义和目标，营造积极热烈的学习氛围，提供丰富多样的操作对象，在学生的实际操作过程中实时关注并及时给予反馈，激发学生的学习热情，从而积极主动地学习，这样才能有好的学习效果。

(二)所选原型要具备完整性、独立性和概括性

原型就是心智技能教学中的核心内容，是心智技能操作程序的外化形式。通俗地说，原型就是熟练掌握了某种心智技能的人总结概括出来的操作程序或步骤，譬如我们在本节中介绍的复杂数学应用题解析的"一提，二判，三选，四找"就是原型。教师教给学生原型必须具备三个方面的要求，才能保证心智技能的教学效果。

(1)完整性

好的原型应该是完整的，即构成整个心智技能的每一个具体操作都是清楚明确的，操作的内容及操作之间的顺序安排都符合一定的法则，是最有效率的操作系统。

(2)独立性

独立性是指在原型学习的过程中，教师除了最初的示范与讲解之外，在第二阶段和第三阶段都要由学生独立地进行操作练习，教师不能替代。

(3)概括性

概括性是指在原型学习的过程中，教师要提供丰富多样的操作对象，类似于知识学习中提到的变式，只有面对不同的操作对象都能正确而顺利地完成心智技能的操作，学生才能更好地对原型进行概括。在学习迁移一章中介绍过贾德的概括化理论，我们知道一般的、概括性的学习内容更具迁移价值和可能性。所以，在学习心智技能的时候也要加强原型的概括性，为心智技能有更高的适用性做准备。

(三)注意言语在不同阶段的不同要求

在心智技能的形成过程中，必须重视言语的作用。无论是加里培林的观点，还是我国学者冯忠良的观点，都强调了言语的重要性。但是，在心智技能形成的不同阶段，对言语的要求并不相同。在原型定向和原型操作阶段，言语是外部的出声言语，其作用在于具体地描述并表征每一步操作，并对整个技能的进行起组织作用。通过言语的描述以及言语与操作的配合，帮助学生巩固对操作的认知以及形成有关操作的表象。在原型内化阶段，言语要从外部的出声言语转变为外部的不出声言语，再在适当的时候转变为内部言语。在原型内化阶段，除了言语的类型不断变化之外，言语的作用也在发生变化。言语从展开的形式逐渐向简缩的形式转变，帮助学生加强了对实际操作的概括，促进了实际操作的内化。

总之，随着心智技能发展水平的提高，言语应从外部向内部转化，从出声向不出声转化，从展开向简缩转化。

【本章小结】

技能是经过练习而形成的合法则的活动方式。技能不同于习惯，也不同于本能。技能可分为动作技能和心智技能。动作技能具有物质性、外显性和扩展性的特点，可以分为连续技能和非连续技能，粗大技能和精细技能，封闭技能和开放技能。心智技能具有观念性、内隐性和简缩性的特点。动作技能的形成通常包含三个阶段，在练习的基础上动作技能逐渐达到自动化的程度，意识的控制降到最低，内反馈占据主导，动作的稳定性、灵活性以及协调性都达到相当高的水平。当然，练习不是一味地单调地重复同样的动作，而应遵循一定的心理学规律，并且要意识到个体间差异的存在。心智技能的形成阶段存在不同的观点，但我国学者倾向于认为是三个阶段，分别是原型定向、原型操作和原型内化。

【本章习题】

一、名词解释

技能 动作技能 心智技能 高原现象 练习曲线

二、简答

1. 简述技能的特点。
2. 简述动作技能与心智技能的关系。
3. 简述练习进程的心理规律。
4. 简述提高练习效率的方法。
5. 简述动作技能的形成阶段。

三、案例

晶晶去年开始学习弹钢琴，最初的进步很明显，但是今年感觉怎么练都没有提高，晶晶有些气馁，不知还要不要坚持练下去。请你运用教育心理学的有关原理解释这一现象及其产生的原因，并且为晶晶提出合理的建议以解决问题。

【推荐书目】

1. 叶奕乾，何存道，梁宁建. 普通心理学. 上海：华东师范大学出版社. 2016 年

2. 陈琦，刘儒德. 当代教育心理学. 北京：北京师范大学出版社. 2007 年

第十章

小学生的态度与品德学习

我们经常说“德智体”全面发展，德育是五育之首，其重要性不言而喻。宋代的司马光在《资治通鉴》中曾经写道：“才者，德之资也；德者，才之帅也……才德全尽谓之圣人，才德兼亡谓之愚人，德胜才谓之君子，才胜德谓之小人。”由此可见，从古至今，人们都认为德才兼备是最理想的状况，但如果两者不能兼善的话，德比才更加重要。所以，品德教育是非常重要的教育内容，对于小学生而言，学习知识的同时也要学习各种道德规范，后者甚至应该比前者更为重要。在教育心理学领域中，与品德关联密切的另一个概念是态度，这也是加涅总结的五种学习结果中的一种。本章将从态度与品德的概念、结构开始，重点阐述品德发展的心理学理论以及培养良好态度与品德的方法。

第一节 态度与品德概述

一、态度的概念与结构

(一)态度的概念

态度是指个体在后天习得的、影响个人行为选择的内部准备状态或反应的倾向性。

正确理解态度的概念，需要注意三个方面：

第一，态度不是天生的。个体在这个世界上对任何人、任何事物的态度都不是天生的，而是在后天的生活中逐渐形成的。

第二，态度是内部的准备状态，或反应的倾向性。所谓准备状态或倾向性，代表的是一种主观上的意愿，譬如“我想要做……”或“我不想做……”就属于准备状态，“我喜欢……”或“我讨厌……”就属于倾向性。需要注意的是，无论是准备状态还是反应的倾向性，都不是实际上做出的客观行为本身。在一些时候，我们的真实态度与我们的客观行为可能并不相符。

第三，态度能够影响到人们的行为选择。态度虽然在有些情况下与客观行为不相符合，但也不可否认的是它在很多时候确实会影响我们的行为选择，尤其是我们可以自由选择的时候。在某种程度上，我们习惯于根据一个人做出的行为去推断这个人的态度。

(二)态度的结构

态度包括三种相互关联的成分：

(1)认知成分

态度是后天习得的，我们对人、对事、对物之所以产生态度，是基于我们对人、对事、对物的认识。当然，我们的认识可能源于亲身的实践经验或是他人的言传身教，抑或网络、书籍等媒介，甚至仅仅是道听途说都有可能。另外，态度的这种认知成分还具有组织性，也就是说我们可能因为对某一个人有了某种认识，就将这种认识固定成了某种刻板印象，然后用这种认识去推断与这个人类似的其他人。譬如，我们认识了一个医生，我们就有可能基于对这个医生的认识去推断其他的医生，产生一种先入为主的态度。

(2)情感成分

这是态度的核心成分，是指个体基于对态度对象的认知而产生的情感体验，可能是积极的，也可能是消极的。

(3)行为倾向成分

这个成分是指个体准备对某个态度对象做出某种行为反应的主观意向或意图。注意，这里的成分是行为倾向，不是行为，所以只是行为的意向或意图。

上述的三种成分在一般情况下是一致的关系。譬如我们认识到某个人很优秀，我们感到崇拜，愿意多接近这个人。然而，在某些情况下三种成分也可能出现不一致的关系。譬如一个人认为数学很枯燥，学习数学让他感到很痛苦，但他还是很认真地去学数学。在这个例子中，这个人的行为倾向成分与认知成分、情感成分并不一致，这可能是因为他虽然不喜欢数学，但在理智的层面上知道数学是非常重要的一门学科，要想考入理想的学校，数学一定要学好。因此，态度中的行为倾向成分有时可以独立于其他两种成分，这提醒了我们根据行为推断他人态度时，要谨慎判断。

二、品德的概念与结构

(一)品德的概念

品德是道德品质的简称，是个体在后天的生活中依据一定的社会道德准则与行为规范，在具体的行动中形成和表现出来的稳定的心理特征。

对品德的概念进行把握时，同样要注意三个方面：

第一，品德也不是天生就有的，而是后天形成的。品德是个体在后天的社会生活中习得的，没有人天生就是品德高尚的人，也没有人天生就是品德恶劣的人。我们的许多道德观念、道德情感和道德行为与我们特定的成长环境、成长经历有非常密切的关系。

第二，品德是特定的社会道德规范在个体身上的反映，具有历史性、时代性和文化差异性。在人类发展的历史长河中，不同的历史阶段，不同的时代，以及不同的文化背景下，具体的社会道德规范是有所不同的。一个人的品德总是要依据他所生活的特定社会环境中存在的道德规范，因此，品德虽然是个人的心理现象，却带有浓厚的社会属性。

第三，品德具有一定的稳定性，且应是在具体的行动中表现出的稳定性。根据品德的概念，那种偶尔出现的道德行为，或只对特定的人或只在特定的场合下才会出现的道德行为，不应作为一个人品德的表现。譬如，助人行为，偶尔帮一次人，或者只帮某一个人而从不帮其他人，或者只在学校中乐于助人，这都不是真正的道德行为。只有经常的、一贯的、稳定出现的道德行为，才属于品德。

(二)品德的结构

品德也包含三种成分：

(1)道德认识

这是品德的核心成分。道德认识是指人们对道德规范及其意义的认识，以及基于这种认识而形成的道德观念和道德评价标准。具体地说，道德认识包括了道德概念、道德观念、道德评价、道德信念等。其中，道德概念的掌握、道德信念的形成和道德评价能力的发展是衡量青少年道德认知形成和发展的主要标志。①

(2)道德情感

道德情感是伴随着道德认识而产生的一种内心体验，由个体的道德需要是否得到满足而引起。通常来说，当个体自身的行为或他人的行为符合个体自己的道德认识、道德信念，即道德需要得到满足时，个体就会产生积极的情感体验；反之，则会产生消极的情感体验。道德情感的内容很丰富，譬如爱国主义情感、集体主义情感、责任感、自尊感、羞耻感等。

(3)道德行为

道德行为是个体在一定的道德认识和道德信念的指引下、道德情感的激励下所表现出来的具有道德意义的行为。道德行为包括了道德行为技能和道德行为习惯。个体掌握了道德行为技能后，经过反复实践，就可能形成道德行为习惯。道德行为是衡量品德的重要标志。正是这个原因，所以教育部门制定了针对学生的一系列行为条件和规范，譬如 2014 年教育部公布的《中小学生守则》(以下简称《守则》)，其中涉及德育的有 7 条，主要包括“爱祖国、讲文明、讲诚信、讲法治和护安全”等。《守则》中针对 7

---

① 胡忠光：《教育心理学》，190 页，北京，教育科学出版社，2011。

个方面列出许多具体的行为规范，以此作为各个学校日常德育工作的参照标准。[①]

三、态度与品德的关系

了解了态度与品德的概念与结构之后，我们不难发现态度与品德是有密切联系的两个概念，当然它们也是有所区别的。

(一)态度与品德的联系

(1)两者基本上是同质的

态度是后天习得的、影响人行为选择的内部准备状态或反应的倾向性，而品德也是后天习得的，品德是行为中稳定表现出来的特征，但在很多时候人的行为与其行为选择的内部准备状态是一致的，所以从这个层面上来说，两者都是对人的行为选择有影响的心理特征。

(2)两者的结构相似

态度和品德都是由三种成分构成，其中都包含了认知成分和情感成分，只在行为成分方面有细微差异，态度是行为的倾向性成分，品德是行为成分。

(二)态度与品德的区别

(1)范畴不同

态度的范畴要更大一些，品德只是态度中的一部分。譬如有的人喜欢榴莲，有的人不喜欢，这是对榴莲的态度，但这种态度与品德无关。在态度的范畴中，只有那些涉及道德规范的稳定的态度才称为品德。

(2)内化程度不同

布卢姆(B. Bloom)等人在态度形成的价值内化理论中提出，一共有五种不同的内化水平：从低到高依次是接受、反应、评价、组织和性格化。[②] 接受是指愿意接受或关注有关的信息；反应是对信息有兴趣，愿意参与其中；评价是指看到某种行为或事物的价值，代表了一种追求的倾向性；组织是指将各种价值组成价值体系；性格化是指将价值体系内化为自己性格的核心，成为稳定的心理特征。在上述五个水平的态度中，只有涉及社会道德规范的那部分内化程度高的态度才能称为品德。从德育的角度来看，品德的教育可以先从正确态度的形成开始做起。

---

① 吴天武：《新版〈中小学生守则〉的特征及实施》，载《教书育人》，2015(17)。

② 胡忠光：《教育心理学》，191～192页，北京，教育科学出版社，2011。

第二节
品德的发展规律

要想有效地进行态度和品德的培养必须先了解品德的发展规律，品德发展规律与道德基本是一致的。本节将介绍两种道德发展理论，以作为德育工作的理论依据。

一、皮亚杰的道德发展阶段理论

皮亚杰不仅研究过思维发展的阶段特征，也研究了儿童的道德发展规律。皮亚杰编制了一些对偶故事，采用对偶故事法对儿童进行研究。所谓对偶故事，就是成对的两个故事，两个故事中的主人公在性别和年龄方面基本一致，两个故事中的主人公出于不同的动机做出的行为都包含一定的道德价值，行为都造成了一定的不良后果(譬如物品被损坏)，但是后果的严重程度会有所差异。譬如小孩 A 想帮父母的忙，结果打碎了 10 个盘子；小孩 B 想偷吃饼干，结果打碎了 6 个盘子，这两个故事就是一对对偶故事，当然，具体的故事会描述得相对详细生动一些，但大致含义就是这样。成对的故事讲给儿童听后，会问儿童一些问题，利用这些问题测定儿童是如何做出道德判断的，由此了解儿童道德认知的发展水平。因此，这种研究方法被称为对偶故事法。

皮亚杰利用对偶故事法研究儿童的道德发展以后，得出了以下结论：

(一)道德发展是以思维的发展为基础的

道德是如何发展起来的呢？精神分析学派认为道德是儿童内心固有的良知良能的展开，类似于中国古代哲学上的“性善论”；而行为主义学派则认为道德的发展是符合社会规范的行为习惯的养成，是一种机械化的训练结果。① 皮亚杰对上述观点都不赞成。他认为道德的发展离不开思维的发展，道德的发展在本质上有着与思维的发展一样的方式，都是个体与外界环境不断地发生相互作用，借助于同化和顺应的平衡来不断地形成对社会道德规范的认识与内化。②在道德发展的过程中，儿童对道德规范的认识离不开儿童的言语发展和思维发展的支持，否则抽象的道德规范是很难被儿童所理解的。因此，可以说道德的发展是以思维的发展为基础的。

---

①② 蒋一之：《皮亚杰的道德发展理论及其教育意义》，载《外国教育研究》，1997(4)。

(二)儿童的道德发展是主客体相互作用的结果

儿童的道德发展是作为主体的儿童与外部环境发生相互作用的结果。举例来说，儿童看到别的小朋友的玩具，于是抢过来玩，导致别的小朋友哭泣。教师或家长知道了，要求儿童把玩具还回去，并且告诉儿童如果很想玩，应该礼貌地请求，主人同意了才可以玩。在这个例子中，儿童主动做出了抢玩具的行为，就是作用于环境。这种主动的后果是儿童被批评和教育，批评和教育就是环境对儿童的反作用。在这种主体和环境的相互作用过程中，儿童逐渐形成了对一些社会规则的认识，这其实就是道德认识的开始。正是在这种反复的相互作用过程中，儿童的道德认识越来越丰富、深入，逐渐形成体系并内化。

(三)儿童的道德发展是有明显阶段的

皮亚杰将儿童的道德发展划分为四个阶段，具体如下。

(1)第一阶段：2—5 岁，前道德阶段

这一阶段又称为“自我中心”阶段。皮亚杰曾用“自我中心”来描述前运算阶段的儿童在思维上的特点，这种特点在儿童的道德认知发展中同样存在。在学龄前阶段，儿童在处理亲子关系、同伴关系时表现出自我中心倾向，缺乏对道德规则的遵从意识。他们仿佛生活在自己想象的世界中，随心所欲地行事，所以社会规范和道德规则对他们没有约束力。

(2)第二阶段：6—8 岁，权威阶段

处于这个阶段的儿童表现对外在权威(主要是教师和家长)的绝对尊重和顺从。在他们眼里，权威公布的或制定的规则被视为必须绝对服从的、不可更改的，在具体地评价自己的行为及他人的行为时，也盲目地以权威的观点或态度为依据。由于这一阶段儿童信奉的规则和接受的约束均来自他人，所以这一阶段也可称为他律阶段。

(3)第三阶段：8—10 岁，可逆性阶段

处于此阶段的儿童在思维水平上有所进步，具备了守恒的能力，所以思维有了可逆性，或者说灵活性。思维灵活性的提高对儿童道德认知的发展也有促进作用，于是在此阶段的儿童不再把权威制定的规则视为必须绝对遵从、不可变更的东西，而认为规则可以是同伴共同约定的。儿童开始意识到，同伴之间只要互相尊重，规则只要大家都认可并遵循，就可以确保每一个人的权益。在这个阶段，儿童的品德发展由他律开始转为自律。

(4)第四阶段：11—12 岁，公正阶段

处于这个阶段的儿童对道德规范有了比较深入的认识，公正、公平、正义等道德认识和道德情感得到发展，儿童开始倾向于主持公正、平等。

总的来说，儿童道德的发展就是一个从他律向自律转化的过程。这一过程的顺利进行离不开儿童思维水平的提高和认知水平的进步，所以道德教育不能简单地用奖励和惩罚来让儿童明白是非对错，而是要让儿童理解为什么对、为什么错、为什么有这样的规则等。

二、柯尔伯格的道德发展阶段理论

柯尔伯格(L. Kohlberg，1927—1987)是美国的儿童心理学家，他继承并发展了皮亚杰的道德发展理论的思想，提出了包含“三水平六阶段”的道德发展阶段理论。①

皮亚杰用对偶故事法研究道德，柯尔伯格受其启发，用两难故事法研究道德。所谓两难故事，就是包含了在道德价值判断时具有矛盾冲突的故事。柯尔伯格编制了一些这样的故事，让被试听完后对故事中人物的行为进行道德判断和评价，从被试给出的答案和理由来了解被试的道德发展水平。

柯尔伯格有一个非常著名的两难故事——海因茨偷药。故事大致是这样的内容：海因茨的妻子身患绝症，命不久矣。但是，医生说只有拿到药剂师新发明的药尚有一线生机。此药成本高昂，药剂师又索要十倍于成本的价钱，海因茨想尽办法也只拿得出一半的钱。他恳请药剂师降价或允他赊欠，均被拒绝。在药剂师看来这药就是奇货可居。海因茨万般无奈只得偷来药治好了妻子。以这个故事为例，假设讲完这个故事给被试听后，会有一系列问题需要被试回答，譬如“海因茨该不该偷药，为什么?”“法官该不该判海因茨的罪，为什么?”等，通过被试对这些问题的回答，柯尔伯格可以了解被试道德认知的发展水平。

基于大量的调查研究，柯尔伯格将人的道德认知发展分为从低到高的三个水平：前习俗水平、习俗水平和后习俗水平。

(一)前习俗水平

柯尔伯格所说的习俗，即风习，风俗，传统，可理解为特定时期的社会道德规范。前习俗，顾名思义，还不理解习俗，还不知遵循习俗。所以，处于这一水平的人在道德方面的特点是以自我为中心，以行为的结果及其与自身利益的关系为标准判断行为的对错与是非。这一水平具体可分为两个子阶段。

(1)阶段一：惩罚与服从取向

处于第一阶段水平的个体认为外在的权威制定的规则是必须遵循的，要服从权威，这就是服从取向。一旦违反了权威的规则，就应当被惩罚，反过来也一样，凡是被惩

① 胡忠光：《教育心理学》，193页，北京，教育科学出版社，2011。

罚的行为一定是违反了权威规则的，一定是错的，凡是被表扬的行为一定是符合权威规则的，一定是对的。处于这一阶段的个体盲目地服从权威规则，缺乏是非观念，所以在判断他人或自己的行为时只注意行为造成的结果，不注意行为背后的动机。

(2)阶段二：相对功能取向

处于第二阶段的个体有着朴素的利己主义思想和工具性倾向。他们判断某一行为的是非对错时，自我中心性很明显，通常以行为结果是否满足或符合自己的需要和利益为依据。因此，凡是符合自己利益或满足自己需要的行为，就是好的、对的行为，反之则是不好的、错的行为。处于这个阶段的个体之所以有时会服从规则，也只是因为这样做可以给自己带来好处或避免坏处。

(二)习俗水平

顾名思义，处于这一水平的个体已经理解了习俗的要求，也意识到了身为社会中的成员必须遵守和执行社会规则、规范，维持社会秩序。该水平同样可分为两个子阶段。

(1)阶段三：寻求认可取向

处于这一阶段的个体愿意接受社会规范的约束，认为凡是社会规范的期望和要求，就是对的，反之则是错的。他们愿意按社会规范去行事，目的是能够被父母、老师或其他重要的他人评价为“好孩子”。由于社会规范提倡利他行为，所以处于这一阶段的个体在判断行为的是非对错时，主要依据行为背后的动机是利他的还是利己的，前者就是好的，后者就是坏的。

(2)阶段四：遵守法规取向

处于这一阶段的个体尊重法律，以法律为准绳，认为法律维护了社会秩序，所以人人都有责任和义务遵守法律法规。任何人的行为只要违反了法律法规，并给他人造成了伤害，就是不道德的，无论其动机为何。反过来，只要是遵守法律法规的行为，就是好的行为。

(三)后习俗水平

后习俗的意思是超越了习俗。达到这一水平的个体在判断行为的是非对错时已经不单纯地依靠现实的道德规范或法律法规，而是从正义、良心、尊严等更高层面去判断。这一水平也可以分为以下两个子阶段。

(1)阶段五：社会契约取向

处于这一阶段的个体认为无论是道德规范还是法律法规，本质上都是一种社会契约，是大多数人协商后制定的，制定它们的目的是调节人与人之间的关系，使社会关系和谐。所以，道德规范和法律法规制定出来后理应被所有人遵循，既承担应有的义务，又享有应得的权益。当然，他们还意识到社会契约既然是大家商量制定的，就说明不是固定不可变的，如果存在不合理之处，大家就可以通过民主协商加以改进，使之更符合大多数人的权益。

(2)阶段六：普通伦理取向

处于这一阶段的个体将一些普遍性的道德原则(如良心、正义、公平、尊严)等纳入自己的价值观体系中，依据这些普遍性的原则约束自己，具有高度的自觉性，同时也依据这些原则评价自己和他人的行为。

与皮亚杰划分道德发展阶段时标明了年龄范围不同，柯尔伯格认为一个人的道德发展水平虽然与其年龄有一定的关系，但并不是绝对的完全对应关系。① 所以，在他的道德阶段划分中我们看不到年龄起止范围的限定。不过，根据他对大量被试的研究，柯尔伯格还是做了一个大致的年龄发展趋势的总结：大多数 9 岁以下的儿童及少数的青少年处于前习俗水平；大部分青年和成年人处于习俗水平；只有少数人在成年以后可以达到后习俗水平。

总体上看，个体的道德认知水平表现出从低到高的发展趋势。虽然每个人的道德发展速度及最终达到的水平可能是不一样的，而且每个人道德发展的水平与其年龄之间的对应关系也不完全确定，但是教育和实践应当可以对道德的发展起到一定的促进和指导作用，这是广大教育工作者和家长们应当努力去实现的。

第三节
态度与品德形成的过程及其影响条件

一、态度与品德形成的过程

一般来说，态度与品德的形成是分阶段的，依次是依从、认同与内化。

(一)依从

依从包括两种：从众和服从。从众是指个体盲目地与周围人的言行保持一致的现象，俗称随大流。譬如在外吃饭的时候，如果不知道哪家饭馆的菜好吃，我们往往会去客人最多的饭馆，因为去的人多说明味道应该是比较好的。在这个例子中，我们其

① 胡忠光：《教育心理学》，193 页，北京，教育科学出版社，2011。

实就是在不了解真实情况的前提下盲目地跟随了多数人的选择。再举个例子，在一个班级里，有一个小学生被好几个学生排斥，就可能导致另外一些小学生也排斥这个小学生。一般来说，缺乏自信、缺乏主见、没有分辨力的人更容易从众。

服从是指在权威的影响下，或在社会舆论或群体氛围的压力下，放弃自己的立场和想法而与大多数人保持一致的现象。服从可能是自愿的，也有可能是被迫的，后者也可以称为顺从，即表面上的言行与大多数人保持一致，但内心的真实想法和立场其实并非如此。如果没有了外界的压力或威胁，这种被迫的行为就会终止。

无论是从众还是服从，这个阶段的行为都表现出被动性和不稳定性，有极强的情境性。当情境发生变化时，当导致从众或服从的外因消失时，行为就会终止。因此，个体此时对外界要求的态度或品德其实是缺乏认识的，不知道或者不理解为什么要这样做或不能这样做。个体不仅对态度和品德要求的必要性缺乏认识，而且也缺乏相应的情感体验。依从是不得不为之，因为依从可以让个体获得奖励或避免被惩罚。最常见的例子就是在学校的自习课上，如果有老师在，教室里就很安静，显得纪律很不错。如果没有老师在，教室里可能就会热闹如市场，直到老师突然出现，所有声音戛然而止。在这个例子中，学生最初之所以守纪律是因为老师在场，不守纪律会受惩罚。当老师这个外部因素消失了，守纪律的行为就终止了。这说明对于很多学生来说，遵守纪律只是学校的要求，他们并没有深刻认识到这种要求的意义，为了避免受罚只能在有监督的情况下遵守纪律。

由上述分析可知，依从阶段的态度与品德发展水平是很低的。但是，依从是态度与品德形成的初始环节，是不可或缺的发展阶段。虽然这个阶段的发展水平不高，但只要坚持反复实践，个体可以逐渐获得关于态度或品德要求的必要性的认识与体验，从而向更高水平发展。

（二）认同

认同是指在认识上、情感上和行为上主动地接受他人的影响，力图与他人保持一致。依从是外部环境压力导致的行为表现，认同却不是这样。处于认同阶段的个体在做出某种符合要求的行为表现时是有一定的自愿性质的，或者说是有一定的主动性和自觉性的。个体在什么情况下可以从依从阶段发展到认同阶段呢？这取决于榜样的吸引力。根据认同的含义，我们可知认同是主体对他人的认同，就好比“见贤思齐”一样，所以这里所说的“他人”其实就是榜样。榜样对个体越有吸引力，个体就越有可能主动、自觉地模仿榜样。譬如，“亲其师，信其道”就是个很好的例子。教师如果很有亲和力和威信，就可以成为榜样，那么教师所要求的、所提倡的态度和道德行为等都很容易得到学生的认同，学生也会自觉自愿地在想法上、情感上和行动上都努力与教师的要求保持一致。

(三)内化

内化是指在思想认识上能深刻理解并接受了他人的观点，并且将这种观点纳入自己的价值观体系中。这是态度与品德发展的最后阶段，也是态度与品德最终形成的阶段。处于这个阶段的个体深刻地认识到了某种态度或品德要求的必要性和意义，高度接受这种要求，并发自内心地主动按这种要求行事。所以，态度和品德一旦形成，个体的行为就会具有很高的坚定性和主动自觉性。譬如有的学生，老师在时能安静地自习，老师离开后也能安静地自习，不受老师是否在场的影响，也不受周围同学行为的影响，说明这样的学生已经将遵守课堂纪律及自觉学习等要求内化到自己的价值观体系中，所以表现出高度的稳定性和自觉性。

二、影响态度和品德形成的条件

一个人的态度和品德的形成受到外部和内部两方面条件的影响。具体包括以下内容：

(一)外部条件

(1)家庭环境

家庭环境是个体成长的原生环境，对个体各方面的影响都是巨大的。就态度和品德的形成而言，家庭氛围、父母的言传身教、父母对子女的教养方式等都会有重要的影响作用。以教养方式为例，霍夫曼(M. L. Hoffman)总结了三种典型的教养方式：权力管教、爱的撤回和说服诱导。① 权力管教是指父母作为权威，采用强制性要求子女服从某一规范；爱的撤回是指父母要求子女服从某一规范，如果子女不服从父母就会以冷漠、疏远、忽视的态度对待子女，仿佛与“你不听话我就不爱你了”一样；说服诱导是指父母通过讲道理的方式引导子女的行为。上述三种方式里，只有说服诱导的效果是持久的。由此可知，父母在家庭中应当以民主的、信任的、宽容的方式对待孩子，尤其是有了一定的思考能力的孩子，这样才最有利于孩子形成良好的态度和品德。

(2)学校环境

于学生而言，学校是仅次于家庭的重要生活环境。一所学校的校园文化、校风校纪、教育教学活动等都会对学生的态度与品德形成产生重要的影响。除了这些因素以外，学校中的教师是直接与学生打交道的重要成人，教师的教育方式、教师的人格魅力、教师的言行示范、教师对学生的期望以及师生关系等也是非常重要的影响因素。通常来说，健康向上的校园文化、良好的校园秩序、丰富多彩的校园活动以及采用民

---

① 胡忠光：《教育心理学》，197 页，北京，教育科学出版社，2011。

主方式教育学生、注重言传身教、对学生抱有积极期望、师生关系融洽的教师都是学校环境中的有利条件，对学生形成良好的态度和品德具有促进作用。

(3)同伴影响

在个体成长的过程中，与父母的亲子关系以及与教师的师生关系都属于与成年人的人际关系，同伴关系则是个体与同龄人的人际关系。同伴关系及特定的同伴群体对个体的成长也有不容忽视的重要影响。在马斯洛的需要层次理论中，提到了归属的需要。每个学生都渴望归属一定的同伴群体，这是一种应当被重视的心理需要。除了正式的群体(如班集体、学校的合唱团或其他学生社团组织)以外，非正式的同伴小群体对学生也有强大的吸引力。年龄越大，同伴小群体的吸引力就越大，来自同伴小群体的影响也越大。假如父母、教师传递的一些观念或要求与同伴小群体持有的观念不一致，归属感的需要可能导致个体违背父母和教师的要求。所以，在态度和品德教育中，应重视青少年身边的同伴小群体的性质。

(4)社会风气

除了学校和家庭以外，社会大环境也是影响个体态度与品德形成的重要外部条件。其中，尤以社会风气的影响明显。社会风气是由社会舆论、传媒信息及重要人物(譬如领导人、某领域的代表人物等)的言行等构成的环境因素。现代社会网络发达，手机等移动通信设备非常普遍，所以各种各样的社会信息可以非常便捷地被学生接触到。这些社会信息良莠不齐，好坏并存，未成年人缺乏一定的辨识能力，又没有成熟的价值观，很容易受到不良信息的影响。所以，政府在花大力气进行网络环境的治理。除了政府以外，每一个有责任感的成年人都应时刻提醒自己注意言行，避免社会风气的恶化，努力为下一代创造良好的社会风气大环境，提高国民的基本素质。

(二)内部条件

(1)认知失调

认知失调理论是由美国心理学家费斯廷格(L. Festinger)提出来的，用于解释态度改变的机制。所谓认知失调是指个体原有的观点与新信息不一致，这种不一致、不协调就是认知失调。认知失调会让个体感受到心理压力或有不舒服的感受，个体会想办法消除这种失调，以达到认知上的平衡协调状态。根据这种理论，假如学生原本持有的态度不正确，教师要想令学生改变原有的态度，就要想办法让学生感受到认知失调，进而通过改变原有态度达到认知上的平衡。

(2)态度定式

所谓态度定式就是事先就有的态度倾向性。这里所说的事先并不是天生的意思，而是指个体由于过去的经验，对即将面对的人或事形成的预先态度。譬如某个学生在过去的日子里与班主任有过冲突，所以师生关系紧张。那么，这个学生对班主任就可能具备了消极的态度定式。当有一天班主任要对这个学生进行思想教育，即使班主任说的有道理，这个学生也很有可能完全听不进去，甚至故意反其道而行之。由此可见，态度定式常常影响个体是否能接受某个渠道的信息以及接受该渠道的多少信息。在实际生活中，家长和教师在平时要注意和学生保持良好的关系，帮助学生形成对家长和教师的积极态度定式，为顺利开展德育工作奠定基础。

(3)认知水平

在态度与品德的结构当中都有认知的成分，可见态度与品德是以一定的认知能力为基础的。正如皮亚杰的道德理论中提到的道德发展基于思维的发展一样，在现实生活中进行态度和品德教育时，必须考虑到学生的认知水平，考虑学生的接受能力和理解能力，结合学生的实际生活经验，以学生能够理解的表述晓之以理，才能有较好的教育效果。

第四节
良好态度与品德的培养

培养良好的态度与品德有多种方法，譬如说服、榜样示范、群体约定、角色扮演、价值辨析以及奖惩等。下面分别介绍具体的做法。

一、说服

说服是一种很便利的德育方法，所以教师经常用这种方法对学生进行教育。但是说服的效果要想好，其实是有一定的工作要求的。通常来说，下列因素会影响到说服的效果。

(一)信息呈现方式

(1)因学生的年龄或认知水平而异

年龄小的学生，或者说低年级的学生由于其知识量不丰富，思维水平也不高，说服他们时不宜提供过于复杂的信息，最好只提供正面论据，避免学生感到困扰，无所适从。对于高年级的学生，因为他们认知水平更高一些，知识也更丰富，所以最好在说服他们的时候同时提供正面论据和反面论据，这样会让学生有机会认真思考和分析教师的话，从而更加确信正面论据的合理性，进而达到改变学生态度的目的。

(2)因学生是否有不同态度而异

在教育学生时，如果教师提出了自己的观点后，学生没有产生相反的想法，那么教师接下来只需要提供正面论据就可以帮助学生形成正面的观点了。但是，如果教师提出了自己的观点后，学生持有相反的观点，教师就需要主动提供正反两方面的论据，充分论证反面观点的错误或不合理之处，这样会让学生感到教师所提的观点是公正的，并非一面之词，只有这样学生才愿意接受教师的观点，放弃自己原本的想法。

(3)因说服任务的紧急程度不同而异

一般来说，当说服学生的任务是比较紧急的需要，只有改变学生的态度才能迅速解决当务之急，那么只提供正面论据更合适。这种情况下如果继续提供正反双面论据，会导致学生费时去思考琢磨，从而延长时间，与任务的迫切性相违背。当说服的任务是立足长远，希望学生形成长期稳定的某种态度时，提供正反两面论据会更加有效果。

(二)情与理的把握

说服人的时候，既有以情动人，也有以理服人。两种方式的效果各不相同，应灵活使用。

(1)说服效果的时效性不同

研究表明，以情动人更容易在短时间内引起他人态度的改变，但这种方式产生的影响效果并不能持久；以理服人未必能在当下有立竿见影的效果，但是只要有效，影响效果的保持时间却很长。[①] 所以，教师在说服学生改变态度或形成态度的时候，如果看重当前急效，可选择以情动人，如果注重来日主长，可选择以理服人。

(2)因学生年龄段不同而效果不同

以情动人的说服方式用于低年级学生，效果会更好。因为低年级学生的分析能力不足，对说服内容的逻辑性要求不高，所以以情动人的方式很容易唤醒他们的情绪体验，从而接受教师的说服。以理服人的方式用于高年级学生的效果会更好。因为高年级学生有了一定的思考和分析的能力，论证充分、逻辑清晰且严密的论据更能让他们信服，保证说服有效。

(3)情理结合，双管齐下

在不考虑上述因素的情况下，一般来说先以情动人，再以理服人，会产生长期的说服效果。首先在以情动人的时候应尽量将说服内容与学生的特定需要联系起来，唤醒学生比较强烈的情绪体验，其次配合以理服人，提供明确的指导，最能有效地改变学生的态度。

---

① 李梅等：《中学教育心理学》，129页，南京，南京大学出版社，2018。

二、榜样示范

(一)班杜拉的社会观察学习理论

班杜拉是社会学习理论的创始人，美国心理学家。班杜拉虽然也被视为行为主义心理学家，但他的思想与经典的行为主义还是有所区别的。[①] 经典的行为主义更多地将环境视为刺激，是引发行为的原因，无论是巴甫洛夫实验中的铃声与食物，还是桑戴克实验中的迷箱，或者斯金纳实验中的斯金纳箱与食丸，都是引发学习者行为的刺激而已。学习者进入实验情境，因刺激而产生相应行为，学习就是这样的过程，是对环境中的刺激被动做出外显行为反应的过程。但是，班杜拉认为学习者并不是简单地、被动地感受刺激并做出反应，在学习者、环境以及学习者的行为之间，存在着复杂的相互影响。换句话说，每个人既受到环境的影响，也会因个人因素不同而有不同的行为，行为作用于环境，又会对环境造成一定的影响，如此相互作用。班杜拉不仅看到了个体对环境不是被动地接受，还看到了学习并不只有外显行为的变化。经典行为主义在解释学习时通常都强调学习是可观察到的行为变化，按照这种观点，一个人是否发生了学习，要看这个人的行为是否有可观察到的变化。然而，班杜拉认为学习也有可能并不导致即时的外显行为变化，而是导致与某种行为有关的内部心理结构的变化。这种内部的变化在恰当的时机会影响到学习者的行为变化。譬如下文即将介绍的期待就是这样的内部心理结构的变化。

(1)观察学习的含义

班杜拉认为巴甫洛夫、桑戴克及斯金纳的理论有一个共同之处——研究的都是个体亲身经历的学习。班杜拉认为人类有两种基本的学习类型：直接学习与间接学习。[②] 直接学习是指学习者亲自参与、亲自实践、亲自体验，有直接行为并体验结果的学习。我们在学校中以学生身份听课、完成作业、参加考试等都是典型的直接学习。间接学习是指学习者通过观察他人的行为及其结果进行的学习。在这种学习类型中，学习者本人并不用做出外显的行为，而是身为观察对象的他人做出了外显的行为并产生了一定的结果，学习者作为旁观者观察了整个过程。由于在间接学习中学习者充当了观察者的角色，所以班杜拉又将之称为观察学习。完整地表述观察学习就是个体通过观察他人的行为及其结果而习得某种新的反应或使个体已有的某种反应得到矫正。[③]

---

① [美]保罗·埃根，唐·考查克：《教育心理学》，241页，郑日昌主译，北京，北京大学出版社，2009。

② [美]伍尔福克：《教育心理学》，252页，伍新春等译，北京，中国人民大学出版社，2015。

③ 李梅等：《中学教育心理学》，43页，南京，南京大学出版社，2018。

(2)对行为结果的全新阐释——期待的概念

在斯金纳的理论中，对行为结果是非常重视的。班杜拉也重视行为的结果，但是却以一种全新的视角对行为结果的作用进行了阐释，为此，他提出了期待的概念，从主观认知的角度来诠释行为结果对个体后续行为的影响作用。班杜拉认为，个体在某些情况下对自身行为的结果是有一定的预期的，这种预期就是对可能结果的期待。假如预期得以实现，就会起到强化的作用。反之，则会起到惩罚的作用。举例来说，一个学生认真完成了老师布置的任务，他可能怀有一种期待：希望老师会看到他认真完成的作业，并对他认真的态度予以肯定。假如老师确实发现了这个学生很认真，并且表扬了他的认真，学生的期待就实现了，这种实现会起到强化作用，该生以后应该会更加认真地完成作业。但是，假如老师没有注意到学生的认真，完全没有任何反馈，学生的期待就落空了，期待的落空会让学生感到失望，该生以后很有可能就不再认真完成作业了。

在观察学习中，期待同样也很重要。当个体观察到他人做出的行为得到了强化的结果，个体就可以产生期待："如果我也像他那样做，我应该也能得到他那样的结果。"类似地，当个体观察到他人做出的行为得到了惩罚的结果，个体可能这样期待："如果我也像他那样做，我也会受到这样的惩罚。"前一种期待会促使个体在今后恰当的时候模仿观察对象的行为，后一种期待则会促使个体在今后尽量避免做出类似观察对象的行为。

(3)三种强化

斯金纳将强化分为正强化与负强化两种，划分的标准是强化物的性质及使用方式(如第一章表 1-1 所示)。班杜拉则从强化的来源与接受对象不同将强化分成了三种类型：直接强化、替代强化和自我强化。[①] 这三种强化都有可能促进观察学习的发生。

直接强化是指个体在观察他人的行为后进行了模仿，这种模仿得到了来自外部的强化。譬如，妈妈在吃饭前认真地洗了手，小朋友看到以后也学着妈妈的样子洗手，得到妈妈的称赞："对啦！吃饭前就要这样认真地洗手，真是个讲卫生的好孩子！"在这个例子中，妈妈是被观察的对象，小朋友观察后进行了模仿，妈妈的称赞就是直接强化。这种强化会让孩子今后更多地模仿饭前洗手的行为，因为主动洗手可以得到妈妈的称赞。

替代强化是指个体观察到他人做出的行为被第三方进行了强化，个体由此产生了想模仿类似行为的动机。譬如，小明上课主动举手发言，老师在小明发言后表扬了小明积极思考、勇于分享的态度，旁观了这一切的小强就有可能在今后的课堂中愿意主动举手发言，因为小明的经历让小强懂得了主动发言可以得到老师的表扬。在这个例

① ［美]伍尔福克：《教育心理学》，370 页，伍新春等译，北京，中国人民大学出版社，2015。

子中，小强是观察者，小明是被观察对象，老师是第三方。小明受到了来自老师的直接强化，而小强则受到了替代强化。需要注意的是，不仅强化可以是替代性的，惩罚也可以是替代性的。“杀鸡儆猴”的故事中，猴子旁观了鸡受到的惩罚，就会小心控制自己的行为，避免得到和鸡一样的惩罚。这同样是替代强化的范例。

自我强化是指个体在观察到他人的行为后，从内部产生自发的动力去模仿他人的行为，由自己来控制强化物。自我强化与替代强化最大的区别在于，后者模仿或不模仿他人是为了得到外部的强化或避免外部的惩罚，前者模仿或不模仿他人是为了得到自我的强化。特别是对于成年人来说，有时候选择做什么或不做什么，并不是源于想得到外部的肯定或避免外部的惩罚，仅仅是出于自我的一种内部调节、管理或完善的动力。这是一种理想的强化类型，因为它可能有更稳定持久的驱动作用，但是对个体自身的要求比较高。

(4)观察学习的过程

班杜拉认为观察学习通常包括四个过程：注意、保持、再现和动机。①

在实际生活中，周围的人总是在做出这样或那样的行为。但是，并非他人的所有行为都会成为观察学习的内容。只有那些被我们注意到、认真观察过的行为才有可能最终被我们模仿。所以，注意是观察学习的过程中关键的方面。譬如在上文的例子中，妈妈在饭前洗手的行为一定被小朋友注意到，并认真进行了观察。

当个体注意到他人的某一行为并认真观察后，会把榜样行为以言语或表象的形式保存到记忆中，这就是保持过程。譬如小朋友认真观察了妈妈洗手的过程后，在头脑中把妈妈洗手的过程储存起来。保持也很重要，如果只有注意过程却无法将信息储存起来，看过就忘，模仿将无法完成。

当学习者把保存在记忆中的他人行为示范模仿出来，就是观察学习的再现过程了。譬如小朋友根据头脑中保存的妈妈洗手的示范完成了自己洗手的行为，这就是再现。

除了上述的注意、保持和再现三种过程以外，观察学习还有一个非常重要的过程——动机过程。这一过程对注意、保持和再现过程都可能有所影响，决定了学习者最终会选择他人的哪些行为去注意、保持并再现。观察学习的动机来自前文所介绍的三种强化。

(二)社会观察学习理论对德育工作的启示——榜样示范

(1)榜样的选择

我们身边的人会做出这样那样的行为，但只有一部分人的行为会成为我们观察学习的内容。被观察者我们通常称之为榜样。基于社会观察学习理论，我们想培养儿童

---

① [美]保罗·埃根，唐·考查克：《教育心理学》，246页，郑日昌主译，北京，北京大学出版社，2009。

形成良好的态度与品德还可以利用榜样进行示范，促使儿童对榜样示范的行为进行模仿，从而逐渐习得良好的态度与品德。

那么，什么样的人更有可能成为儿童观察学习的榜样呢？通常来说，有三个方面的因素会影响儿童对榜样的选择，或者说有三个方面的因素会影响到榜样的吸引力：相似性、能力及地位。

第一，儿童倾向于选择那些与他们有更多相似性的人作为模仿的榜样。[①] 当我们鼓励学困生只要努力上进就一定可以学有所成时，学生未必会真的有信心。但是，假如学生亲眼见到身边有学困生因为努力而实现了学习成绩的飞跃性进步后，就极有可能具有了强烈的信心，因为这样的榜样与自己非常相似，更具有示范性效果。

第二，在不考虑榜样与自身相似性的情况下，儿童都容易有"慕强"的心理，因此也更有可能会选择那些能力强的人作为榜样去模仿。所以，能力是我们选择榜样时会考虑的另一因素。

第三，与能力不完全对等，却有密切联系的因素是相对地位。生活中有追星现象，所谓的明星，往往就是在某一领域内比较突出、地位相对也更高的人。譬如体育界里的冠军，社团中的社长，家庭中的长辈，学校里的老师，甚至某个学生小组中的小组长，都是相对有一定地位的人，这样的人有更大的可能性成为观察学习的榜样。

学校里提供的榜样一般来自教材和教师。譬如历史教材中的爱国英雄人物，语文教材中的英勇战士，都在无形之中表达了人们对这些优秀人物的推崇态度，这些优秀人物的品质及其言行就具有了榜样的作用。如果说教材中的人物只是用文字符号传递的榜样，那么教师就是学生身边触手可及的鲜活榜样。那些知识渊博、语言优美、耐心亲切、大方自信、认真负责、为学生呕心沥血的教师很容易得到学生的敬仰和模仿。学校里还可以提供的榜样是优秀的学生代表。无论是哪个榜样，学校和教师在选择榜样时应充分考虑到影响榜样吸引力的三方面因素，选择更具吸引力的榜样，起到良好的示范带头作用。

(2)榜样示范的方式

榜样示范的方式很多，譬如直接的行为示范，言语描述的示范，或借助于传媒的象征性示范等。教师可以根据实际条件及学生的特点选择适合的示范方式。当然，提供示范之后，教师还应指导学生模仿，并在学生表现出符合要求的模仿行为后及时给予表扬和鼓励，以提高学生继续模仿的动机水平。

---

① Schunk D. Peer models and children's behavioral change, *Review of Educational Research*, Vol. 57, 1987, p. 149.

三、群体约定

在第二次世界大战期间，由于物资短缺，当时的美国政府希望能说服家庭主妇们购买一些以前不受欢迎的动物内脏做菜。研究者随机抽取了一些家庭主妇，将她们随机分为六个小组，每组13－17人不等。其中的三个小组听取一个口才极好的人讲了30分钟，主旨是“吃内脏是为国家做贡献，而且内脏营养丰富，烹饪后也美味”。另外三个小组则安排了群体讨论，讨论的主题是“内脏的营养，内脏的烹饪方法，内脏对当前形势的价值”，最终由群体做出决定，大家都要去购买动物内脏。所有家庭主妇结束了这次活动以后，跟踪调查表明前三组里只有3%的主妇们选购并食用动物内脏，后三组里有32%的主妇们选购并食用动物内脏。① 除了美国的这项研究以外，另有研究也发现，如果群体讨论和群体决定在程序上结合进行，群体中的意见一致性最高，也最有可能引起群体成员在态度上的改变。② 经群体成员共同讨论协商而约定的规则、协定对群体中所有成员的约束力很强，群体成员更愿意自觉遵守规则或执行协定。如果有成员违反了群体约定，其他成员会向该成员施加有形或无形的压力，迫使其做出改变。③ 由此可知，有一些态度与品德的培养要求可以用群体约定的方式来形成，学生会更愿意遵循，这样做的效果比教师单方面的宣布某些行为规范上或态度上的要求会更好一些。

群体约定通常可以按以下程序操作④：

第一步，清晰而客观地介绍问题的性质；

第二步，唤起群体对问题的意识，使他们明白只有改变态度才能更令人满意；

第三步，清楚而客观地说明要形成的新态度；

第四步，引导集体讨论改变态度的具体方法；

第五步，使全体成员一致同意把计划付诸实施，每位成员都承担执行计划的任务；

第六步，成员在执行计划的过程中改变态度；

第七步，引导大家对改变的态度进行评价，使新形成的态度进一步概括化和稳定化。

如果态度改变未能成功，则鼓励成员从第四阶段开始，重新制订改变的方案，直到态度改变为止。

---

① 皮连生：《学与教的心理学》，206～207页，上海，华东师范大学出版社，1997。

② 皮连生：《学与教的心理学》，207页，上海，华东师范大学出版社，1997。

③④ 胡忠光：《教育心理学》，201页，北京，教育科学出版社，2011。

四、角色扮演

生活中每个人都有许多角色。譬如一个小学生，在学校里扮演学生的角色，回到家里扮演儿子或女儿的角色，在哥哥姐姐面前则扮演弟弟或妹妹的角色。儿童喜欢玩的一种名叫“过家家”的游戏实质上也是在进行角色扮演，譬如三个小朋友，一个扮演妈妈，一个扮演孩子，还有一个扮演医生，妈妈带着孩子去找医生看病。所以，我们在日常生活中不仅会有自己的各种角色，有时也会充当一下别的角色，这些都可称为角色扮演。

有一项研究考察了角色扮演对态度改变的影响作用。① 研究对招募来的被试先进行了一次针对某事物的态度测量，以此来了解所有被试对某事物的原本态度是怎样的。接下来，要求其中几名被试轮流扮演演说家的角色去发言，发言的内容是根据他们最初的态度测量来确定的，要求他们在发言中表达一种比自己原有的态度更为极端的态度。除去这几位被试以外的其他被试扮演的则是听众角色。角色扮演任务完成以后，所有被试再次测量了他们针对同一事物的态度。研究者对比了前后两次态度测量的结果，发现扮演了演说家的几名被试的态度发生了重大的改变，变得与演说内容一致，即态度更加极端了。扮演听众角色的被试的态度则相对比较稳定，没有明显的变化。这一研究表明角色扮演对于态度改变是有明显的影响作用的。②

在实际生活中也可以使用这种方法。譬如让一个经常迟到的孩子担任纪律考勤班长，这个孩子为了扮演好这个角色，就会很积极地提前到校，认真记录同学们的出勤情况，表现出与考勤班长角色相符合的行为。他在努力扮演这个考勤班长角色的过程中，其实已经不知不觉间做到了不迟到。所以，教师可以灵活地选用这种方法去帮助一些学生改变态度或养成良好的行为习惯。

五、价值辨析

价值观念是个体内化了的价值取向，往往不能被个体清醒地意识到，因此难以指导人的行为。③价值辨析则是帮助个体充分地意识到自己潜在的价值观念，从而将之用于指导自己的行为。价值辨析运用于德育工作就是提供一些生活现象让学生思考自己的价值选择和可能的行为模式，鼓励学生理性地分辨自己潜在的价值观念是什么，将自己的价值观念与其他人进行交流，最终确定自己的价值选择。

---

①②③ 皮连生：《学与教的心理学》，208页，上海，华东师范大学出版社，1997。

通常来说，价值辨析包括三个部分七个子过程。①

(一)选择

在这个部分，教师的任务是诱发学生的真实态度和价值陈述。所以，营造的氛围越宽松越自在，学生会越愿意做真实的选择与表达。

(1)自由地选择

在一个给定的背景下，譬如“看到有人落水，你会怎么做?”，让学生思考自己会做出怎样的行为反应。然后，让学生思考：“你认为你是从什么时候开始第一次产生这一种想法的?”

(2)在可选范围内选择

让学生思考：“在你产生这一想法之前，你常考虑其他什么事情?”

(3)深思熟虑后的选择

让学生思考每一种可能的选择(想法)将会有怎样的后果?

(二)赞赏

在这个部分，教师必须无批评地、无判断地接受学生表达的真实思想、情感、信念或观念。注意，教师本人的价值观念不要带入进来，教师也不要有说教的想法和行为。

(1)喜欢自己的选择

让学生考虑：“你为自己的这一选择感到高兴吗?”

(2)公开承认自己的选择

让学生回答：“你会把你的选择告诉你的同学吗?”

(三)行动

(1)按选择行事

教师对学生说“我知道你赞成什么了。现在你能为它做些什么吗?要我帮忙吗”?

(2)重复这种生活方式

教师问学生：“你知道这一途径已经有一段时间了吗?”

总的来说，在价值辨析的过程中，以学生为主体，教师除了提出问题帮助学生思考和明确自己的价值观念以外，主要就是倾听和接纳。如果学生的价值观念确实不正确，教师不能直接否定或批判，而应灵活地引发学生更深层次的思考，让学生发现自己观念中的不合理之处。

---

① 皮连生：《学与教的心理学》，209页，上海，华东师范大学出版社，1997。

与说教式的德育工作相比，价值辨析尊重了学生的主体性，更容易被学生所接受。

六、小组道德讨论

小组道德讨论是由布莱特(M. Blatt)设计的道德教育模式。[①] 该模式涉及三个要素：一是课程要素。这里的课程是指道德讨论的内容。道德讨论的内容必须是道德两难故事，故事要能够引发学生认知上的冲突。二是学生要素。组成道德讨论小组的学生不能来自同一种道德发展水平，而应是由处于不同道德发展阶段的学生混合构成。这种混编的方式使得道德发展水平相对低一些的学生能够有机会接触到高于他们认知水平的道德判断，触动其原有的道德认知结构，产生不满足感，从而达到改变他们原有道德认知结构的目的。三是教师要素。教师应懂得儿童道德发展的理论知识，并能在这些理论知识的指导下启发学生在小组讨论的过程中积极地思考，主动地交流，然后做出判断。教师还要鼓励学生在小组讨论的过程中学会考虑他人的观点或意见，协调自己与他人在观念上的分歧。

七、奖励与惩罚

(一)奖励的正确运用

这里所说的奖励实质上就是强化。当学生缺乏做出道德行为的自觉性时，成人可以使用适当的奖励来提高学生做出道德行为的概率。

运用奖励时，要注意以下几方面才能提高奖励的作用。

(1)奖励具体行为

当学生做出某种道德行为时，譬如助人为乐，尊敬老师，主动承认错误等，教师应给予奖励，且在奖励时应明确指出是因为学生做的什么行为才给予奖励的，切忌奖励时只含糊地说“你是个好孩子”“表现得很好”或“你做得很对”。要让被奖励的学生和旁观的学生明确被奖励的是怎样的具体行为，这样才有助于学生继续保持或模仿。

(2)精神奖励为主

于学生而言，教师的笑容、口头表扬、摸摸头、竖起大拇指等精神奖励就足以产生良好的强化作用，没有必要时时使用物质奖励。物质奖励频繁使用容易造成饱厌感，不如精神奖励的效果稳定。

---

① 李梅等：《中学教育心理学》，131页，南京，南京大学出版社，2018。

(3)奖励要及时

只要学生做出了教师期望的道德行为后，教师就要及时给予奖励。除非教师当时不知道，否则尽量不要延迟奖励。因为这个原则，教师在选择奖励方式时一定要选择方便实行的奖励。

(4)重视内部奖励

对于年龄越来越大的学生，应注重从外部强化向内部强化的转变。所以，在学生做出道德行为后，教师应引导学生多进行自我强化，让学生自己对自己的表现感到满意和自豪。自我强化的持久效果要好于外部强化，而且自我强化有助于增强学生今后做出同样道德行为的自觉性。

(二)惩罚的恰当运用

奥苏伯尔认为承认错误与接受惩罚是学习道德责任心和发展健全良心的主要部分。[①] 苏联教育学家马卡连柯也曾经指出："合理的惩罚制度不仅是合法的，而是必要的。这种合理的惩罚制度有助于形成学生的坚强性格，能培养学生的责任感，能锻炼学生的意志和人的尊严感，能培养学生抵抗引诱和战胜引诱的能力。"[②]所以，在态度与品德的培养过程中，适当地运用惩罚还是有必要的。一般来说，惩罚有两类。如第一章表 1-1 中所示的那样，第一类惩罚是在学生发生品德不良行为后(如考试作弊，旷课等)施加某种令其感到痛苦或厌恶的刺激，常见的做法有口头或通报批评、口头或书面警告、记过、留校察看，最严重的譬如开除学籍。第二类惩罚是在学生发生品德不良行为后，取消其喜爱的某种刺激，常见的做法譬如取消其将要参加某种娱乐活动的权利、收回本来享有的某种奖励或待遇、在操行评定上扣分等。这两类惩罚的目的都是一样的，都是想要让学生不再做出同样的品德不良行为。

为了正确使用惩罚，教师应当遵循下列原则：

(1)避免不当惩罚的原则

有些学校对学生的违纪行为实施罚款，这种做法是很不可取的。除了罚款以外，过度的体罚也是不可取的，譬如长时间让学生罚站。那么，什么样的惩罚措施是适当的呢？又有哪些惩罚措施是不适当的呢？教师如何知道自己的惩罚措施是否适当？

2020 年教育部出台了《中小学教育惩戒规则(试行)》(以下简称《规则》)，里面明确列出了教师可以采取的惩罚措施。[③]

《规则》指出，学生有轻微的违纪，教师当场可以采用的惩罚措施有 6 种：①点名

---

① 皮连生：《学与教的心理学》，212 页，上海，华东师范大学出版社，1997。

② 檀传宝：《论惩罚的教育意义及其实现》，载《中国教育学刊》，2004(2)。

③ 中华人民共和国教育部：《中小学教育惩戒规则(试行)》，2020。

批评；②责令赔礼道歉、做口头或者书面检讨；③适当增加额外的教学或者班级公益服务任务；④一节课堂教学时间内的教室内站立；⑤课后教导；⑥学校校规校纪或者班级规定的其他适当措施。

当学生有较严重的违纪或当场教育惩戒拒不改正的，学校可采取以下惩罚措施：①由学校德育工作负责人予以训导；②承担校内公益服务任务；③安排接受专门的校规校纪、行为规则的教育；④暂停或者限制学生参加浏览、校外集体活动以及其他外出集体活动；⑤学校校规校纪规定的其他适当措施。

《规则》还特别强调了教师不得做出的行为：①以击打、刺扎等方式直接造成身体痛苦的体罚；②超过正常限度的罚站、反复抄写；③强制做不适的动作或姿势，以及刻意孤立等间接伤害身体、心理的变相体罚；④辱骂或者以歧视性、侮辱性的言行侵犯学生人格尊严；⑤因个人或者少数人违规违纪行为而惩罚全体学生；⑥因学生成绩而教育惩戒学生；⑦因个人情绪、好恶实施或者选择性实施教育惩戒；⑧指派学生对其他学生实施教育惩戒；⑨其他侵害学生权利的行为。

(2)慎用惩罚的原则

惩罚是隐含巨大负面影响因素的教育方式。[①] 尤其是体罚，近年来引起了不小的争议。教育部出台《规则》也有这样的背景原因。即使不考虑这种争议，仅从儿童发展的角度来看，当成年人将惩罚作为主要的教育手段时，也容易导致儿童变得更具有破坏性和侵略性，并且更加充满敌意。[②]因此，身为教师或家长一定要时刻提醒自己惩罚要慎用，没有理由、没有效果、没有作用、没有必要的情况下都不用。首先，要在法律法规的范围内使用。特别是教师，既然国家公布了惩戒规则，就应按规则办事，不得侵犯学生的合法权益；其次，谨记并非所有不良行为都必须惩罚。无意犯错或主动认错，应当待以宽容。

(3)指向过错的原则

惩罚始终应清晰地指向具体的过错行为，惩罚的是行为而不是做出过错行为的人。这条原则最重要的含义其实就是要做到“对事不对人”。有的教师在学生做出不良行为后，会对学生进行整体的否定和批评，这是不正确的做法。教师是对学生的不良行为进行惩罚，不应对学生本人产生歧视、偏见。要让学生明确地认识到“老师惩罚的是你做错的行为，老师对你本人仍然是关心爱护的，并不会因你犯错就对你区别对待”。这一原则同样适用于家庭教育范畴。

(4)及时与坚定的原则

惩罚最好在不良行为出现后及时给予，不要积攒在一起搞“秋后算账”。有的老师对学生的一些不良行为因为这样那样的原因没有及时惩罚，却都记在心里。等到某一

---

①② 傅维利：《论教育中的惩罚》，载《教育研究》，2007(10)。

时刻突然爆发，不仅批评学生当前的不良行为，还将学生一段时间以来的不良行为像拉清单一样细细道来，有“算总账”的感觉，这样不但不利于纠正学生的不良行为，而且还会让这个学生及旁观的学生产生一种错觉：“‘我’(他)是个坏孩子，因为犯了这么多的错，老师都受不了了。”学生很难意识到惩罚针对的是哪一次的什么行为，也很难认识到惩罚是为了帮助学生变得更好。学生会觉得“老师肯定不喜欢我，对我有看法，只记得我的不好”。这样想很容易让学生对教师的惩罚有对立情绪，同时对自己有自我放弃的想法。除了及时和一事一罚以外，惩罚还要坚定。只要宣布了惩罚措施，不能随意中断或取消，不能讨价还价，否则就没有了严肃性和权威性。只有坚定地实施适当的惩罚，才能让学生从中感受到规则的严肃性和不可侵犯性，以后走向社会也才能明白法律法规的严肃性和不可侵犯性。

(5)惩教结合的原则

惩罚能够让学生知道今后不能做什么，但这并不是教育的全部目的。惩罚要想收到最佳教育效果，还应在惩罚的同时让学生知道合适的行为是怎样的。譬如有的家长对于放假在家的孩子管束很严格，不让看电视。结果孩子趁家长不在家时偷看了电视，被家长发现了。家长对孩子违背要求进行了惩罚。家长的惩罚不是不可以，但是这样做不能完全解决问题。这样的惩罚只能让孩子意识到不能偷看电视，却不能让孩子知道自己在家可以做什么。所以，好的做法是在惩罚孩子偷看电视的同时，还应给孩子提供一些合理的建议或资源，帮助孩子学会在假期里安排好丰富的生活，生活绝不是只有看电视这一种有趣的事可以做。

(6)一视同仁的原则

想象一下：两个学生都迟到了，学困生被老师狠狠地批评了一通，学习好的学生却被老师宽容地放过。这样的情景虽然是虚拟的，但在生活中却是可能有类似现象真实发生的。在学校中，教师有时可能会因为一些原因对学生不能同等对待。一视同仁原则强调的是规则面前人人平等。惩罚的规则也一样。不因学生的性别、家庭背景、学习成绩等的差异而有不同的尺度或标准。如果做到一视同仁，不仅能保证惩罚的有效性，而且能在学生成长的过程中展示了什么叫平等和公正，有利于学生形成平等和公正的意识和信念，为未来创建一个追求平等和公正的社会奠定基础。

(7)保持关爱的原则

国内外的无数成功教育案例证明在惩罚实施后继续保持对受罚者的关爱通常会收到良好的教育效果。① 一个人受到惩罚后，通常会体验到羞愧、悔恨、耻辱、痛苦、不安等消极的情绪情感，好似处于低谷一样。尤其是那种自我约束力差、行为问题多的学生，这种体验会频繁发生，生活中的阳光和温暖好像都少了许多。如果缺乏被关爱，

---

① 傅维利：《论教育中的惩罚》，载《教育研究》，2007(10)。

行为问题多、频繁受罚的学生很容易自我放弃或抗拒惩罚。所以，在惩罚学生之后继续保持对学生的关心，当然不是那种刻意为之的关爱，是真诚又自然地关爱，常常会特别容易打动学生的心灵，增加学生对教师的信服感和对受罚的认同感。短期来看这样做有利于惩罚的教育效果保障，长期来看有利于学生心理的健康发展。

【本章小结】

除了学习知识和技能以外，态度和品德也是学校教育的重要内容之一。态度与品德是既有联系又有区别的一对概念，两者都包含三种成分，所以结构相似。但是，态度的范畴更大，态度也有不同的内化程度，只有涉及社会道德规范的那部分内化程度高的态度才能称为品德。态度与品德的形成通常要经过依从、认同和内化三个阶段。态度与品德的形成受到外部的环境因素以及个体内在的认知、智力、受教育程度等因素的影响。为了培养学生良好的态度与品德，教师可以从说服、榜样示范、角色扮演、群体约定、价值辨析、小组道德讨论及奖励与惩罚等多种方法中进行选择，也可以多种方法结合使用。但在使用这些方法的过程中，一定要充分考虑学生的年龄、认知水平、原有观念或态度等因素，特别是使用奖励与惩罚的时候要注意合理性，避免不当使用而造成事与愿违的结果。

【本章习题】

一、名词解释

态度　品德　观察学习　替代强化　直接强化

二、简答

1. 简述态度与品德的关系。
2. 简述影响态度形成的条件。
3. 简述皮亚杰的道德发展理论。
4. 简述柯尔伯格的道德发展理论。
5. 简述合理运用奖励的方法。
6. 简述合理运用惩罚应注意的原则。
7. 简述班杜拉的社会观察学习理论。

三、论述

试述培养良好态度与品德的方法。

【拓展阅读】

1. 边玉芳、李白璐. 教育心理学. 杭州：浙江教育出版社. 2015 年
2. 朱仁宝. 德育心理学. 杭州：浙江大学出版社. 2005 年

第十一章

小学生的学习策略

有言说："世界上最有价值的知识就是关于方法的知识。"①我们已经学过了学习方法，本章将介绍一个比学习方法有更广的包摄性的教育心理学概念——学习策略。其主要包括学习策略的含义、分类、影响因素、发展特点及培养办法。在加涅的学习结果分类中，有一种是认知策略。认知策略是学习策略的一部分，也就是说，学生除了学习知识、技能、态度与品德之外，还要学习如何学习，即学习策略。通过本章的学习，可以更加全面地了解学习者可以在哪些方面采取哪些措施来帮助、促进或改善自己的学习，也可以更好地掌握如何指导小学生掌握学习策略。

第一节
学习策略的含义及类别

一、学习策略的定义

学习策略，顾名思义，有关学习的策略。那么，什么是策略呢？

"策"的古义一是古代赶马用的棍子，其中一头有尖刺，能刺马的身体，使它奔跑。② 二是计谋，如西汉的贾谊在《过秦论》中曾写道"孝公既没，惠文、武、昭襄蒙故业，因遗策……"③

"略"本有土地、疆界的含义④，又有计划的意思，如宋代的苏洵在《六国论》中曾提及"燕赵之君，始有远略"⑤。

后来汉语中就将这两个相近的含义合并在一起，形成了"策略"一词，表示"讲究方式方法，根据形势制定行动方针"⑥。

英文里的"策略"是 strategy。根据《牛津词源词典》中的介绍，strategy 源自希腊语 strategia，strategos 以及 stratos，这三个希腊词语分别对应的意思是军事指挥部、指挥官以及军队。⑦ 后来，这个英文词语演变成了具有"a planned series of actions for

---

① 郝金刚：《世界上最有价值的知识就是关于方法的知识》，见价值网·读书频道，2012年2月24日。

②⑥ 中国社会科学院语言研究所词典编辑室：《现代汉语词典》，132页，北京，商务印书馆，2014。

③ 贾谊：《过秦论》，见(清)吴楚材，吴调侯编，李凭，译注，《故观止》，270页，杭州，浙江文艺出版社，2022。

④ 中国社会科学院语言研究所词典编辑室：《现代汉语词典》，852页，北京，商务印书馆，2014。

⑤ 苏洵：《六国论》，见罗安宪，《宋代文选》，44页，北京，人民出版社，2017。

⑦ Hoad，T. F. Oxford Concise Dictionary of English Etymology，上海：上海外语教育出版社，2000，p. 465.

achieving something or skillful planning in general"，即"为实现某目标的行动计划或统筹安排的规划"等含义。①

学习策略是教育心理学上的概念，最初就是用英语来表达，即 learning strategy，所以在翻译和界定学习策略的含义时，要充分考虑英文中的策略的含义。

国外对学习策略的界定有多种观点，刘电芝教授是较早关注这一领域并开展研究的国内代表学者。她和黄希庭教授在梳理各种观点后概括出四种最有代表性的看法：①学习策略是内隐的学习规则系统；②学习策略是具体的学习方法或学习技能；③学习策略是学习的程序与步骤；④学习策略是学生的学习过程。

不难看出，不同的观点在界定学习策略时侧重了不同的方面：有的侧重于总体的学习思路，有的侧重于具体的学习技巧；有的侧重于可外显观察到的操作程序与步骤，有的侧重于内隐的思考与计划；有的侧重于对学习有直接影响的内容，如记忆策略，有的侧重于对学习有间接影响的内容，如社会策略；有的侧重于策略使用时应当是有意识的，有的则认为策略也可以无意地、盲目地使用。

综上，刘电芝等人给学习策略下的定义是"学习者在学习活动中有效学习的程序、规则、方法、技巧及调控方式"②。这个定义比较简明和概括，如果我们把它的含义扩展开，可以这样描述学习策略：学习者根据当前学习任务的要求、所要达到的学习目标及学习任务的难度，结合自身的学习水平与能力特征，主动制订学习计划，包括确定学习的步骤与程序、选择学习的方法及管理学习时间等资源，并且实施与监控这个计划以达到目标的整个过程。需要特别说明的是，我们曾经学习过的"学习方法"一章，在某种程度上来说也属于学习策略的一部分。学习策略包含了具体的学习方法，却又不限于学习方法，还包含了学习方法以外的其他内容。

二、学习策略的分类

在学习策略的研究领域，人们最初主要关注的是各种各样具体的学习策略，后来随着研究的深入才开始对学习策略的体系进行梳理。但是，就像对学习策略的定义各有看法一样，关于学习策略的归类也是各持己见。譬如有学者将学习策略归为八个方面：①复述策略；②综合复述策略；③基本解释策略；④综合解释策略；⑤基本组织策略；⑥综合组织策略；⑦理解检测策略；⑧情感和动机策略。③这属于归类比较多的观点，也有归类少的观点，譬如北京师范大学的谷生华等人将学习策略概括为三个方

---

① ［英］英国培生教育出版亚洲有限公司：《朗文当代高级英语词典：英英・英汉双解》，第五版，2513 页，管燕红等译，北京，外语教学与研究出版社，2014。

②③　刘电芝，黄希庭：《学习策略研究概述》，载《教育研究》，2002(2)。

面：元认知策略、认知策略和社会策略。[①] 限于篇幅，也为了与教师教育有关文件和教材保持一致，本书详细介绍的是目前国内最具代表性的分类结果，将学习策略分为三部分：认知策略、元认知策略和资源管理策略。[②]

(一)认知策略

认知策略是指学习者加工信息的一些方法和技术，有助于信息的加工、理解与保持。认知策略可细分为三种子策略：复述策略、精细加工策略与组织策略。

1. 复述策略

复述策略是指在工作记忆中为了将注意力维持在当前的学习内容上，保证正常有效的信息加工而采取的方法。[③] 复述策略一方面可以帮助学习者在学习新知识的时候集中注意力于当前的信息加工上，另一方面则帮助学习者将当前的信息储存起来，即识记与保持。

(1)选择性注意策略

选择性注意策略是指学习者在学习情境中激活与维持学习 的心理状态，将注意集中于有关学习信息或重要信息上，对学习材料保持高度的觉醒或警觉状态的学习。[④]

这种策略在课堂听讲时特别重要，就像一个警戒与过滤装置，一方面帮助学习者避免被无关刺激干扰，另一方面则帮助学习者选择重要的信息予以关注，紧跟教师课堂教学的步调。选择性注意策略通常有以下几种。

第一种，画线策略。每名学生都有配套的教材可以使用，特别是低年级的小学生，由于会写的字有限，记笔记比较困难，所以重要信息主要在教材中呈现。教师在上课时，可以让学生在教材中的重要文字下面画线，直线或波浪线均可，以此标识重要信息。除了画线，也可以标着重号，如星号、三角号等。这样既能帮助学生听讲时跟随教师的步调，又能帮助学生课后复习时明确重点复习的内容。低年级的小学生画线时可借助笔的颜色变化来突出信息。高年级的小学生不仅可以借助笔的颜色变化，还可以通过画线＋眉批或脚注的方式，不仅突出重点信息，也明确了重点信息之间的关系。不过，在使用画线策略时，应注意避免整段整段的画线，画线就是要突出重点，如果整段都画上线，甚至整页或大半页都画上线，那么就无法体现出重点，失去了画线的真正意义。低年级的小学生可以在教师的指导下画线，高年级学生可以根据自己的理解去挑选重点画线，所以画线也体现了学习者对信息的提炼与简括。另外，建议学生

---

① 谷生华，辛涛，李荟：《初中生学习归因、学习策略与学习成绩关系的研究》，载《心理发展与教育》，1998(2)。

② 李梅等：《中学教育心理学》，151页，南京，南京大学出版社，2018。

③ 胡忠光：《教育心理学》，151页，北京，教育科学出版社，2011。

④ 陈旭，刘电芝：《学习策略(三)：选择性注意学习策略》，载《学科教育》，1997(3)。

在画线时可以创建自己习惯的着重标记符号，不需要别人能看懂，自己能看明白即可，可以有一套着重标记符号体系，对应不同的重点内容或对应不同的考察方式。熟练掌握以后在听课时灵活使用，可以极好地辅助听课。

第二种，摘录策略。摘录是指挑选出学习材料(如教材)中非常重要的内容集中抄录在专门的本子上，以加强对信息的专注程度。除了摘录重要的原句以外，这种策略还包括了对学习材料中的主要思想进行概括，概括成大标题或多个小标题。这样的策略可以有效帮助学习者将注意专注于当前重要信息上，提高信息加工的效率。

(2)识记与保持过程的复述策略

复述策略还有很重要的一个功能就是通过重复来加强信息的储存，大量的信息需要多次的复述才能得以长时间储存。

第一，及时复习。无论采用哪种方法来复习，也无论复习哪种学科的哪一部分知识，及时复习都是首要的策略。在介绍艾宾浩斯的遗忘规律时，大家应该还记得四个字“先快后慢”。遗忘规律告诉我们，从完全记住的那一刻开始，24 小时内我们就遗忘掉接近 70%的内容。打一个比方来说：我们识记一项内容就好比是盖一栋楼房，完全记住的时候就是楼房建成的时候。但是这个楼房比较特殊，它从建成的那一刻开始就不断坍塌，一天以内就会坍塌一大半以上。所以，为了尽可能地保持住识记成果，我们一定要及时复习。当天学习的内容，一定要在当天晚上休息之前抽出时间简单地回顾复习一下。一周学习的内容要在周末抽出时间回顾复习一下。如此类推，做到这一条，到考试之前再复习的时候就会轻松许多，大大提高复习的效率。

第二，有意识记与无意识记的灵活使用。本书第二章中曾经介绍过有意识记与无意识记。有意识记是有目的、需要付出意志努力的识记，是我们学习时主要用到的识记类型。无意识记是没有目的、不需要付出意志努力的识记。如果想在短时间内有较高的识记效率，特别是对那些重点知识的识记要有效率，应当首选有意识记。因为这种识记的目的性强，所以学习者在识记过程中的专注程度会更高，识记效果相应也越理想。所以，考前复习时，或对重要内容进行识记时，应采用有意识记。无意识记的效率虽然不如有意识记，但这种识记不需要意志努力，所以主观上会感觉比较轻松，是一种无意当中自然记住的体验。所以，一些学科中的基础知识或基本原理可以在平时的学习中时时渗透和反复提醒，以一种“潜移默化”的形式熏陶学生，在轻松的体验中完成一些识记任务。譬如学过英语的人都很熟悉 am/is/are 等常用高频词，其实这种熟悉并不全是有意识记的功劳，也是因为这些词只要涉及英语学习就反复出现，所以也通过无意识记加深了印象。

第三，排除信息间的干扰。第二章中也介绍过前摄抑制与倒摄抑制的概念，这两个概念告诉我们一次安排的复习内容不宜过多，因为要排除信息之间的相互干扰。

心理学曾经以自由回忆的方式研究过人们识记一系列项目的效果，结果发现了序列位置效应。①序列位置效应是指在一次性识记若干项目之后进行回忆，最先识记的项目回忆出来的比较多，这被称为首因效应；最后识记的项目回忆出来的最多，这被称为近因效应；中间位置识记的项目回忆出来的最少，这被称为渐近线。用通俗的话来解释就是我们最先复习的和最后复习的效果要好一些，中间复习的效果差。之所以会出现这种差异，是因为最先识记的内容只受到了后续内容的倒摄抑制干扰，最后识记的内容只受到了前面内容的前摄抑制干扰，而中间复习的内容则既受到前面内容的前摄抑制干扰又受到后续内容的倒摄抑制干扰，所以中间部分的内容识记效果是最差的，开头与结尾的内容要相对有更好的效果。

这种效应很稳定，无论一次性识记内容增加多少，首因效应和近因效应都很明显，总内容量的增加只会导致进入渐近线部分的内容增加。因此，我们一次性复习的内容不宜安排过多，否则会让大量的内容进入渐近线，降低复习效率。除此之外，由于首因效应和近因效应的存在，我们在安排复习内容的顺序时，要尽量把重要的内容安排在一开始以及快结束的时候复习，这样可以充分利用首因效应和近因效应的优势。

还要提醒的是首因效应和近因效应还适用于一天当中的活动安排。我们在每天清晨起床以后以及每天晚上临睡之前安排一些重要知识的复习，时间不需要很长，但坚持这样做的效果是极好的：因为清晨起来后的第一项活动相当于一天之中活动的开始，会具有首因效应，同理，临睡前的活动相当于一天之中活动的末尾，会具有近因效应。

第四，合理安排分散与集中复习。复习可以分为分散复习与集中复习，前者是指将复习内容分解成若干部分，一次复习一部分，分多次完成全部复习，后者是指一次性地将某项内容全部复习。一般来说，集中复习不如分散复习的效果好。②所以，尽量不要将太多的内容积攒在一起集中复习，不仅负担重、压力大，而且效果不理想。不过，分散复习虽然效果相对好一些，也要注意使用的时候确保复习间隔要适中，不宜过长或过短。另外，并不是所有的知识都适合于分散复习。教师应当根据复习内容的难易程度、学生动机的强弱、学生年龄的差异等灵活合理地安排。

第五，动员多种感官参与。无论我们采用哪一种具体的复习方法，都要尽量让我们的多种感官都参与到复习中来。譬如记单词的时候，不要只是用眼睛反复地去看单词列表，这样单调的复习容易让人感到疲劳，不利于集中注意力，影响复习的效果。我们可以眼睛看单词，嘴里朗读单词，手里拼写单词，然后再动脑筋用单词造一个句子，这样多种感官共同参与，有利于长时间的保持高度的专注，进而提高复习的效率。

第六，整体识记与分段识记相结合。你会如何背一首五言绝句？又会如何背诵一篇古文，譬如《两小儿辩日》？对于不同性质的学习内容，不同数量的学习内容，我们

---

① 叶奕乾等：《普通心理学》，123页，上海，华东师范大学出版社，2021。

② 黎瑞兴：《运用记忆和遗忘规律指导学生英语复习》，载《文教资料》，2006(24)。

应灵活采用整体识记与分段识记的策略。整体识记策略是指将要背诵的学习材料视作一个整体，从头到尾一遍一遍地朗读或默读学习材料，就像和尚念经那样，直到成诵为止。分段识记策略则是将一份学习材料分解成若干个部分，一部分一部分地诵读与识记，最后再合成整体完整背诵。

当学习材料的数量不太多时，譬如一首五言绝句，统共只有20字，一般可采取整体识记的策略，效果比较好。当学习材料的数量多，或者说长度过长，而且材料的文字表述比较抽象或难于理解，一般可采取分段识记的策略效果会更好。当然，有研究表明，如果将两种策略结合起来，在对材料形成了整体理解的基础上分解材料为若干个小部分，分段识记后再整体综合，效果会更好。①

第七，过度复习。关于过度复习策略，其实就是"学习方法"一章中的介绍过的"过度学习"方法。一般来说，恰好成诵所达到的学习程度称为适度学习。在此基础上继续重复，就称为过度学习，也可称为过度复习。过度复习达150%时，识记保持的效果是最好的。

2. 精细加工策略

精细加工策略是把新知识与学过的旧知识联系起来，增加新知识的意义与提取线索的深层加工策略。经过精细加工，新知识不仅可以储存到长时记忆中去，而且在提取的时候会更加顺利。

精细加工策略就是帮助学习者给新知识赋予更加丰富的意义，这里的意义其实就是将新知识与熟悉的旧知识之间联系起来，以熟悉的旧知识作为新知识的提取线索。如何赋予新知识以意义呢？可以人为地添加、构建或者生发。具体来说，精细加工策略主要包括以下内容：

(1)类比策略

这是一种重要的精细加工策略，是指根据两个(或两种)对象之间在某些属性上的相同或相似所作的一种类推。② 通过类比，特别是以形象易懂的对象类比抽象难懂的对象，就可以使后者变得容易理解了。譬如，在物理课上学习电压的概念时，可以用生活中比较熟悉的水压进行类比，水压可以迫使水沿着一定的方向在水管中流动，电压则可以导致电荷在电路中定向移动形成电流。再举个例子，在信息技术课上，老师讲解域名时，可以将域名与家庭门牌号进行类比，生活中每个家庭的门牌号使得别人可以据此找到我们的家，网络中的域名则使得别人可以据此通过网络访问到对应的站点。

在教学过程中，教师如果能够恰当地使用类比策略，就可以帮助学生用已知去理

---

① 胡忠光：《教育心理学》，153页，北京，教育科学出版社，2011。

② 刘电芝：《学习策略(六)：精加工学习策略》，载《学科教育》，1997(6)。

解未知。这里所说的恰当使用是指用来做类比的旧知识经验必须确实与新知识有某种相似性，而且还要是学生所熟悉的、好懂的，这是其一。其二是用来做类比的旧知识经验只是用来帮助理解新知识的中介，在做类比时不要着墨太多，导致对新知识的讲解不到位。

(2)比较策略

当我们要学习的新知识与已经学过的某种旧知识极易发生混淆时，比较策略是效果很好的一种选择。比较的方法也可以细分为几种类型：

第一种，对立比较。顾名思义，就是把相互对立的知识放在一起，因为对比非常鲜明，所以更容易给学习者留下深刻的印象。举例来说，数学中的奇数与偶数、质数与合数，语文和英语中成对的反义词等，都是相互对立的知识，非常适合放在一起进行比较，这样通常可以帮助学生将两个知识同时都掌握了。

第二种，差异比较，是把容易混淆的两个或多个知识放在一起进行分析，着重突出这些知识各自的“特别之处”，从而帮助学生形成对每个知识的准确印象，避免混淆。例如，在小学语文课上学习生字时，应注意将容易混淆的字进行比较，像“己”和“已”，“拨”和“拔”，“戌”和“戍”等形近字，“燥”和“躁”，“暮”和“募”，“竿”和“杆”等同音异义字都是容易混淆的内容，教师进行识字教学时有必要对这些知识进行差异比较，强调突出各自的不同点，学生对不同点的印象越鲜明深刻，就越不会混淆。

第三种，对照比较，是指同时把同一类别的若干知识并列，进行一一对应地比较。譬如，在历史课的学习中，对某两个朝代在建立初期的政策进行比较，可以列出表格，对治国政策从军事、政治、经济、文化教育等多个维度进行对照比较，可以一目了然两者之间的差异，学生在识记的时候也会记得更清楚更牢固。

(3)质疑策略

质疑策略就是在学习知识时以提出疑问或挑出疑点等方式促使学生深度思考和加工，从而达成对知识的深层次理解的策略。有一项研究让两组学生学习同样的学习材料，但是给了两组学生完全不同的指导语：简单阅读组学生听到的要求是“仔细阅读，将来要考”，质疑组学生听到的要求是“边读边问自己‘为什么这个句子所说的事实是正确的’?”。实验时明确告诉质疑组学生学习材料中的内容与生活中的常识尽管可能不一致，但这些内容都是正确无误的，学生可以在阅读时尽可能多地自问自答“为什么正确”的问题，如果实在答不出来也可以猜测答案。学习阶段结束后，两组学生都进行了即时测验和两次间隔测验(分别是间隔 74 天和 180 天)，结果显示质疑组的学习成绩显著高于简单阅读组。[①] 使用质疑策略时，既可以鼓励学生自问自答，也可以组织学生结对或以小组为单位互问互答，都有很好的效果。

① 刘电芝：《学习策略(六)：精加工学习策略》，载《学科教育》，1997(6)。

(4)做笔记

做笔记就是将正在学习的新知识做适当的记录，以促进理解和记忆的策略。[①] 做笔记需要学习者在理解意义的基础上进行，但是它与摘录又有所不同，摘录主要是抄写原句，做笔记不要求写下原句，主要是记住关键知识和要点，而且力求结构清楚又简洁明了。低年级的小学生使用这种策略存在一定的困难，因为做笔记需要较好地进行注意的分配，边听边理解分析边记录，这对低年级的小学生是不小的挑战，仅仅是快速地写出需要的汉字就是不小的挑战。但是这种策略是非常有助于提高课堂听课效果的，所以教师应注意引导。教师应提醒学生注意这样一些要求：①一定要简洁明了，不要追求原话、原句照样抄录，而应力求理解概括；②重视图、表等知识结构信息，对于老师在黑板上、幻灯片上呈现的有关知识对比、知识点结构等的信息要高度重视，重点记录；③记法多样，边听边记时往往速度要求快，所以可以创建自己习惯的速记符号体系，有来不及记录的不要着急，课后补齐，尽量跟着教师的节奏；④课后及时整理完善，充分利用笔记进行每日、每周等定时复习。

(5)记忆策略

在识记阶段，第一个要遵循意义律，增强对识记内容的意义理解，以提高识记效果。[②] 意义律是指识记效果随着学习者对识记材料的意义理解程度的变化而变化的规律。一般来说，学习者对识记材料的意义理解程度越高越充分，识记的数量相对越多、精确性相对越好、用时相对越短。为了提高对意义理解的程度，教师要灵活利用先行组织者或者比较、类比、对照、联想等策略，揭示新知识与已有知识之间的联系与区别，为新知识顺利纳入已有的认知结构提供适宜的生长点或锚点。如果所学新知识本身的意义不够丰富具体，甚至单调枯燥，也可以引导学生人为赋予一些意义，赋予意义不要求逻辑严密，只要能令学生印象深刻即可。具体的方法可以参考“学习方法”一章中介绍的记忆术。

识记阶段要遵循的第二个规律是数量律。所谓数量律是指学习者完成识记任务所需要的时间通常会随着识记材料数量的增加而相应增加的规律。一般来说，一次性识记的材料数量越多，学习者需要的时间也就越多，而且时间的增长速度远远快于材料数量的增加幅度。根据数量律，我们一次安排的识记内容不要多，就像零敲碎打一样，注重每天学的新知识每天识记，这样一次性识记的内容就不会太多。反过来，如果平时只听课不复习，等到期中考试之前或期末考试之前才来复习，时间紧任务重，就会出现短时间内要识记大量材料的情况，识记的效果不会太好，学生也容易出现考试焦虑。

---

① 樊琪，朱蕾：《中学生笔记策略及其干预研究》，载《心理科学》，2007(6)。

② 刘电芝：《学习策略(六)：精加工学习策略》，载《学科教育》，1997(6)。

识记阶段的第三个要遵循的规律是组块律。所谓组块律就是指学习者识记信息的数量因学习者加工信息的组块容量的不同而相应地变化。一般来说，学习者加工识记信息时的每个组块内包含的信息越多，学习者识记信息的总量就会越多。在第二章中我们曾经学习过短时记忆的容量是以组块为单位的，组块就是个体加工信息时的意义单位，其中包含的信息多少是灵活变化的，个体的知识经验越丰富，一个组块内能包含的信息就越多。由于我们每个人的组块数量是差不多的，都是5—9个之间，所以个体间在记忆量上的差异主要由组块内包含信息的多少来决定。“博闻强志”，这个词的本义是见多识广，知识丰富，记忆力强，其实就很好地体现了组块律。学生平时要广泛阅读，丰富自己的知识背景，增广见闻，开阔眼界，这样就会成为知识多、经验多的学习者，在加工指定的识记材料时就有更大的可能扩大组块内的信息量，从而提高识记的效率。

3. 组织策略

组织就是按照材料的特征或类别进行整理、归类或编码，组织的具体方式、方法或途径就是组织策略。① 组织策略的使用就好比是图书管理员对图书馆中的图书进行管理一样，分门别类，按序摆放，组织好的材料也会更加有序，对于识记、保存、提取与应用都有明显的积极影响。国内外的多项研究都表明成功的学习者更善于使用组织策略。②组织策略除了对信息进行归类以外，更为重要的是概括。如何概括呢？国外有学者曾经总结了概括的五条原则，从易到难依次是略去枝节、删掉多余、代以上位、择取要义、自述要义。③其中，“略去枝节”很好理解，就是把相对不那么重要的材料或信息省略掉，不纳入概括的范围；“删掉多余”是指意义上有重复的内容可以去除，如冗余；“代以上位”有两种具体的做法，一是以类别名称代表下属名称，二是以一般行为代替系列具体行为；“择取要义”是指在一段材料中找出一个主旨句或中心句；“自述要义”是指一段材料中如果找不出现在的主旨句时，根据自己对材料的整体理解构思出一个中心句。在遵循上述原则的基础上，组织策略有以下具体的实施办法。

(1)纲要法

纲，提网的总绳，要，要点，所以纲要法合起来表示的就是把材料中的主要意义或纲领提取总结出来的意思。阅读教材时，我们会发现教材中除了重要的知识点以外，也会辅以大量的说明、例证和分析等，教师讲课时也是如此，除了明确陈述重点知识以外，教师也会讲述很多例证，提供很多解释和分析，这些都是为了帮助学习者更好地去理解知识。在新知识学习的过程中，起辅助作用的例证、说明、分析是很有价值的，可以促进对意义的理解。但在总结复习的时候，这些辅助材料就可以去掉了，既减轻记忆负担，又可以突出重点。

---

①②③ 刘电芝：《学习策略(五)组织学习策略》，载《学科教育》，1997(5)。

我们可以用数字纲要来表示材料的层次，就是用数字排序的方式（譬如一、二、三，或者 1、2、3 等）。例如，历史课上总结秦统一六国之后的政治措施时，可以这样来总结概括：①称始皇帝，有官吏任免权；②设丞相、御史大夫、太尉；③实行郡县制，全国分三十六郡。许多语文课本中的课文，历史课本中的条约内容、历史成就、改革举措等都可以用数字纲要来总结概括。低年级的小学生主动概括的水平有限，可以由老师带着一起概括，中高年级的小学生可以在老师的提示下尝试自主概括，再逐渐完善。

除了数字纲要之外，我们还可以使用图表纲要，具体做法可以参看“学习方法”一章中介绍的图表法。这种方法特别适合低年级的小学生，因为非常形象直观，而且概括性也强。当然，中高年级也同样适用，且不受课程科目限制，文理学科均可使用。

(2)网络法

网络法是指以网络的结构（常见的是树状结构）将材料或知识点之间的内在关系形象地展现出来，也可以达到概括的效果。

例如，化学课上根据包含与被包含的关系将矿物、金属、非金属、白金、铁、黄铜、金刚石、石灰石等进行连线，体现出层次性，帮助学生理解各个种类的含义。在语文课上，用网络法将课文中的要点以连线的方式绘制成知识网络，也特别直观地让学生全面把握作者传递的重要信息及写作思路。

(二)元认知策略

1. 元认知的含义及其成分

元认知(metacognition)也称反省认知，是个体对自己的认知过程的认识或意识以及调节自身认知过程的能力。通俗地说，元认知就是人对自己的认知的认知。认知是心理学上的术语，我们在第二章中介绍的记忆就是一种认知活动，除此之外，还有感觉、知觉、思维、想象等都是认知活动。我们对自己的感知觉、记忆、思维、想象等心理活动的认识和调节，就是元认知。譬如一个小朋友，学习背诵《咏鹅》，小朋友读了几遍后有人问他“你会背了吗”？小朋友回答“会背了”。接下来如果他真的背出来了，说明这个小朋友对自己的记忆的认知是准确的，或者说小朋友的元认知水平是比较好的。相反，如果他接下来没有背出来，说明小朋友对自己的记忆的认知是不准确的，其元认知的水平比较低。

元认知包含三种成分：元认知知识、元认知体验和元认知监控。

元认知知识是个体通过经验积累起来的关于自身认知活动的一般性的知识。元认知知识包括三方面：第一，对自己认知特点的知识，譬如有人觉得自己记性不错，有人觉得自己推理能力很弱等；第二，对当前认知任务的知识，譬如当前这项认知任务的要求是什么，目的是什么，任务的信息是否充足，是否易于理解等；第三，关于认知策略的知识，譬如面对一个特定的认知任务，知道有哪些认知策略可以选择，每种策略的使用条件，哪种策略在哪种情况下最适用等。

元认知体验是指基于元认知知识而产生的情感体验和认知体验。譬如解决一道问题时感觉自己很有把握，或者做出一道题后总觉得答案有问题，又或者阅读一段材料时感到困惑混乱，等等。

元认知监控是指个体在进行认知活动中对自己的进展程度、困难程度等的评价，并基于这种评价做出调整以保证认知活动顺利完成。这是元认知最核心的成分。已有研究表明，元认知监控的水平是影响学生学习成功的关键因素之一。[①]

2. 常用的元认知策略

(1)计划策略

计划策略是指学习者在进行某一项认知活动之前，依据活动的目标去制订计划并预计此计划有效性的策略。这里所说的制订计划并不是简单地写出一个时间进程表，应包括将活动目标分解成一些具体的子目标，如选择恰当的方法，安排活动的顺序与步骤，预估每个步骤或子目标的完成时间等。计划要想制订得具有可行性，需要学习者对认知活动的要求、难易程度以及自己完成认知活动的能力、完成认知活动需要的条件以及可获得的条件等都有比较准确的把握，只有准确把握上述各个方面的情况，才能在计划中体现出为什么学、学什么、怎么学、在哪儿学、何时学等，才能让学习者清楚地知道自己在什么时间应该做什么事情，提高学习效率，保证完成学习任务。

(2)监控策略

监控策略是指学习者在实际进行认知活动的过程中实时的评价、反馈活动的结果、目标达成的程度及是否存在某种不足，基于这样的评价和反馈做出相应的调整，以确保认知活动得以顺利完成的策略。

监控策略在学习活动中非常重要。在课堂听讲时，监控策略可以帮助学生监控自己的注意集中程度，在课堂教学结束时监控自己的理解接受程度。在复习时，监控策略可以帮助学生监控自己的复习效率是否理想，复习方法是否得当。在考试时，监控策略可以帮助学生把握自己的答题速度与时间分配是否恰当，答题顺序是否合理，心态是否有波动等。

(3)调节策略

调节策略是指学习者基于元认知监控的反馈信息对存在的问题予以解决，采取补救性措施以达到解决问题，促进认知活动顺利完成的策略。譬如学生在听课过程中发现自己的注意力有分散的倾向或已经分散时，能及时进行适当的调整——坐得更端正或动手做记录，以帮助自己顺利完成听课任务。听课结束后，通过监控学生发现自己

---

① 刘电芝：《学习策略(七)：元认知学习策略》，载《学科教育》，1997(7)。

有个别知识点没有掌握，可以在课后通过请教老师或请教同学的方式进行弥补。在复习时发现自己花了很长时间但没记住多少内容，学生可以考虑更换复习方式、重新安排复习计划等。考试时如果发现前半部分用时过长，学生可以加快速度或更换答题顺序。做阅读理解题时，发现对材料的理解不够清晰，于是回忆平时老师是如何教导的，按照一定的阅读技巧重新阅读材料，譬如对重点句子反复阅读或挑出关键信息等。

元认知策略的三个具体策略总是相互联系在一起工作的。一般，在学习开始之前我们先使用元认知计划策略做好准备工作，然后在学习过程中持续采用监控策略，并根据监控策略得到的评估与反馈信息及时采用调节策略调整我们的状态与方法。

元认知策略与认知策略也是相辅相成的。认知策略就像一个“执行者”，负责亲自执行学习任务，加工处理学习信息。元认知策略则像一个“指导者”，负责事先为执行者制订计划，让执行者知道应该怎么学习，然后又在过程中密切关注执行的情况，及时发现问题并提出解决问题的办法，以帮助执行者顺利完成学习任务。

(三)资源管理策略

资源管理策略是指学生在学习开始之前及学习进程过程中调配和管理其所拥有的学习资源的策略。学习资源通常包括时间、环境、努力、社会支持等。

1. 学习时间管理策略

(1)有计划地分配时间

在学校学习的时候，学校制定的课程表帮助学生安排了一天当中的大部分时间，这些时间里学生只要按照课程表的安排去学习就可以了。但是，学生还有校外的时间，譬如平时的双休日、节假日、寒假和暑假，以及偶尔出现的居家线上学习等，都是相对比学校里更自由宽松的时间，这些时间如何管理呢？最重要的管理原则就是尽量减少无计划、无节制、无意义的时间。

我们并不提倡学生将校内和校外的全部时间都用来完成学业，理想的时间分配应当是劳逸结合，张弛有度，该学的时候专心学，该放松的时候全身心的放松。为了达到这种理想的时间分配，学生应当学会明确自己在一个特定的时间段内要完成的学习目标。然后，根据自己的学习目标再细分出若干阶段性目标，每个阶段性目标再细分出若干子目标，由此确定哪些事情是必须做的(直接决定目标是否能实现的事情)，哪些事情是可做可不做的，哪些事情是可以不着急做的。每天都列出一张活动优先表，一定要先做最重要的事，而不是紧急却不重要的事。

计划制订后就要严格去执行，而不是让计划成为一张写了字的纸张束之高阁。若在执行的过程中确有突发情况需要改变计划，也应在考虑充分后及时做出针对性的修改。

(2)高效利用最佳时间

第一，要根据学生的生物钟来安排学习活动。每个人的体力、智力和情绪都是有周期节律的，其中智力的周期是 33 天，体力的周期是 23 天，情绪的周期是 28 天。[①]在每个周期内，都有高峰和低谷。譬如处于智力高峰期时，个体往往会感觉头脑特别清楚，思考问题特别轻松，这样学习效率会很高。所以，家长要帮助学生观察了解学生的各种周期节律，在可以自由安排学习活动的时候，尽量充分利用高峰期高效率进行学习。

第二，一天之内的时间也可能有不同的学习效率，要充分利用高效的时间段。在第二章中我们曾经提及睡眠对于小学生大脑发育的重要性。家长要让孩子从小养成每晚 9 点半到 10 点之间按时入睡的好习惯。这种睡眠习惯一旦养成，孩子一天之内的生物节律也会随之形成。通常来说，晚上睡眠充足，早上起来时人的精力是充沛的，只要按时吃早餐，身体有足够的能量，整个上午一般都是效率高的时段。越往后，效率会越低。所以，学生在校外自由安排学习活动时，也要将早上和上午的好时段用来完成相对重要的学习任务。

(3)灵活利用零碎时间

有句话说“时间就像海绵里的水，挤一挤总会有的”。生活中确实有些零碎的时间，如果不利用起来也就流逝了，但是利用起来的话积少成多，也能帮助我们做成不少事情。譬如课间、饭前、排队、候车等的时候，都属于零碎的时间。这些时间可以灵活运用，但不适合用来做重要的事情，可以随身准备个小本子，里面可以是外语单词、古诗等需要反复背诵的知识点，也可以根据条件了解一些时事新闻或短篇故事等。对于低年级的小学生来说，零碎时间做成了多少事不是最重要的，最重要的是养成给自己找事情做，不让自己虚度时光的好习惯。这样，当他们年级升高，学业任务增多的时候，也能因为小时候就养成的好习惯把事情安排得井井有条，保证学习效率。

2. 学习环境管理策略

学习环境通常可分为物理环境和心理环境。学校是专门组织学生学习的场所，所以教室和校园的物理环境正常来说都是适宜的，譬如桌椅的高度、教室的采光和温度等。我们现在着重讲一讲家庭当中的物理环境布置。如果家庭的经济条件允许，应当给孩子提供独立或相对独立的空间供其学习，譬如独立的儿童房或家庭成员共用的书房。空间的采光、温度应适宜，噪声尽量小，桌椅高度适宜。除此之外，空间内的风格最好是简洁干净的，不要有过多的绚丽色彩，与学习无关的事物、用具也要尽量减少，尤其是读书写字的桌面上除了必要的学习材料和文具以外，尽量不要有其他物品，譬如吃的、喝的、玩的、摆件等都极易成为干扰孩子注意力的无关刺激。

---

① 胡忠光：《教育心理学》，162 页，北京，教育科学出版社，2011。

学习时的心理环境主要指周围环境中的人与事形成的心理氛围与情绪状态。譬如有的孩子学习时喜欢安静的环境，如果周围有人说话走动或者时不时被人打扰，就容易让孩子烦躁，影响学习效率。但是，也有的孩子不喜欢独自学习，更愿意和同伴一起学习，那就更适合去教室、图书馆等有同伴的地方学习，这样更容易静下心来认真学习。作为家长，要注意的是不要在孩子正在学习的时候去表现自己的爱心与关怀，时不时问孩子要不要吃什么喝什么，或不经询问直接将吃的喝的送到孩子跟前。虽然这样做是出于爱心，但影响很不好。一来构成了干扰，容易打断孩子的学习状态；二来经常如此的话会让孩子无法养成较长时间专注学习的习惯，反而养成了一学习就想吃点儿喝点儿的坏习惯。家长可以在孩子放学回家后先休息片刻，想吃想喝的先满足了，想去卫生间的就去。所有这些都做完了，就可以安心地坐下学习一整段的时间。

3. 努力管理策略

在学习动机一章中，我们学习了归因理论，里面提到过努力是非常重要的因素，因为只有这个因素是我们可控的因素。虽然孔子曾经说过“学而时习之，不亦说(通悦)乎”，但更多的人体验到的却是“书山有路勤为径，学海无涯苦作舟”①。如果学习能让学生体验到乐趣，也就是所谓的乐学，那么努力就是自然而然会有的，这是极为理想的情形。然而，当学生未能从学习中体会到乐趣时，学习也是必须要进行的，这时候就显得努力管理更加重要了。

怎么才能让学生尽量长时间地维持努力的状态呢？最理想的途径是学生学会了自我激励，那些自发的努力才是更为持久的努力。我们可帮助学生通过这样一些做法来进行自我激励：明确学习的目的；激发内在的学习动机；形成掌握学习的目标；调节评价成败的主观标准，应是基于自己真实水平又不超出可实现范围的标准最为理想；正确进行合理的积极归因；表现好时进行自我强化等。②

4. 社会支持管理策略

这里的社会支持指的是除学习者本人以外的他人对学习者学习活动的帮助和支持。就学习而言，比较常见的社会支持来源是教师和同学。教师是学校里最重要的教育资源，除了正常的课堂教学以外，教师在课后也是可以给学生以帮助的，所以学生应主动积极地创造或把握向教师请教的机会，以获得更加充分的教导。有些学生遇到不会做的题，或者做错的题，或者没听懂的知识，不敢问老师，害怕被老师批评或讽刺，这是对老师的误解。任何一个合格的教师在学生求教时都会认真回应的，都是欢迎学生求教的。除了教师以外，同学也是很好的教育资源。同学之间正式或非正式的合作、交流、讨论有助于互相启发，从而更加全面准确地理解知识。所以，家长和教师应鼓

---

① 卢家楣：《学习的苦乐观新论》，载《教育研究》，2000(10)。

② 胡忠光：《教育心理学》，163页，北京，教育科学出版社，2011。

励学生主动与同学交流讨论，共同进步。

除了上述四种常见的学习资源以外，图书馆、网络、各种工具书等也是日益方便可得的资源，学生可以根据自己身边的现实条件从这些资源中获取有用的信息与帮助。

第二节 学习策略的影响因素与发展特点

一、学习策略的影响因素

(一)影响学习策略的主客观因素

学习策略的使用受到学习者主观因素的影响。譬如学习者的能力水平、认知风格、知识基础、已有经验、情感动机等，这些方面存在较大的个体间差异，但就个体自身而言大多是相对稳定的。这些因素里面只有情感动机比较容易受到具体情境的影响而发生波动变化。① 除了学习者的主观因素以外，情境因素也影响到学习策略的使用，包括学习任务的特征、难度、重要性程度等。②关于学习策略的影响因素，国内外学者的研究不够丰富，还需要进一步地系统探讨。

(二)学习不良学生使用学习策略存在的缺陷

布鲁纳在研究人工概念的过程中，总结发现学习不良学生与学习优秀学生相比，在学习策略的使用上存在明显的缺陷，主要表现在两个方面：可用性和产生性。③

(1)可用性缺陷

可用性缺陷(availability deficiency)是指个体缺乏某种具体的学习策略，导致在面对某个特定的问题情境时，没有相应的策略可以用来解决当前的问题。譬如给儿童提供一个玩偶，要求儿童将玩偶暂时存放在一个有 81 个(9 行 9 列正方形分隔)储物格子的柜子中，可以自由选择任何一个格子放置，格子大小都一样，均没有编号或特殊标记。然后儿童出去玩一段时间的游戏，再回来取出玩偶。有些儿童可能将玩偶随意放置在某个格子中就出去玩，稍后回来时却记不得玩偶放在哪个格子中了。另一些儿童

①② 刘电芝，黄希庭：《学习策略研究概述》，载《教育研究》，2002(2)。

③ 王昭，张黎：《学习不良学生学习策略的特点及教学模式》，载《辽宁教育行政学院学报》，2006(12)。

可能表现得更有策略，他们将玩偶放置在最边角的格子中，这样很轻松就能找到玩偶。这种差异说明有些个体不懂得记忆策略，所以不能很好地完成记忆任务。

(2)产生性缺陷

产生性缺陷(production deficiency)是指个体掌握了一定的策略，却并不知道在什么情况下适合使用什么策略。有研究发现，在解决一般类比推理问题上，大多数学习困难儿童能够认识到要使用适当的策略，但是面对一个具体的问题情境时，由于对问题情境中包含的信息以及涉及的知识缺乏准确的分析，所以往往不能选择恰当的学习策略。① 生活中，我们有时可见一些学生面对某个问题时束手无策，譬如面对一道几何证明题时没有思路，也许这时有人在旁边指点一下就有豁然开朗的感觉，这其实就是还不能在问题情境中灵活选择解题策略的缘故，并不是不会策略，而是不能独立地选定某种策略。

二、学习策略的发展

学习策略的掌握与运用是一个不断提高的过程，与文化教育有密切关系，也与经验积累有密切关系。以复述策略的发展研究为例，研究发现5岁以下的儿童基本上没有适合的复述策略，类似于有可用性缺陷；6－10岁的儿童已经掌握了一定的复述策略，但是不能自发地拿出来使用，只有经过一定的指导后可以使用复述策略，表现出产生性缺陷；11岁以上的儿童就能自发地使用复述策略去提高复述的效率。②

2015年，马郑豫等人采用分层随机取样的方式，在全国范围内按照七大经济区域(东北、西北、华北、华东、华中、华南、西南)抽取八个省(区)、两个直辖市和一个计划单列市，抽取了90所学校的13477名学生，其中小学4－6年级的学生4437人，初中三个年级4761人，高中生4279人，进行了学习策略的调查，结果发现：中小学学生使用最多最频繁的三种学习策略是“复述策略”“时间管理策略”和“物力资源利用策略”；在9－12岁时，也就是小学高年级阶段，小学生对学习策略的应用整体上维持在一个较高层次的水平。但是，小学生自身的加工组织策略和监控策略在所有学习策略中是运用相对最少的，这就意味着小学生在学习过程中对所学内容的总结与概括、深度加工的水平会比较低，学习迁移的能力也会因此处于相对不高的水平，另外小学生的元认知监控不够成熟，所以主要依靠外部监控，还不是一个高水平的学习者。整体上来看，高中阶段的学生主动运用学习策略的水平是最高的，说明学生对学习策略

---

① 王昭，张黎：《学习不良学生学习策略的特点及教学模式》，载《辽宁教育行政学院学报》，2006(12)。

② 刘电芝，王德清：《学习策略(十一)：影响学习策略掌握和运用的因素》，载《学科教育》，1997(11)。

的掌握与应用已经从最初的被动应用发展到了主动应用。[①]

通过对不同年龄群体使用各种具体学习策略的特征进行对比，以及对不同能力水平的群体使用学习策略的特征进行对比后，发现儿童学习策略的发展大致经过三个阶段：

在最初的阶段，大约对应的是学前期，儿童掌握学习策略的水平极低，表现为不能自发地产生策略。[②] 即使特意教给儿童某种策略，他们也不能有效地使用。儿童偶尔可以无意识地使用某种策略，但主观上并不清楚。

经过学习或训练，儿童有所进步，大约到小学阶段，儿童可以在他人的指导下学会某种策略，但是多限于简单的策略。但是，儿童对策略的理解和掌握还不够深刻，所以仍然不能自发地产生某种策略。

进入第三个阶段，即中学阶段，学生在自己熟悉的知识领域可以自发地产生策略，不仅能独立地运用策略来提高学习效率，而且能够根据实际情况灵活地调整策略，表现出比前两个阶段更高的水平。

第三节
培养小学生的学习策略

一、选择学习策略的原则

教师不仅要将具体的学科知识传授给学生，也要教会学生自己学习，这是广大教育者的共识。但是，学习策略很多，教师是否可以在小学阶段就把所有的学习策略全部传授给学生呢？这恐怕是有困难的。在课时和条件都有限的情况下，在小学生认知水平和元认知水平发展规律的基础上，我们建议教师有选择地将一些学习策略传授给小学生，教师可以按照这样的原则来挑选学习策略。[③]

(一)实用性与理论性相结合

实用性原则是指教师所选的学习策略对于学生现阶段来说不仅是对学生学习有帮

① 马郑豫，张家军：《中小学生学习策略的调查研究》，载《教育研究》，2015(6)。

② 刘电芝，王德清：《学习策略(十一)：影响学习策略掌握和运用的因素》，载《学科教育》，1997(11)。

③ 刘电芝，田良臣：《学习策略：校本课程开发的重要领域》，载《课程·教材·教法》，2000(7)。

助的，而且是学生能学会、容易学会的。理论性原则是指教师所选的学习策略是依据一定的教育心理学理论挑出来的，有理论阐明所选的学习策略如何起作用、怎样起作用。教师在挑选学习策略时，要注意将这两方面有机地结合在一起。

(二)具体性与一般性相结合

具体性原则是指学习策略能够运用于某种具体的学科课程或某门课程中的某种具体的学习任务或学习材料。一般性原则是指学习策略可运用于不同的学习任务或不同的学科课程。教师在选择学习策略时，既要考虑策略适用的具体性，也要考虑一般性，最理想的结果是所选的策略既可用于特定的学习任务或材料，又有较好的普遍性，毕竟普遍性越高的策略越容易发生学习迁移。

(三)有效性与可教性相结合

有效性原则是指学习策略最好是学生经常要使用的重要策略。可教性原则是指学习策略具有便于教学和传授的特点。教师在选择学习策略教给学生时要同时考虑这两方面的原则，将之完美地结合起来。

(四)知识内容与思维训练有机结合

策略教学如果脱离具体的知识内容，会显得空洞和抽象。所以，应以一定的知识内容为凭借物，在具体的知识学习过程中展示策略的使用程序与步骤，并进行思维训练，才能确保策略教学的有效性。

二、学习策略教学的特点

当教师依据上述原则选定了某种学习策略传授给学生时，需要注意教给学生学习策略与教给学生具体的学科知识是有所区别的，学习策略的课堂教学具有以下几方面的特点。

(一)策略教学的着眼点不是知识，而是策略

知识课教学的时候，重点是知识的理解和掌握，是知识本身。策略课教学的时候，重点是策略的理解和掌握。只不过策略课不能仅就策略讲策略，而是要借助于知识学习来说明策略的运用，阐述策略如何运用于知识的学习，所以在策略课上借助的往往是学生已经掌握的旧知识。

(二)策略教学要具体化、外显化

策略真正被学习者掌握以后往往是以内隐的形式被运用到知识学习的过程中。但是，策略在传授给学生的时候一定要力求具体化和外显化，这样才能让学生明确地感受到、体验到策略的存在。如何做到具体化和外显化？教师可以亲自示范策略使用的全过程，也可以逐步启发和引导学生一起来体验策略的使用过程。

关于策略教学的具体化，可参照以下建议[①]：①给每一个策略命名，命名力求简短和新颖，同时体现策略的内容，并在以后始终使用这个命名；②让学生明白策略使用的条件，即在什么情况下可以使用这种策略；③将上述内容以书面的形式张贴在班级中醒目可见的位置；④为每一位学生准备一份书面材料：包括本策略的命名及如何运用本策略的简短说明。

(三)策略教学需要加强学生的主体体验

这里所说的主体体验是指在策略学习的过程中，学习者亲自尝试应用策略而产生的内心感受，包括对策略的价值认同以及对策略的情感和态度体验等，这种内心感受是主体能动性的体现。

教师在传授学习策略的时候，很容易忽视主体体验，而更加重视对策略本身的讲解和示范。这样做的后果是学生缺乏主体体验，缺乏对主体情感的激发。学生不仅没有积极掌握和应用策略的热情，也难以向应用和迁移等策略习得的高级阶段推进。为了加强学生的主体体验，除了重视学生的亲自尝试以外，教师还要注意四个方面：①以正面反馈为主，多表扬多肯定；②反馈要及时，且具有针对性；③反馈要注意情知并重，既有认知反馈，又要有情感反馈；④加强学生之间的合作学习。

(四)突出条件化知识

这里所说的条件化知识是指与策略的使用条件与范围有关的知识。任何一种策略都是有适用范围和使用条件的，学习者必须深刻地掌握这种知识才能在特定的问题情境或学习任务中准确地选择恰当的学习策略。如数学中解决几何问题时用“添加辅助线”的策略，有些学生不知道什么时候需要添加辅助线，还有些学生感觉要添加辅助线，但是对怎样添加辅助线缺乏掌握，往往要在教师的提示下才能做到，这些都说明对这种解题策略的使用条件掌握得不到位。数学教师可以帮助学生总结“添加辅助线”的几种情形：题目所给条件无法直接得出结论时可以考虑；题目所给条件比较零散，

---

① 刘电芝，傅玉蓉：《课堂教学中的学习策略指导》，载《西南师范大学学报(人文社会科学版)》，2003(6)。

无法与所知定理相吻合时可以考虑；题目所给图形过于繁杂，需要分割简化时可以考虑。①

(五)防止产生性缺陷

根据刘电芝等人关于策略教学的系列实验结果，发现出现产生性缺陷的原因主要有以下几种，教师可以有针对性地采用措施防止这种缺陷的出现。

第一，策略掌握得不熟练。策略与知识一样，知道是一回事，能灵活运用是另一回事。所以，教师要创造条件让学生充分地练习如何使用策略，这样才能达到熟练掌握策略的程度。

第二，主动使用策略的意识不强。部分学生只在被提醒或被要求的情况下才使用策略，独立学习时却没有使用策略的意识。造成这种情况的深层原因可能是学习者尚未真正体会到策略的价值，所以缺乏使用策略的积极性和主动性。

第三，主体体验匮乏。学习者在学习某种策略时，如果教师未能让学习者认识到策略的重要性，体验到策略使用的成就感，就难以让学生产生主动使用这种策略的欲望与动机。

第四，缺乏条件化知识。这种情况的表现是学生想用策略，但不知该用哪种策略。正如上文中提到的“添加辅助线”的适用情况一样，教师在传授学习策略时，不仅要把策略本身讲清楚，更要让学生明确在什么条件下可以使用这种策略。

三、学习策略教学的过程

(一)趣味引入

策略教学的第一步是激发学生学习某种学习策略的动机，使学生对接下来的学习过程产生浓厚的兴趣和高涨的热情，从“老师想教我这种策略”变为“我想学会这种策略”。通常可以采用的做法是通过对话或有趣的事件引入，或者让学生先完成某个学习任务，完成的过程比较困难或比较麻烦，于是当老师介绍有种学习策略可以帮助学生更轻松地完成学习任务时，学生就会有强烈的学习动机。

(二)策略剖析

在这个阶段，教师要讲清楚两个方面：第一，策略的实质是什么；第二，策略的运用过程是怎样的。

---

① 李威：《初中生数学学习中添加辅助线的能力培养策略》，载《数学学习与研究》，2019(15)。

关于“策略的实质是什么”，教师的讲解要深入浅出，因人制宜。这里所说的因人制宜是指因为学生的年龄不同，理解和接受程度不同，要采用不同的讲解方法。一般来说，对年龄小的学生适合采用归纳法，对年龄大的学生适合采用演绎法。

关于“策略怎样运用”，建议教师在学生现有的知识背景中选择具体的知识，以知识学习的活动为实例，详细揭示策略运用的完整过程，做到步骤具体，言语说明到位。实例可以多选，一定要充分说明策略应用的多种可能性。教师在这个阶段容易犯的错误是在新知识的学习活动中顺带讲解策略的运用。因为这样操作的话，学生可能要将主要的注意力集中于理解和掌握新知识，从而阻碍了学生对策略本身的理解。

（三）策略运用

学策略的终极目的是用策略。所以，仅仅靠教师结合实例进行详细的讲解说明还不够，还需要让学习者有亲自尝试使用策略的机会，这样既可以帮助学习者更加深刻地明白策略是如何运用的，又可以帮助学习者亲身体验到策略的效果与价值，产生主动使用策略的动机。所以，在这个阶段，教师应设计一些适合策略使用的学习任务，任务可以尽量丰富化和多样化，让学生有机会从不同角度多次进行尝试，最终切实学会如何使用策略。

（四）策略反思

这是必不可少的一个阶段。学生亲自尝试使用策略，相当于积累了实践经验，但要想有更大的提高，需要对朴素的实践经验进行总结与反思。所以，当学生亲自尝试使用过策略以后，应当在教师的引导下回顾策略运用的全过程，总结策略运用的步骤、关键点，评价策略运用的水平，思考策略可以迁移的方向等，这些都属于策略反思阶段的任务。这些反思有助于学习策略的内化，可以帮助学生将学习策略及其使用条件以自己独有的理解储存起来，并在今后的恰当情境中独立提取和灵活运用。①

【本章小结】

学习策略是学习者为了提高学习的效果和效率，有目的、有计划地制订并实施有关学习过程的复杂的方案。学习策略通常可以分为认知策略、元认知策略和资源管理策略三大类。其中，认知策略又可以分为复述策略、精细加工策略和组织策略。认知策略主要用于具体的信息加工、编码与储存。元认知策略可以分为计划策略、监控策略和调节策略，代表了学习者对自己学

---

① 刘电芝，张荣华：《学习策略教学的类型、阶段与特点》，载《课程·教材·教法》，2004(3)。

习过程的认识与调节的水平。资源管理策略则包括了学习者对学习时间、学习环境、个人努力及社会支持等学习资源的管理。学习策略既是高效学习必不可少的助力，本身也可以作为学校教育的内容，因为掌握并灵活运用学习策略可以提高学习者自主学习的能力，增加学习迁移发生的概率。学习策略的教学并不同于知识的教学，有其独有的特点和教学原则，这是需要注意的。教师可以按照趣味引入、策略剖析、策略运用和策略反思等四个阶段将精心选择的学习策略教授给学生。

【本章习题】

一、名词解释

学习策略　认知策略　元认知策略　元认知　精细加工策略　组织策略

二、简答

1. 简述常用的认知策略。
2. 简述提高复习效率的策略。
3. 简述教师选择学习策略的原则。
4. 简述学习策略的教学特点。
5. 简述学习策略的教学过程。

【拓展阅读】

1. 李俊主编. 小学生认知与学习. 北京：中国人民大学出版社. 2016 年

2. 姜英杰著. 元认知的理论与实证研究. 长春：东北师范大学出版社. 2007 年